寻找与隐匿

SEEK AND HIDE 隐私权史的多重面向

THE TANGLED HISTORY OF THE RIGHT TO PRIVACY

[美] 艾米·盖达（Amy Gajda）　著　覃卓　译

中国出版集团　东方出版中心

图书在版编目（CIP）数据

寻找与隐匿：隐私权史的多重面向 /（美）艾米·
盖达（Amy Gajda）著；覃卓译. 一上海：东方出版中
心，2024.2
ISBN 978-7-5473-2344-1

Ⅰ.①寻… Ⅱ.①艾… ②覃… Ⅲ.①隐私权-研究
Ⅳ.①D912.704

中国国家版本馆CIP数据核字（2024）第046575号

Published by agreement with Baror International, Inc., Armonk,
New York, U.S.A. through The Grayhawk Agency Ltd.
Copyright © 2022 by Amy Gajda
图文字号：09-2024-0195号

寻找与隐匿：隐私权史的多重面向

著　　者　[美]艾米·盖达（Amy Gajda）
译　　者　覃　卓
责任编辑　黄　驰
封扉设计　余佳佳

出 版 人　陈义望
出版发行　东方出版中心
地　　址　上海市仙霞路345号
邮政编码　200336
电　　话　021-62417400
印 刷 者　昆山市亭林印刷有限责任公司

开　　本　890mm×1240mm　1/32
印　　张　11.75
字　　数　210千字
版　　次　2024年5月第1版
印　　次　2024年5月第1次印刷
定　　价　78.00元

目 录
CONTENTS

引　言

本书的开头要从一条紧身裤和一台快门相机开始说起。

正是1890年，律师路易斯·布兰代斯（Louis Brandeis）和山姆·沃伦（Sam Warren）发表的一篇法律评论文章的第四段中提到了令人不安的新技术和令人厌恶的腿部装饰引起了骚动。这被许多人视为美国隐私权法律化的开端。这对法律合伙人写道，当年一场戏剧演出引发了"在某种程度上相当臭名昭著的轰动"。

据说，百老汇《空中城堡》的女歌手兼明星玛丽安·马诺拉穿着灰色的丝质紧身衣，作为其表演艺术中一个引诱性的部分，在那时招来了不少闲话：当女演员穿着垂地的薄裙搭配那性感的衣物时，便不会有太多人去理会她脚上穿什么鞋子了。紧身衣，使得男性的目光可以看到舞台上女演员从头到脚被包裹的曲线。

然而，这种分散注意力的做法并不都成效，马诺拉的丝袜腿未能打动当天的戏剧评论家。《空中城堡》是"一个完美的疲惫深渊"，这是《世界晚报》的评价。《纽约时报》则称这"显然没有达到目的"。但马诺拉修长而有吸引力的身材还是吸引观众不断涌来。剧院经理意识到了更大的市场潜力，希望拍摄到马诺拉在她表演中的影像。他的公开声称"她是我的首席女高音"。

1890年6月13日星期五报纸的头条标明，马诺拉坚决拒绝穿着紧身衣拍照。纽约的报道表示她决不会被拍到穿着紧身衣。芝加哥则报道称不会有她穿着紧身衣的照片出现。波士顿的《环球报》郑重地称马诺拉小姐了陷入困境：宁愿辞职也不愿被拍下身着紧身衣的照片。现场表演是一回事，但静态摄影还是如此则似乎是一种完全不同的侵犯。

继而，正如任何细心的读者所预料的那样，麻烦来了。第二天晚上，当马诺拉在第二幕中向一位演员张开双臂时，百老汇剧院的挑台上突然爆发出闪光灯和烟雾。原来，经理在包厢里安放了一台快门相机！一位摄影师拍下了马诺拉穿着那件"不太苗条、不太丰满，却优雅迷人的深灰色紧身衣"的场景！

有关这一愤怒的新闻报道大约以快门闪光灯般的速度出现。"纽约的150万人并没有为白银法案、联邦选举法或其他令整个国家感兴趣的问题而烦恼，"《亚特兰大宪章报》报道，"纽约人眼中只有马诺拉小姐的紧身衣，而就在目前，他们没有讨论其他问题"。

妇女们团结起来站在马诺拉这一边，并称赞她坚定地反对男性剥夺女性选择权的赤裸欲望。她得到了来自女性群体和社区的全部同情和支持。另一方面，一些男性努力地去理解为何这张特殊的照片会产生如此巨大的影响。他们在以前曾目睹过马诺拉的丝质美腿，无论是在百老汇还是在她主演的那出性感的《波卡丘》剧中的卡式照片上。她当时的服装采用了诱人的流苏设计，巧妙地遮住了她的骨盆区域，而轻薄的紧身衣则完成了其余的效果。

我们永远不会知道马诺拉的腿在她的《空中城堡》表演中是什么样子。因为一位法官立即表示支持这位女演员，考虑到她的性别、整个社区的角度判决，命令经理永远不能冲洗照片，更不能公之于众。这个故事可能就此告一段落了。

然而，这种侵犯个人隐私的念头恰好与山姆·沃伦律师回到波士顿后的讲述不谋而合。沃伦在马诺拉的腿上看到了一种不同以往的营销潜力；这个如病毒般扩散的故事可以支持他的呼吁，他称之为新式的隐私权。这是照相机可以（而且人们会）从现实生活中捕捉到令人尴尬的可作为确凿证据的图像，远远超出了木制肖像画带给富人和权贵的折磨。糟糕的是，所谓的快照或侦探相机甚至是以侵犯隐私的方式进行销售的：广告承诺，它可以记录毫无戒心的受害者的面容和姿势，而这些人在察觉时为时已晚。格罗弗·克利夫兰夫人是沃伦的朋友，她的处境很不妙：她被业余爱好者纠缠着，头条新闻说，有几十个满怀希望的摄影师等着一睹第一夫人的风采。他们的一些相机的形状像钱包，还有一些看起来很像手枪。警察甚至可以因此开枪击毙狗仔队，没有人会质疑这一点。19世纪80年代，法国女演员萨拉·伯恩哈特在美国巡演期间，那些寻求签名的粉丝也同样疯狂地围堵她，侵犯她的"隐私"。他们现在有了一种比笔杆子更强大的武器。

今天，沃伦和他的法律合伙人、未来的最高法院法官布兰代斯在1890年为呼吁重视隐私权而撰写的《隐私权》（*The Right to Privacy*），不仅被用来支持对被追踪者和被骚扰者进行保护的法律，而且还被用来证明对从性亲密关系、私人丑闻到警察窃听、计算机数据的保护，都是合理的。法官们经常在公开审理的案件或涉及总统特权、公民权利、药物测试、信息自由以及其他众多案件中赞扬并援引《隐私权》中的言语。这些法官说，1890年的这篇文章是开创性的、杰出的、著名的和具有历史意义的，它是我们现代隐私权利的基石，几乎涵盖了与隐私相关的所有权利。

然而，问题在于隐私权作为一个法律概念，在某种意义上一直存在于美国法律中。这一概念可以追溯到1690年，当时一份报纸长篇因报道了一起刺激性的丑闻并迅速被停刊。沃伦和布兰代斯的贡献在于对这一概念的发展起到了积极的作用。隐私被认为是某些私人信息是神圣的，不仅应该得到政府的保护，而且应该得到所有人的保护。这一概念被用作真实的诽谤或甚至嘲笑的诉讼理由，从而在1890年之前已经有了相当坚实的基础，并从那时开始不断发展。然而，直到那时，它并没有引起广泛的关注，这可能与我们对新闻自由的关注有关，而非其他原因。

隐私总是意味着基本相同的事情：人们通常有权对某些事情保持沉默，为自己定义自己而站在他人利益的对立面。这意味着他们——我们——有权利隐匿自己，在我们生活中更为私密的时刻，阻止他人窥视我们；可以使我们成为我们所想成为的人，重塑自我，披上一层外壳；对那些对我们身份特点添油加醋的邻居和窥探的媒体，并起诉那些窥视者和那些公开他们所见的人。正如法院在19世纪开始建议并在今天继续建议的那样，隐私意味着不被打扰的权利。

我们经常听到的那个自由竞争市场的思想？真理是最高价值的概念？公众不受约束的知情权？令人不寒而栗的警示是：一旦事情被公开，我们就不能把它们撤回了。公众不受约束的知情权？但这种特权其实在美国从来没有真正以大多数人认为它们存在的方式存在过。我们的隐私权——我们最私密的时刻决定了我们的公众形象和我们是谁的权利，即使我们已经与他人分享了这些时刻——并不是一项诞生于今天的新技术和侵入性技术的权利，而是长期以来一直作为对真理、新闻和言论自由的制衡而存在的。

这就是为什么玛丽安·马诺拉是现代故事的一个完美脚注。如今，人们通过手机、黑客攻击、数据跟踪器，甚至隐藏在公共浴室的摄像头和高科技门铃，以记录音频和视频的方式，从黑暗中捕捉他人的瞬间，那些信息、那些事实在他人手中会变成什么，这就是隐私权的核心所在。

然而，正如本书所揭示的，过度的隐私保护可能会带来负面影响。隐私可以保护那些希望将自己的个人生活仅暴露给少数人的人，但它也可以保护那些有着不可告人之事需要隐藏的人。这种隐私保护以及由此带来的对真相和知情权的限制，可能会造成专制和独裁，并且可能削弱民主。它可以并且确实有助于掩盖那些在"#我也一样"（#MeToo）和"黑人的命也是命"（Black Lives Matter）运动之前存在的邪恶不公正，因为强大的隐私权益最终也会罩护到那些不法分子。

隐私权的历史证明了这一切。随着时间的推移，那些推动隐私成为法律概念的人，亚历山大·汉密尔顿（Alexander Hamilton）和托马斯·杰斐逊（Thomas Jefferson）、山姆·沃伦和路易斯·布兰代斯、格罗弗·克利夫兰（Grover Cleveland）和唐纳德·特朗普（Donald Trump）都是如此，他们的生活中存在着一些他们不希望公众知道的事情，这些事情可能对他们的事业、生活和家庭产生负面影响。许多像他们一样的人试图利用隐私作为一种隐形的护盾来抵制公众的调查，这有时是一种相当好的策略：声称对信息的隐私权可以阻止事态的进一步发展，这取决于当时隐私法的力度或出版商、演讲者自认为的道德标准。

隐私权与了解真相并加以利用的权利之间的这种张力关系正是本书所将探讨的内容。两者之间的界限是难以捉摸的，美国最高法院本身也多次强硬地拒绝划定这一界限。"我们不认为报道真实事件的出版物会自动受到宪法保护",大法官们在互联网诞生之初写道,"也不认为不存在国家可以保护个人隐私的领域"。到了智能手机时代,大法官们已经委婉地保护了在其中发现的"生活隐私",使用了路易斯·布兰代斯几十年前在法院任职时使用的同样的词汇,这些词汇是最高法院最初在1886年写的,比《隐私权》出版的时间早了四年。

但在这之前和之后都发生了很多事情。隐私权的历史从一开始就包括了媒体的肆意妄为:1690年报纸上关于法国国王"曾经与(他)儿子的妻子共眠"的报道,以及由此导致的政府因嫌恶而被关闭的新闻机构;好色的开国元勋们在如何抑制媒体对其私生活的兴趣方面所做的挣扎;印有令人震惊图片的早期小报;记者内利·布利的作品深具侵略性的造假行为;杂志刊登死人的照片,即便这些照片被认为"没有任何可能的价值";一直到触犯了名流的底线——高客网上传了一段明显超出其新闻范畴的名人性爱录像,这给了一位百万富翁名正言顺地关闭它的机会。

这是一个关于技术崛起导致新媒体以及那些出于文化、政治、道德和深刻的个人原因希望扼杀这类媒体的故事。但这也是一个关于人类理所应当不被打扰的权利的故事,以及什么样的利益应该定义一个人的,并且最终能胜诉的,即使是在别人声称对她有权,以及她对自己身体拥有处置权时。

与吗啡成瘾作斗争的玛丽安·马诺拉英年早逝。她告诉别人，她已经从她的《波卡丘》剧照事件中得到了教训，不想让她的女儿再看到她母亲的身体作为曼哈顿商店橱窗里的某种广告。

山姆·沃伦苦求其所致力于的，但也早逝了。显然，他所努力捍卫的隐私未竟之事导致了他的死亡。与此同时，路易斯·布兰代斯作为国家最高法院的一员持续发挥着他的影响力，但受山姆的遭遇牵连，他的任免差点没能下达。

这些关于窥探的痛苦、关于新闻界的特权的故事，以及法律对它们的回应方式，都有助于塑造美国隐私权的连续性。这种连续性有时并不是一条线，而是一条偶尔会绕回来的曲线，是一种纠结，当社会似乎需要它时，或者当某个重要人物想这样做时，它就会偏向于隐私或公开。

我们或许认为，我们从来没有像今天这样需要隐私权。但我们之前的每一代人几乎都是这么想的。他们的故事——他们的错误和胜利——可以帮助我们决定，在这个数据经纪人、互联网窥探者和自由出版的隐私担忧时代，可以在哪里划定隐私权的界限。

在这一切中，毫无疑问隐私会是最终的胜者。虽然现在听起来这个结果不错，但这并不总是最好的情况。

关于美国法律、程序和先例的快速入门知识

这篇介绍性材料主要是为刚接触美国法律程序的读者准备的。这是大多数学生在法学院的前几周所学的内容，是他们法律教育和最终法律实务的基础。

首先，美国的法律主要有四种类型：宪法（constitution）、法令（statutes）、条例（regulations）和普通法（common law）或法院制定的法律（court-created law）。

美国宪法不需要在本书中进行过多介绍。它（大部分）是全能的，当最高法院提出某项联邦宪法条款意味着×，联邦和州法院系统内的所有下级法院也必须认定它意味着×。这个概念被称为"遵循先例"（stare decisis），实际上，它使失常的法官遵循一致的原则，迫使他们适用高等法院说适用的法律，因为该高级法院已经定义了它。即使在一个新的案件中，事实可能有些不同，该案件可能在比最高法院低几个级别的法院审理，但律师和他们的客户知道，×是宪法规定的解释，因为美国最高法院已经作出了同样的决定，而且"遵循先例"对所有下级法院都有约束力。

在本书中，《第一修正案》对新闻、言论和表达自由的承诺是宪法中最具争议的内容。然而，由于美国最高法院从未明确

界定隐私权在什么情况下能够压倒公开真相的自由，尽管其多次暗示隐私权可以如此，但下级法院在审理侵犯隐私权的案件时能更自由地决定《第一修正案》的含义。因此，无论是在以前还是在近期，我们会发现一些法院对如何平衡隐私权和新闻自由得出了不同的结论。缺乏最高法院在该问题上的明确指导是造成这种现象的一个重要原因。

各州也有自己的宪法。这些宪法在涉及隐私的案件中可能很重要，因为一些州，如加利福尼亚州，有明确保护个人隐私的法律条款。联邦宪法中没有这种表述——"隐私"一词没有出现——但最高法院认为，即使如此，各种宪法权利也隐含着对隐私的保护，这就是为什么下级法院也必然会做出同样的决定。堕胎选择中的隐私权就是一个例子。根据联邦宪法，州宪法规定可以被认定为违宪，但除了这些情况外，几乎没有其他的相互影响。例如，一部州宪法可以承诺比联邦宪法提供更多的保护，这就是为什么我说美国宪法大多是全能的，但它不能限制联邦宪法所保障的权利。

颁布的法律——国会和州立法机构通过的成文法或立法——是另一种类型的法律。法令是强大的，因为类似于"遵循先例"，该特定管辖区的法院受其约束，因为它们反映了立法者通过人民意志所制定的法律。因此，当适用法令时，法官在裁决特定案件时必须忠实地使用用它，除非他们决定该法令是违宪的或有一些其他类型的缺陷。法规可能会禁止某些行为；

与本书相关的是，早在美国早期，国会就通过了外国人法和镇压叛乱法（Alien and Sedition Acts），这些成文法规定对政府或政府官员及公务员进行负面评价是非法的。此外，本书还提及了联邦税法和保护联邦所得税隐私的现行成文法。这些都是已颁布的法律的示例。

由一个州的立法机构通过的法令只适用于该州。刑法是一个典型的以州为基础的立法的好例子，由于每个州都可以对什么是特定的犯罪有自己的说法，一级谋杀在不同的州有不同的定义，从预谋的心态（就像电视剧中一样）到受害者是什么身份（在一些州，一级谋杀只是杀害一个特定的人，如警察或急救人员）在各州都有所不同。与本书更相关的是，纽约有一个长期存在的隐私法规，以一种独特的方式定义了隐私权。该法规仅适用于纽约州，这意味着那里的州法院（或审理州法律所有权的联邦法院）必须使用该成文法来裁决隐私案件，但纽约以外的法院根本不受该法规的约束。然而，隐私在大多数州都不是法定的，它是通过法院，通过所谓的普通法在大多数州发展起来的。

与此相关的是，条例是由政府机构制定的法律。它们在这里发挥的作用非常小。一个很好的例子是联邦通信委员会（Federal Communications Commission，缩写为"FCC"）的规定，当某些脏话或特定的黄色内容通过电波传播时，广播公司将会受到处罚；该规定实际上是对准确性、真实性的发布进行惩罚，以维护社会规范，这是法院支持的利益。（FCC并不控制互联网或有线电视，这就是为什么你可以听到和看到更多的东西，尽管传统的无线电广播公司仍然受到约束）。

最后，还有普通法或法院裁决法，这是在大多数州对隐私进行法律保护的最重要来源。由于遵循先例原则，一旦某个州的高等法院以特定方式对涉及特定事实的案件作出裁决，该州的所有其他法院必须以完全相同的方式对具有类似事实的任何新案件作出裁决。只有当先前的判决被认为是违宪的，或者由于社会的进步而不再相关时，才会发生变化。一个很好的关于隐私的例子是同性恋者的出柜问题。以前，一些法院裁定，这种信息，如果透露给不希望透露的人，将是"高度冒犯"，因此是对隐私的侵犯。但随着社会的发展越发包容，越来越多的现代法院认定，透露某人的性取向根本算不上是高度冒犯，因此不构成对隐私的侵犯。然而，这并没有考虑到对个人安全感的影响，少数现代法院已经开始在某些情况下考虑这个问题，而且他们可以考虑这个问题，是因为普通法允许法院根据不断变化的社会问题来调整法律保护的范围。

然而，普通法通常不会具有这种戏剧性的转变。例如，在隐私案件中，当法院需要决定侵犯他人隐私的特定行为是否具有高度攻击性时，它将查看该司法管辖区的高等法院在以前的案件中对类似行为的裁决。当某一州的高等法院决定某一特定的侵犯行为确实具有高度攻击性，那么该州的所有下级法院，由于遵循先例原则，必须在该行为上步调一致地遵循该高等法院的判决，即使下级法院的法官不同意上级法院的判断。面临这种情况，法官也束手无策，就像该决定是一项法规一样。律师们也把这种来自上级法院的法律应用称为在该州或辖区内具有约束力的先例。

这种对先前法院判决的应用——我们称之为普通法——依靠并创建了一个基于案件结果的法律原则基础，其他法院可以在此基础上对先例进行不断地应用与发展，这使得美国相当独特。世界上只有少数国家是普通法国家，其是英国制造出来的法律遗产；世界上大多数国家遵循大陆法系，其中民法典或制定法创造所有相关的法律。

普通法是大多数法律，包括大部分隐私法，在美国各地得到了普遍发展。然而，由于每个州都是自己的司法管辖区，不受除最高法院以外的其他裁决的约束（即使如此，也只是在极少数相关案件中），因此随着隐私法的发展，不同的州有不同的做法。例如，在隐私方面，绝大部分州都接受了四种主要的隐私侵权行为的分类学说，这些侵权行为是通过普通法的不断发展而出现的。我们称其为盗用（使用他人的身份，通常是在广告中）、侵入隐私（当他人在一个隐蔽的空间时对其进行窥视）、公布私人情况（泄露他人的秘密）和虚假信息（诸如诽谤，但虚假信息只需具有高度攻击性而不损害名誉）。但并非所有州都是如此。

在那些将这些隐私侵犯行为分类的州中，法官（或在较少情况下，立法机构）出于需要创造了针对隐私侵犯的起诉权。例如，当涉及侵犯隐私的新技术或特别侵犯隐私的出版物出现时，由于缺乏可借鉴的法律，需要通过某些手段来加以处理。作为20世纪50年代的一个真实例子，威斯康星州沃克萨市的悲伤山姆的酒馆的老板喜欢进入酒馆的厕所并拍摄妇女上厕所的照片，并将其展示给顾客。由于这类事情以前从未在法律上得到明确的处理，威斯康星州最高法院需要决定这种行为是否属于侵犯隐私的行为。

如果你曾经研读法院的裁决，你会注意到几乎每一句话后面都引用了另一个法院的裁决。这是因为遵循先例原则和普通法的运作方式，依据现有法律是决定案件结果的重要依据。然而，如果在某个问题上没有具有约束力的法院裁决，州内也没有相关法规，并且州宪法也没有相关规定，法院就需要寻求其他依据来首次判断侵犯隐私的情况，或者建议立法机构通过制定新的法规或条例改变州法律。在悲伤山姆的酒馆厕所摄影案中，威斯康星州高等法院选择了后一种方式。他们的裁决指出，隐私问题最好由立法机构来定义，因此威斯康星州立法机构立即作出反应，通过一项法律将这种厕所偷拍行为定为非法。

然而，这并不是威斯康星州法院的唯一选择。在本州没有有约束力的法院判决或控制性制定法的情况下，法院可以依靠有说服力的先例，这通常意味着来自本州以外的法院的判决。

州外的判决没有约束力，但可以提供一个合理性依据或政策观点，说服不同州的法院采用该判决作为自己的判决。例如，该威斯康星州的法院可以查看邻近的州是如何处理类似情况的，看他们如何定义隐私侵犯这一概念，并可以依靠这些法院案件为威斯康星州制定自己的法律规则。

这就是为什么即使是州外以及下级法院关于隐私的裁决也很重要，同时并在此加以描述的原因；隐私仍然被认为是一个相对较新的法律过错行为，而互联网创造了更多令人不安的全新场景——因此，裁决隐私案件的法院经常会参考其他州的裁决，特别是在事实上具有独特性的情况下。

这就把我们带到了附属意见（dicta）的概念。"附属意见"是指法院意见中的陈述，它与解决正在裁决的案件没有严格的必要关系，但暗示法院在一个不同的假设案件中可能会作出怎样的裁决。例如，法院可能会说，正如伊利诺伊州的一个联邦上诉法院所做的那样，摆在它面前的案件不属于侵犯隐私，因为所公布的信息是相对无害的，但随后又补充说，如果披露的信息涉及裸体、性信息或医疗信息，它就会侵犯隐私。后面的部分，即法院对一组假设的事实的回应，将是附属意见。附属意见即使没有约束力，也可以有说服力，因为它向律师和法官传达了该法院及其他法院在涉及这些事实的案件中可能作出的决定方式。

美国最高法院的情况也是如此。尽管大法官们还没有就隐私权优于新闻自由或言论自由的案件作出裁决，但他们在一些案件的附属意见中暗示，隐私权确实优于新闻自由。

接着，事情就会变得很复杂。如果一个州的立法机构或国会不喜欢法院在某一特定领域的发展方向，他们可以通过立法来改变现状，只要该立法不违反宪法规定或不违法，法院就必须遵守该立法，即使他们不同意，如上所述。换言之，法令可以超越普通法，但不能超越宪法。

为做出司法决定，必须寻找和依赖某种权威作为决定的基础。这就是为什么本书接下来要谈的两部法律出版物极大地塑造了美国隐私权的发展。第一部是《隐私权》，这是山姆·沃伦和路易斯·布兰代斯写的学术性法律评论文章，于1890年发表在一本名为《哈佛法律评论》的全新法律杂志上。（正如你将看到的那样，它也是依靠某些有说服力的先例来论证隐私权的重要性，并且应该在美国存在。它的作者必须在普通法意义上做到这一点；律师也必须依靠一些法律先例来建立他们的论点，否则其他律师和法官将不被说服打动。）如果一个在1891年裁决隐私案件的法院希望在一个特定的案件中发现对隐私的侵犯（例如，未经一个人的许可在菱形罐头标签上使用他的名字和签名），并且在该州没有预先存在的案例法可以借鉴，那么法院总是可以指出一篇法律评论文章作为它对该案件作出裁决的原因之一。（这确实发生在1891年的一起涉及菱形罐头的诉讼案中；法院在《隐私权》发表数周后引用了它作为在这些事实中接受隐私权的理由。）即使在今天，各州和联邦系统的各级法院也经常引用《隐私权》一文；许多人认为它是有史以来最重要的法律评论文章，因为它对美国乃至全世界的法院在隐私权发展方面皆产生了重大影响。

帮助塑造美国隐私法的另一个可能更为重要的出版物是《重述》（Restatement），这是由美国法律研究所出版的一系列涵盖各种法律领域的丛书，几乎可看作一部百科全书。每一卷《重述》都是由知名的法官、律师和法律教授合力起草的，他们试图综合和重述普遍的法律原则，引导偶尔混乱的基本法院判决走回正轨和并给予清晰指引。如果法院在自己的司法管辖区找不到有约束力的先例，依靠《重述》很可能被认为是下一个最好的办法，因为它常常重述其他司法管辖区的法律，因此大多数州都予以认可。

事实证明，《重述》在涉及侵权法中的隐私权方面具有重要影响。通常，侵权法赋予人们权利，使他们能够通过起诉来获取赔偿，而不是将犯罪者送入监狱。在20世纪30年代，《重述》作者首次起草隐私条款时，"隐私权"作为一个新兴短语在法院判决中出现，因此当时的法官们以此为指导。当1977年《侵权行为法重述》（the Second Restatement of Torts）第二版出版并确定了四种类型的隐私侵权行为时，参照《重述》来进行判决成为法官们的一种习惯性操作。如今，包括美国最高法院在内的许多法院在与隐私有关的裁决中经常依赖或至少引用《重述》。

因此，《重述》对整个美国的隐私法发展产生了重大影响。然而，近50年来，技术和出版业发生了巨大变化，因此美国法律协会正在制定关于隐私法的新版《重述》。

你还会发现这里提到一些涉及隐私的刑事案件、涉及隐私的信息自由案件以及其他类型的案件，这些案件直接涉及政府行为，而不是直接将出版或其他典型案件中表达的自由与隐私对立。然而，这些案件，特别是由美国最高法院裁决的案件，包括著名的罗伊诉韦德案，非常重要，因为它们有助于界定我们认为哪些生活层面是私人的，以及何时隐私权会超过新闻和言论自由以及调查和发布真相的权利。

普通法的理念是，法律以自身为基础，并随着社会的发展与社会不断发展的需求同步（或缩小）。而这正是隐私这一概念在今天变得如此有趣的原因。当社会需要它，法律就在那里，可以建立起来。唯一的问题是，作为一个社会，我们想如何选择发展行进的方向，特别是当隐私权经常与另一个关键的权利——言论自由——对立时。

第一篇

隐私的兴起

第一章
布兰代斯的秘密

那是1884年，路易斯·布兰代斯与众多在波士顿刚起步的律师一样，准备在马萨诸塞州最高法院的大法官们面前进行口头辩论。大法官们都是男性，在一个写着"禁止靠近"的栏杆后面的长椅上坐成一排，上面的大理石半身像从壁龛里向下凝视。布兰代斯的朋友奥利弗·温德尔·霍姆斯在一年前刚刚入职马萨诸塞州高等法院。

布兰代斯即将为他的第一个隐私权案件进行辩论。他晚年并不愿提及这个案件，而且无论如何，它已被六年后发生的事件所掩盖。布兰代斯在那场辩论中败下阵来并不令人惊讶；毕竟，他代表一个出版商出庭辩护，而当时正值一个对隐私问题高度关注的时代。

在19世纪80年代中期，处于黄金时代的顶峰时期，社会表面上繁荣富裕，但底下正暗流涌动。耸人听闻的报纸纷纷涌现，急于揭露政府的内幕，而图书出版商则试图迎合读者对丑闻越来越产生浓厚的兴趣。然而，有权有势的人却对这些赶时髦对私人事务感兴趣的出版商怨声载道。

事实上，如果在1884年的那一天进行民意调查，大多数美国人都会表示他们反对路易斯·布兰代斯。他的客户A.威廉姆斯公司出版了一本名为《科德角居民》(*Cape Cod Folks*)的书，书中详细描写了科德角一个隐居小村庄塞达维尔令人羞于启齿的秘密生活。这本书的作者是一位年轻的女性，她在寄宿学校长大，曾做过学校教师。她与镇上的居民成为朋友和知己，并在将一过程中秘密地记录了大量笔记，以备在日后揭露他们的小镇生活。《科德角居民》的作者最初选择保持匿名，但塞达维尔的每个人都知道这位作者就是萨利·普拉特·麦克莱恩。

《科德角居民》一书出版后迅速畅销。那些将其视为小说的评论家对这部极富真实感的作品赞不绝口。他们赞扬作者拥有"敏锐的洞察力"，能洞悉荒诞事物的本质，书中的人物原型栩栩如生，这本书描绘了一个"悲惨落后的小村庄"，被认为是"海角最荒凉的地方之一"，但他们的生活充满了欢声笑语。然而，麦克莱恩以锋芒毕露的笔触揭示了村民的贫穷、愚昧、笨拙和吝啬，文笔中明显流露出作者的鄙夷和讽刺。

一个关键的故事线围绕着一个名叫费舍尔爷爷的衰弱角色展开。他无助地陷入困惑和虚弱，将自己凌乱的白发染成黑色，欺骗自己和世人仿佛自己只有30岁，但在作者的评价中，他既不年轻也不老，既不像人类也不像非人类。在书的开头，有一幅蚀刻插图栩栩如生地展示了这一点。

接着是泽塔，其中一个年长的学生。她坦承自己被一个水手引诱做了"最不耻之事"。她向老师哭诉："啊，我多么希望自己已经死去！这就是罪和耻辱。"

谁能不为罗伦佐·南丁格尔着迷？他是费舍尔爷爷的邻居，一个纯真无瑕的少年，即将成为一个名副其实的男子汉。一天，他对老师吐露了一份纯真的男孩式的爱慕之情。"今晚，我想认真地亲吻您一次"，他告诉她，然后多次亲吻了她。如果他真的离开小镇出去见识世面，几年后有幸回来，他还会与这位老师步入婚姻的殿堂？又或者，即便到了那时，因为他自小家境贫寒无知，她还会继续和他开玩笑？

但是过了一段时间，除了塞达维尔的读者就会很快就发现，那些古朴而温馨、古怪而有趣、笨拙而可怜的人物不仅存在于《科德角居民》的每页之间，也存在于美国人口普查的某一页上。正如一位评论家所说，这本书的问题在于它"过于真实"。

为了回应人们对这些真相日益增长的担忧，出版商承诺在未来版本中改用化名。同时，他们发布了一份让人看不出是否带着诚意且表述含糊的道歉声明，表示对于因书中的纯真乐趣而可能造成的任何感情伤害深表遗憾。

费舍尔的31岁儿媳妇阿德莱德·费舍尔是其中一位受到伤害的人。她邀请萨莉·普拉特·麦克莱恩来到镇上并招待她；由于阿德莱德的丈夫外出远航，她在生活中又忙于照顾两个孩子，所以她也渴望得到一些成年人的陪伴。

曾经有一段时间，阿德莱德对萨莉并不信任。但随后，她接纳了萨莉。

阿德莱德对她在书中的形象感到特别震惊。麦克莱恩将她描绘成一个虚弱且不漂亮的女人，嘴角带着疲惫和紧张的神情，她的态度让人感觉到她对一切的不满。阿德莱德容易发脾气，经常打孩子的耳光。她非常思念丈夫，担心他对婚姻的忠诚，尤其是当她收不到他在海上的来信时。阿德莱德寻求宗教的慰藉，当她在镇上带领祈祷会唱歌时，她的声音在悲伤和悲哀的颤音中显得特别的甜蜜而充满喜悦。她唱着："我们是否能在河边相见"，在那里，"悲伤不会压抑灵魂？"

恰好在《出版商周刊》（ _Publisher's Weekly_ ）在宣传该书的11个月后，传来了阿德莱德去世的消息。官方公布的死因是肺痨，但所有人都知道，真正夺走她生命的就是那本书所带来的恶名和耻辱。正如她的医生所说，"那本书给她带来了难以忍受的恶名"，以及所有的尴尬遭遇。她撇下了她的水手丈夫、一个八岁的女儿和一个七岁的儿子。

阿德莱德在生前加入了对《科德角居民》出版方提起的诽谤诉讼。费舍尔爷爷也参与其中，他们和其他三名原告一道认为，这本书践踏了他们的尊严。他们本着善意和友谊把萨利·普拉特·麦克莱恩邀请到家中，却发现她是条"毒蛇"。最后，五名原告中有四位同意与布兰代斯的客户 A. 威廉姆斯公司庭外和解，收取现金后退出诉讼。唯一坚持下去的，是那位老师的求婚者罗伦佐·南丁格尔。

他把自己的案子提交给了陪审团，出版商辩称它完全有权利公布他的无私爱情的真相，而陪审团成员判给罗伦佐 1,095 美元，这在 1884 年是一笔相当可观的数目，在今天价值约为 30,000 美元。

宣判后的第二天，《波士顿每日广告报》对《科德角居民》进行了批判，称其为对私人生活礼节的攻击。该报认为，在这个阅读和写作日益繁荣的时代，许多人认为，对于那些值得拥有生命、自由和追求幸福的简单的乡下人来说，任何判决都不为过，因为他们被那些偷窥和泄露隐私的人所羞辱了。南丁格尔案抛出了一个问题：出版商在法律上可以违反普遍生活关系中公认的礼节和规范到什么程度。评论家们表示，读者很快会要求对那些似乎越来越沉迷于报道同类尴尬和丑闻的报纸采取同样的限制，这种要求是合理的且不应拖延太久。

随着路易斯·布兰代斯的声誉在整个东北地区日益提升，出版商请他处理南丁格尔的上诉案。考虑到公众舆论的反应，他发现自己处在一个两难的境地。作为一名精明的律师，他既要维护客户的利益，也要体察南丁格尔被他人揭露隐私而遭受的巨大伤害。

布兰代斯肯定了解这一点，他的朋友奥利弗·温德尔·霍姆斯虽为著名诗人之子，却不赞同报刊业日益突破底线。霍姆斯成为法官的同一年，约瑟夫·普利策（Joseph Pulitzer）收购了纽约市的《世界报》，他许诺改变报业的行事方式、目标和原则，而这种耸人听闻的做法已经逐渐渗入到波士顿的报业中。在一个质疑报纸公开真相权利的非常早期的案件中，挑战传统的霍姆斯因此认定，《波士顿先驱报》由于发布了一个100%准确的有关某律师面临吊销律师资格的报道，应为此承担责任。在考利诉普洱塞弗一案的判决书中，霍姆斯写道，公开个人隐私不妥当，因为对"司法行政"毫无裨益。

或许你会认为所有的报纸都会团结起来反对霍姆斯的判决，认为这是对他们新闻判断的某种违宪限制，但实际并非如此。当时确实有一些辩护声音，主要来自州法院，一些法官写道："自由的新闻是自由最坚固的堡垒之一，这个国家的人民一直以嫉妒的心态捍卫着它。"然而，几十年后，《第一修正案》才被证明在司法界有如此的保护作用。此外，当时的一些报纸自豪地将自己与更多的丑闻报道区分开来。例如，《波士顿每日广告报》在关于考利案的报道中，以"企业"的法律限制作为标题，并认为这种限制完全可以接受。鉴于考利案，该报社论写道："希望不久之后，善良的公民能够找到某种恰当的方式来尊重他的隐私，这并不是不合理的。"

霍姆斯一直保存着那则报纸剪报，直至他去世。他还要求以焚烧或其他销毁方式永久封存自己的私人信件，以确保隐私。

"我不知你是否也这么想，"多年后他在给哈罗德·拉斯基的一封信中写道，"但我希望，除我主动公开的信息外，关于我的私人信息不会被进一步公之于众。"

然而这是一个在20世纪关于隐私的故事。

霍姆斯在1884年至1885年的庭审记录中记录了他对法庭案件及其结果的个人意见。根据记录，他本打算在《科德角居民》案中撰写意见，但出于某种未知的原因，沃尔布里奇·菲尔德法官接手了这个案子。对于路易斯·布兰代斯来说，这无疑是一个不祥的预兆。因为与霍姆斯大法官一样，菲尔德大法官在另一起涉及真实性文章的案件中支持了原告，反对报社。在该案中，记者准确报道了一位当地牧师因轻微惩戒女儿、故意饿女儿、将腐肉喂女儿、在家庭关系中表现不诚实等行为而被迫离开教会。

然而，菲尔德法官对这一事件所导致的结果完全不能苟同。他写道，所报道内容的真实性并非绝对辩护理由，因为关键在于报纸在揭露真相时是否存有恶意，这是原告诉求的核心。公众的知情权毕竟有限，陪审团在此案中认定报社已经逾越了该限度，因此作出惩罚性赔偿判决：报社需向牧师支付1,000美元，尽管该牧师既有家庭暴力史又有对婚姻不忠的行为。案件至此结束。

事实上，当布兰代斯于1884年出现在马萨诸塞州最高法院时，全美国各地的250多份法院意见以某种方式提及了"隐私"一词。法院关注的是家庭隐私，强调"安静居住和隐私的权利是绝对的和排他的"，并恰当地描述为"家庭生活的隐私"，甚至可以称之为"家庭生活的神圣隐私"。还有人指出性关系中存在固有的隐私，强调"当事人的非法性交通常是在最严格的隐私和保密中完成的，只有当事人自己知道"，以及电报中的隐私问题，强调"对整个家庭幸福的毁灭"可能会被"丑闻制造者曝光并在全国范围内散布"。所有这些都表明了对隐私保护的迫切需求，特别是在家庭内部。"在家庭圈子的隐私中发生的事情"，对于"外人"来说只能知之甚少，甚至完全不知道，因为"揭开家庭避难所的面纱将把私人生活的秘密和丑闻暴露在公众面前"，这违背了普通法（或法院决定的法律）。加州的一位法官明确指出，即使是亲密朋友之间的谈话也不应该分享出去，而加利福尼亚州的另一位法官明确写道，任何对家庭圈子隐私的侵犯都会鼓励一种邪恶的"对美国思想深恶痛绝的间谍制度"。当然，这个案例涉及一个泄露情报的警察线人，但其表达具有更广义的强烈保护性。

同时，在密歇根州，托马斯·库利法官在他具有影响力的侵权法论文中提出了一个引人注目的短语，巧妙地描述了这种隐私的敏感性：不被打扰的权利。几年前，他还参与了一项意见，直截了当地说，一般公众对私人的合法行为和事务不会表现出任何关心。实际上，库利的"不被打扰的权利"比同一时期另一个与之相关的短语——对真相的知情权——更快地在人们中间流行起来。

这套法律和意见似乎为《科德角居民》案件的原告提供了一条完整的法律依据，而被告即将在马萨诸塞州最高法院败诉。然而，由于缺乏可遵循的先例，布兰代斯巧辩说，虽然他的客户行为有误，但这无法构成诉讼理由。布兰代斯认为，罗伦佐·南丁格尔确实在情感上受到伤害，因为这位年轻人向一位老师倾吐心迹，结果被老师传播开来。但是在法律文件中，并没有明确针对这种伤害进行规定——诽谤指的是对名誉的伤害，而本案中只涉及读者和公众的戏谑，程度还远未达到诽谤。因此，这仅仅是违背了礼节和行为准则。布兰代斯还指出，民法都未规定窃听或窥看他人为非法，更不能承认针对原告隐私的出版物就构成"侵犯"。

布兰代斯主要援引了英国判例来证明法律不支持隐私权，然而这些判例对他帮助不大。这份简报没有像他后来那些著名案例般将令人信服的事实、公共政策问题和非法律观点融入进去。他肯定在思考，比起一个被开除的残忍牧师或面临吊销执照的律师，罗伦佐·南丁格尔作为原告更值得同情。

在这个布兰代斯自己归类为侵犯隐私的案件中，甚至连事实都不站在他这边。

当时的口头辩论通常会在几周内公布判决结果，所以当在

10月、11月、12月，次年1月、2月和3月的其他时间里没有听到法院的消息时，布兰代斯知道他在这个案件上一定遇到了麻烦。对出版商有利的意见很容易写，因为大法官只需要表明法律不承认隐私权要求，就像布兰代斯在他的诉状和口头辩论中所争辩的那样。没有法律支持所谓的隐私权？那很快就能写出简短的意见。

但是，如果法院裁定像南丁格尔这样的人有隐私权呢？这样一个基于现有法律基础的复杂意见会花费更长的时间。重要的是，这样的意见也会阻止《科德角居民》的进一步发行和销售；随着诉讼的拖延，布兰代斯的客户已经出版了17个以上的修订版，这些出版物涉及的收入肯定也是被作为法院判决需要考虑到的众多因素之一。

与此同时，在更私人的层面上，当布兰代斯的堂弟、一位知名医生突然失踪时，全国报纸纷纷报道了这个人及其直系亲属的种种趣闻，即便这对法院的案件并无助益。前途无限的医生理查德·布兰代斯突然不知所终了？他是四处流浪让妻子伤心欲绝？还是失踪背后有更阴暗的原因？即使是出版商的律师，也不会对这类家庭悲剧的聚光灯津津乐道。

因此，布兰代斯做出了任何明智的辩护律师都会做的事情，满足了罗伦佐·南丁格尔的索赔请求。这意味着在法院对上诉做出裁决前，案件已经结束。没人知道出版商向南丁格尔支付了多少钱，因为在马萨诸塞州的任何法院都找不到该案件的档案；据说和解后所有档案都被销毁了，因为案件无法继续，似乎也没有保存的必要。只有手写的审判记录、霍姆斯法官在法庭笔记中的"和解前判决"标记、法院备忘录、旧报纸报道，以及布兰代斯与其他人合在一起的上诉状，作为女儿们的纪念品，才能证明一切曾经发生过。

但在关于此案的新闻报道中，有一个暗示，也是一个有趣的转折。在原告律师的帮助下，《文学世界》杂志提出，爱国者亚历山大·汉密尔顿（已故近80年）如果处在罗伦佐·南丁格尔的位置，也会以同样的方式看待此事。社论说，汉密尔顿在某种程度上肯定拥护并支持新闻自由的理想，但也会对嘲弄他人痛苦的恶意写作进行谴责。

这种猜想基本正确。此外，汉密尔顿并非唯一一个似乎会支持南丁格尔和《科德角居民》案其他原告的美国开国元勋。当时，随着社会发展，全美各地出现了许多关于隐私的诉求，通过处理煽动性诽谤等案件，法院对出版商做出了一些具有争议但重要的限制性决定。有人认为，与真实诽谤相比，虚假诽谤对声誉的危害同样大，甚至更大。这种对真相的惩罚在部分源自英国臭名昭著的星室法庭，该法庭在15世纪至17世纪曾下令砍掉流氓出版商的耳朵，割掉他们的鼻子，或者因为出版关于真相的事实而对他们的身体进行烙印或终身监禁。所谓真相，通常是指揭露政府腐败的真相。

布兰代斯不会将星室法庭的案件纳入他后来有关隐私的

论点中，因为这将会被视为不恰当的联系：没有人希望星室法庭的罪恶潜藏在一个新设立的法律原则之下。然而，他肯定意识到这种联系的存在，因为在他的《科德角居民》案情摘要中，他提到了一个关键的起源，它主要由一项涉及乔治·华盛顿（George Washington）、约翰·亚当斯（John Adams）、托马斯·杰斐逊和亚历山大·汉密尔顿之间的令人不安、相对较早的判决所引发。

早在19世纪初，就在布兰代斯为波士顿的《科德角居民》出版社辩护的几十年前，纽约发生了一起名为人民诉克罗斯威尔的案件。在这个案件中，建国者们起到了重要作用。就像在《科德角居民》案中一样，判决将隐私权与出版商之间对立起来，最终，胜利的天平偏向了隐私权。

第二章
汉密尔顿、杰斐逊与恶中之恶

亚历山大·汉密尔顿和托马斯·杰斐逊虽然不是在报纸上因发表令人不快的真相而侵犯他人隐私的第一起事件。但其产生的后果实质上与同侵犯隐私相差无几。此番争议引发了人们对美国隐私权的深思。

当时的报纸刊登这类内容是很普遍的事情。大多数报纸都像简陋版的现代党媒，主要发布政治上有用的内容。假新闻和决斗报道很受欢迎，这不仅维护了男性荣誉观念，还满足男性对女性浪漫主义的想象，甚至助长他们的不当行为。当时纽约人口约为330万人，城市化快速发展使田园牧歌式生活变得平庸。然而，精英阶层深知这种愚劣传播会使得道德滑坡，与文明渐行渐远，对于国家礼节来说也是一种羞辱。

国家法庭最终也意识到此。美国建国初期，宾夕法尼亚州的一位法官写道："新闻自由是上天赐予人类的最伟大的恩赐之一，同时它也蕴含着巨大的摧毁力与恶果。"

汉密尔顿还算是较为温和的媒体恶作剧者之一，至少一开始是如此。也许，只是也许，在1792年，他以卡图卢斯为名在《美国公报》上写道，杰斐逊的真实性格和吸引人的秘密生活很快就会被揭露。与此同时，他还暗示道：杰斐逊那种贵格会教徒似的单纯——他的安逸、谦逊、克制——下隐藏了一个贪婪、沉迷享乐、放荡的人。

"看在上帝的分上，我亲爱的先生，"杰斐逊在给詹姆斯·麦迪逊（James Madison）的回信中说道，"拿起你的笔，选择最引人注目的异端邪说，当众将其击碎。"杰斐逊不得不回应汉密尔顿的咄咄逼人，因为他已意识到即将发生的事：当时夏洛茨维尔私下流传着杰斐逊与他的一名女奴萨利·海明斯有染的谣言。汉密尔顿以卡图卢斯为名宣称，此消息很快就会出现在报纸上。

然而，这并没有发生。但是四年后，即1796年，当乔治·华盛顿总统宣布他将卸任时，有传言称杰斐逊将成为一个出色的继任者，汉密尔顿再次在《公报》上发表文章。这次，他以基昂的身份写作，并开始了一个涵盖众多领域的系列社论，以审查托马斯·杰斐逊的自吹自擂和他的秘密生活。

为什么杰斐逊会向一位同行哲学家表达他相信所有民族平等的想法？这一明显的观点变化发生在他刚从法国回来后不久。因为在法国，杰斐逊"接触"了种族融合的思想。（据说，在巴黎，杰斐逊第一次见到了他已故妻子的同父异母的妹妹，当时14岁的海明斯。）汉密尔顿质疑，杰斐逊明明已经看到了周围奴隶与主人混居的情况，种族融合如何会成了他的关切？此外，谁会想要一个多愁善感的贵族史诗式哲学家当总统呢？

很快，亚历山大·汉密尔顿、卡图卢斯和基昂就亲身体会到了，自身就在"玻璃房"里的人就不该乱扔石头，搬起石头来砸自己的脚。汉密尔顿自己也有隐私，而杰斐逊的盟友（至少目前如此）是受人鄙视的报纸编辑詹姆斯·卡伦德，此人曾慷慨激昂地泄露了联邦党的弱点。作为反联邦党人，杰斐逊意识到卡伦德的评论对自己具有政治价值，因此他资助卡伦德撰写某些文章，并匿名向卡伦德透露信息。

卡伦德在那本看似无害的小册子《1796年美国的历史》（*The History of the United States for 1796*）中会很欣然揭露一个事实：汉密尔顿的外表并不像他所表现的那样完美。这位伟大的道德楷模曾与另一个男人的妻子有过不正当关系。这些污点是真实的，已结婚并有孩子的汉密尔顿，曾与一位名叫玛丽亚·雷诺兹的女人有过一段痛苦的恋情。各州批准《第一修正案》那天，汉密尔顿收到一封信，他被告知玛丽亚的丈夫已经得知了他们的不正当关系，需要封口费才能阻止此事曝光。

但是这个秘密还是被曝光了。卡伦德的爆炸性文章揭露了汉密尔顿与商人雷诺兹先生之间一系列信件的内容，证实了这一切都是真实的。"这里有50美元，"一封汉密尔顿的信上写道，"我已尽快把它们邮寄出去。"（卡伦德之所以如此激动地揭露这一切，是因为汉密尔顿曾公开谈论过乔治·华盛顿的一些私人信件，包括那些标明为私人的信件，其内容是请求媒体社论上的声援。）卡伦德认为，汉密尔顿应该对朋友的缺陷保持沉默，这与自1710年以来的法律规定一致，即擅拆开他人信件是犯罪行为。后来，邮政局长本·富兰克林甚至进一步加强信件保护，确保邮递员不要让置身周围的信件遭他人阅读。

回到夏洛茨维尔，托马斯·杰斐逊一定对这一轰动性的揭露感到窃喜。他在1797年6月的财务账簿上做了一个快速记录：卡伦德记录美国历史。

对于这一切，汉密尔顿书写了一本95页的小册子以作回应，抱怨自己失去了隐私。他觉得卡伦德的"丑闻俱乐部"般的出版物"让人失望透顶"，它甚至侵犯了汉密尔顿的"善良妻子本该享有的宁静"。有不圣洁的事吗？当然，汉密尔顿承认自己与雷诺兹夫人有不当关系，但这种亲密无需公开消费。汉密尔顿警告说，如果"在他们想要在迫害的人身上找到一点缺陷或愚蠢的话"，这将成为一把双刃剑，既损害了公众形象，也剥夺了个人幸福。

这种对个人幸福及公众形象的侵犯，都表明了具有可上诉的立场。作为律师的汉密尔顿可能知道，在某些地方，这被称为实实在在的诽谤，而在其他地方则被视为不痛不痒的诽谤，这意味着任何对个人名誉有害的事情，即便此事是真的，那也会受到惩罚。诽谤罪，包括真实的诽谤罪，在星室法庭之后得到了布莱克斯通的《英格兰法律评论》（*Commentaries on the*

Laws of England）的帮助，在美国也有很大的影响。该书指出，出版商当然可以在其报纸上发表任何他想发表的内容，而且新闻自由对于一个自由国家来说是必不可少的，但如果出版商发布了一些"不适当的、恶作剧的或非法的内容，它必须为此承担风险"。这包括发布尴尬的真相，比如关于丈夫不忠而引起妻子愤怒的小道消息；布莱克斯通认为，这种揭露是应受到惩罚的，因为它公开暴露了丈夫，使其变得可笑。人们担心的是，当私人的、个人的、真实的事情被报道后，对被揭露者造成的情感伤害和报复其身体的欲望会比发布虚假信息更为深重。

美国国内的看法也类似。1789年，一位费城出版商写道："在这样一个时代，好奇的眼睛会渗透到每个杰出人士的隐私中，餐桌上的谈话和无关紧要的追求都会被公之于众，变成娱乐世界大众的轶事，这些都是某些爱管闲事之人的所作所为。"然而，当报纸刊登报名舞蹈课程、治疗任何性别的生殖缺陷以及治疗性病等服务的广告时，都会承诺对接受服务的人的隐私进行保护，这种对普通人的保护看似比对上述人群的保护更为重要。

他们并没有将之称为隐私权。他们过去常说："真实的比捏造的更伤人。"

今天，很少听到关于真实性诽谤的说法。煽动性诽谤指的是批评政府或政府官员的官方行为以削弱他们权威的行为（因此具有煽动性），这类故事在历史书籍中被广为传播。其中一部分原因是约翰·彼得·曾格在1734年批评殖民地总督并成功说服陪审团裁定他无罪的浪漫故事。我们为约翰·彼得·曾格树立起了历史纪念碑，还以他的名字命名了一艘船。如果你去询问任何研究新闻的人，他们都会知道此人的事迹，因为他的名字就是新闻自由的代名词。然而，问题在于陪审团的裁决只在特定案例中起作用，对整体法律的普遍改变没有什么影响。政府一直在逮捕说坏话的记者，甚至在纽约，直到克利夫兰政府以及之后的时期，有时还通过指控煽动性诽谤的方式来掩盖政府官员的私人生活。

相比之下，真实性诽谤，即关于个人真实的、有损名誉的细节可能会受到惩罚的概念，并没有类似的典型案例。它也惩罚发表关于政府及其官员的真实信息的行为，但当普通人认为报纸侵犯了他们的家庭隐私时，他们也可以利用这个概念提起诉讼。

这里有一个重要的区别。在汉密尔顿、杰斐逊和卡伦德的时代，煽动性诽谤已成为公然的联邦犯罪。1798年亚当斯政府通过的外国人法和镇压叛乱法旨在阻碍像卡伦德这样的反联邦主义记者的工作，他不仅是外国人，还是煽动者。批评政府？直接进监狱；国会也做出了这样的决定。

另一方面，诽谤以及真实性诽谤也是一个普通法的概念，是通过法院发展起来的法律类型，它与立法机构通过的法律一样有先例可循，只是通常没有那么快就被清理。真实性诽谤也不是那么有争议的。即使是受人爱戴的约翰·彼得·曾格也曾发表过支持性的想法：有些真相不适合说出来，包括私人和个人的缺点和失败，因为公开这些信息只会带来伤害，没有好处。

同时，《第一修正案》中对言论自由和新闻自由的承诺在当时并不适用，这些原则并没有像今天这样受到人们的尊重或具有影响力。不仅每个人都在思考这些承诺的含义，而且《权利法案》(Bill of Rights)只适用于联邦政府，而不适用于各个州，当然也不适用于个人或私营企业。在所有这些情况中，那些看起来在纸面上非常绝对的文字，例如"任何法律"都不应限制"言论或新闻自由"，最终都会发现对言论或新闻的保护并不是那么充分的。

这与《第一修正案》关于对隐私的困惑甚至在它被批准之前就已经开始了。一个例子便是马萨诸塞州最高法院法官威廉·库欣在1789年写给约翰·亚当斯的信中提出的问题：如果新闻媒体披露了政治家的"男性之举"，这些行为虽然不道德且令人反感，但却是绝对真实的，那么这种出版发布行为被受惩罚的行为是否正确？

后来，威廉·库欣成为美国最高法院的首批五名大法官成员之一。他回答了自己早期的问题，认为出版商可以并且应该受到限制，以避免伤害被出版商报道的这些人的人格。约翰·亚当斯对库欣的观点作出了积极的回应，表示无端揭露的丑闻真相将导致原告获胜。作为总统，亚当斯将他的观点付诸行动，签署了外国人法和反煽动叛乱法。这一系列法案威胁称，如果有人"撰写、印刷、发表或出版……针对政府、总统或国会议员的虚假、丑闻和恶意的文章或著作"，或者煽动对他们的……美国善良人民的仇恨，那么作者、印刷者、发表者或出版者将面临5,000美元的罚款和五年监禁。亚当斯在他的一生中也对恶名昭著、不雅的新闻报道抱怨颇多。

尽管开国元勋们在强调新闻自由重要性时使用了修辞手法，但显然大多数元勋与亚当斯持相同立场。我们可能更多记住了他们对新闻自由的支持言论，因为出版商经常引用这些短语，但在18世纪的美国，权贵阶层其实更想要把隐私当回事。

例如，本·富兰克林赞同"每个人都有小秘密和隐私，即使对最亲近的朋友也不宜公开"。他表示，在出版他的小册子和报纸时，他会"拒绝印刷可能对任何人造成真正伤害的内容"，包括个人思考、诽谤和人身攻击。他区分了"朋友之间的私人信件"与"公职人员就公共事务写给公职人员的信件"之间的差别，并建议前者应避免落入他人之手。他还建议，他愿意用他在新闻界诋毁他人的自由来换取不被那些可能将他的"私人性格撕成碎片"的人诋毁的特权。

亚历山大·汉密尔顿后来在隐私权方面发挥了更重要的作用，他认为"限制和惩罚煽动和骚乱行为"的法律对于维护公众对政府的信任至关重要，并主张应将针对任何政府官员的文章视为构成诽谤罪并进行起诉。

《第一修正案》的作者詹姆斯·麦迪逊在1800年写道，他和其他主要参与者"意识到所有可能涉及言论自由与滥用新闻自由适当界限的一般问题的困难"。

乔治·华盛顿曾向一位外国朋友保证，美国有一些"臭名昭著的报纸，它们即使不是扰乱社会和谐，也意图扰乱社会和谐"，并称某些报纸无疑是对公共道德的践踏。

然而，美国第三任总统托马斯·杰斐逊对新闻界及其发布真实但有害内容的谴责态度明确，这可能并不出奇。杰斐逊是一个使用密码与朋友通信还要求烧毁某些信件的人，他自己也有重大秘密需要保守。他认为报纸上的"一点指责之痛"比许多赞美之乐更为强烈，因此他最大的愿望是"避免引起注意"，在每件私事上"不被人注意"。他对报纸"发布本不打算公开的内容"感到恼火，特别是涉及他个人情感的部分。"难道你们不认为我有权为自己做决定吗？"他问通讯者。

1786年，杰斐逊写下了直至现在都广为人知的名言：国家的"自由依赖于新闻自由，新闻自由不能被限制，否则自由就会丧失"。但到1803年，作为总统的他与宾夕法尼亚州州长分享了一个秘密，他认为"对那些长期以来一直违法的报社进行几次起诉"，将有助于恢复新闻业的信誉，这样的起诉会"使整个行业更加谨慎"。他说："如果执行，各州法律所有的限制就足够了。"他指的肯定是与真实诽谤相关的法律。

正是杰斐逊在给麦迪逊的另一封信中写道，联邦宪法将这种保护赋予了各州，包括在不削弱其自由的情况下，可以在多大程度上限制言论和新闻的尺度，以及在多大范围内容忍那些与使用自由无关的滥用行为，而不是破坏性地使用自由其本身的行为。

难怪当时的报纸编辑由于发表了他人认为属于私人范畴的内容而陷入纠纷与困境。制宪者们认识到，甚至有时沉溺于通过曝光来惩罚和摧毁敌人的力量。但他们也接受了一种认可限制新闻自由的概念，其基础是他们认为无偿、无理由地暴露私人信息是不恰当的。

当然，有些新闻从业者并不完全这样看待这个问题。

就这样，托马斯·杰斐逊和他的朋友詹姆斯·卡伦德闹翻了。

这里还有一个背后的故事。1800年，在杰斐逊的资金支持下，卡伦德出版了一本名为《我们面前的前景》（The Prospect Before Us）的小册子。在那里，他称亚当斯政府犹如一场"恶性激情的暴风雨"，"熄灭了在黑暗和卑鄙的生活闹剧中唯一闪烁的幸福之光"。亚当斯本人也是一个"年事已高还存有破坏倾向的人"。而且，卡伦德说，这一切都始于可怕的乔治·华盛顿，这个人违背国会的意愿与英国签订条约，"没有比这更纯粹的违反他誓言要维护宪法的行为了"。

卡伦德遇到了麻烦。不仅乔治·华盛顿是个圣人，而且亚当斯政府的外国人法和反煽动叛乱法在实际上将撰写反对政府的丑闻和恶意的东西定为犯罪。而真相是法规规定的可以用来脱罪的抗辩理由，不需要靠背诵翻阅法规就能知晓这一点，相关的法规就是卡伦德在被捕时去翻阅的第一份资料。陪审员只用了两个小时就认定他有罪并判处他九个月的监禁。法官解释说，新闻自由和滥用新闻自由之间是有区别的。

卡伦德在里士满监狱的铁窗里过着糟糕的生活。他给杰斐逊写了一封封值得人注意的信，其中详述了他由于受到周遭糟糕的环境和狱友们疯狂尖叫声的持续影响，他的健康状况不容乐观。但尽管如此，他还是设法出版了新版的《我们面前的前景》部分内容。"这封信将包括《我们面前的前景》第二部分的几页，"他在1800年8月在监狱里写给杰弗逊的信中写道，"但下周，我将寄来一些你以前没有见过的章节。"

几个月后，杰斐逊当选总统，由于外国人法和反煽动叛乱法已自动失效，卡伦德被释放。考虑到他为杰斐逊及其政党所做的一切，以及他发表的关于汉密尔顿私人行为和亚当斯公开行为的批评文章，卡伦德期望得到某种政治上的回报，甚至希望谋得一个邮政局长的职位。

然而，杰斐逊告诉卡伦德这不可能。作为回应，卡伦德警告杰斐逊说，他掌握了关于杰斐逊的秘密，并且很乐意将其公之于众。杰斐逊在给詹姆斯·门罗的信中自信地表示，卡伦德做错了选择，因为卡伦德对于杰斐逊不愿向世人公开的事其实一无所知。

但他还是低估了卡伦德。

"众所周知，"卡伦德此后在一份名为《记录者》的报纸上写道："这个备受尊敬的人身边存在一个奴隶，并且作为他私下的情妇，多年来一直保持着这样的关系。"卡伦德指出，这一对杰斐逊的深度揭露具有深刻的新闻价值，不应该仅仅被当作男人常有的行为而就被原谅。"她的名字是萨利"，她为杰斐逊生养了"好几个孩子"，其中还有一个和他长得一模一样。卡伦德写道，之前联邦党报纸写得没错，杰斐逊确实选择了"非洲血统来继承他的衣钵"。

还有更多内容。卡伦德透露，杰斐逊曾支付给他100美元，以便发表那些针对乔治·华盛顿和约翰·亚当斯的恶意内容。《我们面前的前景》那本小册子中也有杰斐逊参与的影子，就像《1796年美国的历史》一样。

卡伦德的文章并不是这一事件的终点。几个月后，一个自称为朱尼乌斯·菲勒努斯的人发表了一份长达64页的小册子，名为《致托马斯·杰斐逊的信》，显然是为了吸引更多读者。在这封信中，菲勒努斯敦促妇女不要被新总统的魅力所迷惑，因为杰斐逊已经名花有主了："一名叫萨利的黑妞正在享受他的爱和拥抱。"菲勒努斯声称，杰斐逊利用党派报纸来推进他的野心，他"贿赂卡伦德，让他有意扮演成一个恶棍，然后通过他的笔触让他撰写针对这位可敬人物的谎言"，他一直隐藏着一个"私人"秘密，即他"与他自己的奴隶有公开且无耻的荒淫行为"。他只是一个懦弱的哲学家。

这番话的语气和口吻听起来非常像多年前的基昂。朱尼乌斯·菲勒努斯会是亚历山大·汉密尔顿吗？

几周后，回应性小册子《致联邦国王亚历山大·汉密尔顿的信》发布了。它的副标题是"对最近在汉密尔顿先生的批准下出版的一本恶意小册子的回应"。这第二本小册子的作者朱尼乌斯·菲勒努斯，毫无疑问被认为是受到了汉密尔顿的资金上的赞助，从印在前页上明显的宛如野兽的烙印可以看出。汉密尔顿虽然不承认自己是新闻界肆意挥金的赞助人，但显然他"比美国任何其他人更加懂得利用这一工具，从事反对人民福祉与社会和谐的阴谋活动"。

在这两则诱人的八卦新闻发表之后——一则关于杰斐逊与萨利·海明斯的关系，另一则关于杰斐逊对具有煽动性的《我们面前的前景》的支持——杰斐逊很轻易地将对他造成的困扰抛之脑后。这两本小册子并没有广泛地传播，各家报纸对重新发表第一本小册子犹豫不决；即使其中有一定的真实性，但肯定也是一种诽谤。第二本小册子似乎更容易被辩驳，但仍存在不确定性。有些人相信杰弗逊所说的，即他付给卡伦德的钱只是慈善捐款，这只是帮助一个可悲而困苦的人，而他已经堕落成一个疯狂的酒鬼。

然而，这一阴谋仍在继续，并且将很快直接影响到美国隐私法的制定进程。

　　《黄蜂》是一份四页版的联邦党报纸，目的是去刺痛它的对手。它以不招人喜欢而闻名，在1802年的创刊号中，它旨在要让党派敌人感到不满、烦恼和折磨。在第一栏的第一段中提到支持杰斐逊的报纸时写道，"倘若，恰好有只蜜蜂出现，一只黄蜂也会立即出现"。一位名叫哈里·克罗斯威尔的编辑创办了这份新刊物，他对詹姆斯·卡伦德的报道表示欢迎，该报道证实了联邦党人已经知道的事情，即杰斐逊总统并非如其所示。

　　"杰斐逊先生为了诽谤乔治·华盛顿和约翰·亚当斯而向卡伦德支付了100美元"，克罗斯威尔写道。然而，即使是他也避开了与萨利·海明斯相关的话题。

　　不久后，纽约州当局以诽谤杰斐逊为由起诉了《黄蜂》报的编辑克罗斯威尔。起诉书称，《黄蜂》的编辑是个恶意煽动叛乱且心术不正、性格邪恶可鄙的人，他通过诋毁和诽谤托马斯·杰斐逊总统，意图给杰斐逊招来仇恨、蔑视和耻辱。通过重新发表卡伦德关于总统的文章，克罗斯威尔严重诽谤了杰斐逊的个人品格。政府当局对此表示，杰斐逊的美德是众所周知的。

　　此时，煽动性诽谤已经失效，不再是联邦法规，但这一变化对州法律没有影响。克罗斯威尔诽谤了美国总统，他通过转载卡伦德的主张，严重诋毁了杰斐逊的个人品格，而这种诽谤行为在纽约仍然是违法的。

克罗斯威尔迅速作出回应。他表示，他的被捕是对新闻自由的直接攻击，毫不避嫌地展示了政府对言论自由的敌意。他希望杰斐逊能站在他这边。毕竟，公布的内容归属于真相的范畴是对合法的煽动性诽谤的辩护理由，而且几个月前杰斐逊曾经将自己与言论自由捆绑在一起，他写道公众人物应该经受住诽谤的考验，这是国家对新闻自由的责任的一部分。所以克罗斯威尔认为，杰斐逊理所应当地会活用他的说辞，为克罗斯威尔的罪行开脱。

但杰斐逊仍然保持闭口不谈。

于是，克罗斯威尔和他的律师开始起草辩护词，计划通过第一个报道关于杰斐逊的信息的人来证明真相。按照他们的计划，詹姆斯·卡伦德不仅会作证说，杰斐逊确实支付了他关于撰写亚当斯和华盛顿的那些事情的费用，而且他还将在法庭上提供杰斐逊的两封信，以证明杰斐逊在《我们面前的前景》中所扮演的角色。

"法官大人，请传唤詹姆斯·卡伦德以证明真相！"

不幸的是，这个重要的证人没有出现，至少没有在法庭上出现；同一周，卡伦德在里士满的一条仅有三英尺水深的詹姆斯河中溺死，且于同一天下葬。几天后，官方调查称他的死因是意外溺水，是酒后失足所致。杰斐逊方面的报纸称其为自杀，是卡伦德作为新闻工作者的耻辱所致。约翰·亚当斯认为，这个恶徒可能是被敌人杀害的：被敌对势力推倒。事实上，联邦党的报纸指出，卡伦德一直在揭示杰斐逊真实的本性。他们警告说："坟墓并不能永远阻止复仇的追随。"

然而，在这个案件中，坟墓确实阻止这种对于复仇的追随。几乎没有争议的是，杰斐逊确实给予了卡伦德金钱；个人信件和杰斐逊的笔记证明了这一点。然而，直到2000年，托马斯·杰斐逊基金会才正式承认卡伦德和汉密尔顿撰写的关于萨利·海明斯的故事是真的，杰斐逊确实与他的奴隶有过性关系。此外，直到20世纪60年代，卡伦德关于杰斐逊的揭示性文章仍被一位传记作家描述为只是关于杰斐逊私生活无关紧要的小道消息。

显而易见，即使卡伦德还活着，对真相的辩护在克罗斯威尔的案件中也毫无意义。因为主张保护个人隐私意识的普通法仍然坚持着"相较于虚构的责难，真实的更伤人"的原则，因此真相往往有助于揭示报纸的谬误。

那时的联邦党报纸对这一建议感到愤怒，认为公开揭示杰斐逊幕后操纵的真相将让他难以承受，因此应该受到政府的压制。华盛顿的联邦党人写道："杰斐逊先生的追随者依赖于普通法，这种法律不仅禁止将真相作为证据，还将其视为'相较于虚构的责难，真实的更伤人'的原则。"他们认为，克罗斯威尔发表的文章揭示了一个政治家与一个臭名昭著的出版商之间的操纵关系，这是极为重要的信息。当外国人法和反煽动叛乱法不再适用时，报纸的胜利实则是一次深远的倒退，因为普通法现在开始发挥作用，它不认可报道真相的行为可以被视作一种辩护理由。

此外，他们问道，那位曾在这些法律通过后，因为真相受到压制而焦虑地哭泣的爱国者杰斐逊，现在在哪里？

《黄蜂》显然站在杰斐逊这一边。社论中写道"新闻自由是一项宝贵无价的权利"，但是"它的肆意放纵对于任何有序政府来说都是一种祸害"。文章指出，那些藏在某种神圣自由面具后面的印刷商不应该被允许发布他们想要发布的关于公职人员的一切。

因此，在1803年，哈里·克罗斯威尔被带到纽约的陪审团面前，被指控通过转载卡伦德相当准确的指控而诽谤托马斯·杰斐逊。检察官提醒陪审员们注意《黄蜂》的社论，指出新闻自由是一项最宝贵的特权，但其刺耳的放纵行为是一种日益严重和无法容忍的罪恶。由于辩方几乎没有能力传唤证人或以其他方式证明事情的真实性，陪审团在一个晚上就认定哈里·克罗斯威尔有罪。

这就是前财政部部长、多元派的社论家以及花花公子亚历山大·汉密尔顿再次出现的背景。作为一名纽约律师，无论出于何种原因，他肯定是因为该案件涉及托马斯·杰斐逊的不良行为，而同意参与哈里·克罗斯韦尔编辑的《黄蜂》上诉案件。

或许汉密尔顿并不是这起案件中对新闻自由和报道真相产生重要影响的最佳代言人。作为卡伦德事件的牵连者，他对媒体仍有些不满。

尽管如此，人们说汉密尔顿已经尽力了。他在纽约高等法院发表了长达六个小时的讲话，代表克罗斯威尔陈述了有关托马斯·杰斐逊虽然准确但令人不快的事实。人们形容汉密尔顿"如洪流般""大胆有力，所向披靡"，他毫无保留地陈述了让民主国家震惊的无可辩驳的真相。那一天，"真理、骄傲、力量和无畏显示了其权威"。汉密尔顿的演讲出色至极，以至于报纸预测它将"永远不会被忘记，会成为联邦制度和理性自由的倡导者所传颂"。汉密尔顿坚决站在"有利于媒体"的立场上，也因此"为国家、为自由而鞠躬尽瘁"。

然而，问题在于汉密尔顿并未主张新闻界应完全自由地报道真相，不论隐私代价如何。这并不令人惊讶，因为他根据长期以来布莱克斯顿式的诽谤原则认为，无限制的新闻是一种不好的事情，会成为"社会的害虫"，变成一种"可怕的自由"，会"鼓励罪恶，迫使善良的人退却，摧毁人的信心，会混淆无辜者与有罪者"。他认为，"新闻自由"包括……发布真理……以为善的动机和合理的目的，发布真相，即使这反映了政府、

32

行政官员或个人如实的形象。

例如，如果媒体披露了某人的个人缺陷或畸形，那么必然会有对这个真实故事的惩罚。这种真相对于任何人来说都是痛苦的，即使是真实的，也会即刻损害当事人的声誉，因此出版这种内容的出版商当然应承担责任。

此外，他还补充说，如果出版商"滥用真相作为武器，借此破坏家庭和谐，且与官方行为无关"，那么出版商应该受到惩罚。

无论是从字面描述上看，还是从感性上看，大家可以将其视为对隐私权的呼吁，即当面对丑闻，但报道却绝对真实时。汉密尔顿完全支持设定一条底线，只要他能够将准确的界限划出来。

而克罗斯威尔案显然越过了这条界限，汉密尔顿以一种知情权的方式解释道：这是一则重要的新闻；这是揭露杰斐逊对国家荣誉和国家遗产造成无法估量损害的报道。克罗斯威尔的辩护律师已告诉法院，自由和新闻自由的讨论对于美国的自由至关重要，因为它们使人民能够审慎地选择他们的统治者并正确判断其功过。克罗斯威尔的报道让许多人大开眼界，而这正是新闻自由的核心意义所在：可报道有关领导层的某些真相（今天我们可能称之为不便透露之真相），只是不能太过分。

政府在回应中辩称，杰斐逊所做的真相在此并不重要。新闻界有权自由讨论公共措施，这是正确的，但这种权利不应沦为揭露个人恶习的工具。将缺陷和缺点公之于众，即使是总统的，也会损害社会道德，导致有才能的人被挤下职位，并使新闻界变成传播火药、箭矢和死亡的工具。

最后，也许是因为最终这两个论点在某种程度上相互作用，无论是否有界限，隐私都得到了保护，实际上政府获得了胜利，而汉密尔顿则失败了。纽约的法官们在克罗斯威尔是否有权证明他所发表的内容的真实性这一问题上存在分歧，因此根据程序，克罗斯威尔请求重新审判的诉求被驳回。陪审团从未听说过托马斯·杰斐逊资助过卡伦德，以诽谤乔治·华盛顿和约翰·亚当斯，尽管这完全属实。

亚历山大·汉密尔顿在为克罗斯威尔案辩护的五个月后去世。他在与亚伦·伯尔进行决斗时被射死，这一决斗的起因涉及隐私权纠纷，导火索是一家报纸刊登了汉密尔顿对伯尔的"私人品格"提出的质疑，因此认为伯尔的信誉不足以使其担任政府职务。汉密尔顿死于他的密友威廉·巴亚德的家中，这是一个令人感到奇怪的巧合，因为巴亚德家族在维护隐私权方面的作用几乎和汉密尔顿一样重大。

为了应对国家精英卷入暴力事件，弗吉尼亚州通过了一项名为《禁止决斗法》的法律。该法律规定，"所有被认为是侮辱和导致暴力行为的言辞"都将受到起诉。该法律根本没有提及任何与这些言辞真实性相关的辩护。实际上，弗吉尼亚州的一家法院在解释该法律时写道，如果涉及"明显的身体或精神缺陷，或对亲属名誉有公开污蔑，或对其自身造成的臭名昭著的耻辱"，那么真相可能会更具有破坏性。

就这样，国家的精英们获得了双重保护。

人民诉克罗斯威尔案在法律界并不太出名。它并非一个具有强大先例价值的案件，因为它仅为一个州法院案件，主要由律师间的辩论构成，在《第一修正案》看似支持媒体自由的时候，却导致了一个具有分歧的判决。

但其中的限制理念和用语一直存在。还记得1803年，克罗斯威尔因诽谤当时总统杰斐逊而被定罪的同一年，杰斐逊曾向宾夕法尼亚州州长提出，如果更多出版商面临诽谤指控，这最终可能对社会和新闻业是有益的。杰斐逊在信中转发了宾州记者约瑟夫·邓尼的一篇文章，认为它是一个可能被起诉的"好……例子"，一个"可以作为反面教材"的作家。虽然没有人确定杰斐逊寄来的具体剪报内容，但很可能是关于他与"黑人萨利"关系的报道，因为时间上吻合。

因此，邓尼以及他撰写的特定关于黑人萨利的文章和类似反杰斐逊报道的作者，在宾夕法尼亚州被起诉，罪名实际上是真实性诽谤。政府称邓尼诋毁、贬低和丑化了革命时期爱国者的人格。在那次审判中，克罗斯威尔案已经有了判决结果，所以法官在指导陪审团时引用了亚历山大·汉密尔顿的话："'如果一个人肆意使用真相这一武器'破坏家庭和谐"，这就是诽谤，因为"发表的内容是不适合公开的信息"。还有这样的观点："新闻自由在于出于为善动机和合理目的发表真相。"然而，这一次陪审团走了约翰·彼得·曾格的路线，认定出版商无罪。

然而，并非所有的陪审团都持有这种观点，在整个19世纪，真实的诽谤并没有完全消失或被杜绝。一位纽约法官在克罗斯威尔案判决后不久写道："在一个新闻自由被如此扭曲和滥用的国家里，如果每个人都无法享有无瑕疵的声誉……那么一切都是公平的游戏。"他特别批评了那些打着热心公益旗号却挑逗他人情感的公共报纸。

几十年后，汉密尔顿在克罗斯威尔案中的论点——为了保护个人隐私，尊重他和他家人的感受，关于个人的可公开信息实际上是有限的——在奥利佛·温德尔·霍姆斯在马萨诸塞州高等法院的判决中得到了印证，他限制了一篇关于一名面临被取消律师资格的真实文章的发表。在那个判决中，霍姆斯写道，在法庭上提交的东西与"随后在报纸上刊登它，或以其他方式向对此事不感兴趣的陌生人公开它"之间存在着区别。

作为一个先例，霍姆斯引用了一个案例，该案例直接涉及克罗斯威尔案中的汉密尔顿。他写道："如果任何社会允许每个公民都有权在报纸、传单或其他出版方式中指控每个其他公民的行为，不仅是犯罪，还是一种错误、怪癖、心智或身体缺陷，即使所有这些指控都是真的，这样的社会状态也将是最可悲的。"该案被称为联邦诉布兰丁案，涉及一名报社记者报道一名顾客在当地酒馆死于酒精中毒的消息；尽管事实确凿，但该记者仍被定罪，因为法院认定这种报道不属于报纸正常报道的范畴。法院指出："私人的恶习"应该由"良心自我纠正"。

而在一些涉及更私密的新闻隐私案件中，这种观点在美国法律中仍然存在：尽管《第一修正案》有保护性的语言，以及公众对某些信息有权了解的现代意识，但一旦谈论转向关于某个人的真实但具有羞辱性的秘密，甚至是公众人物或公职人员，发布者必须有充分的理由来披露这些信息，否则他们可能要承担法律责任。

这种限制在一定程度上源于涉及托马斯·杰斐逊的令人不适的真相，而公众肯定想要了解这个真相。事实上，这并没有什么区别。现在你可能已经意识到，在隐私权的历史中，对有权势者的保护是一个并不陌生的主题。

第三章
情闻轶事与新闻配图

亨利·丹尼斯是新奥尔良的一名律师，他在1810年，给他想象中的未来爱人寄去一封信，通过笔触表达了对她炙热的倾心。几年前，就在亚历山大·汉密尔顿雄辩反对滥用真相这个武器的几年后，以这种隐秘、封闭的方式表达内心最深处的感受，看似是一个相对安全的押注。

然而，收到信后，这位女士感到很困惑。亨利·丹尼斯不是她喜欢的类型，而且他有什么资格对她如此之多的非分之想？因此，作为在早期的社交媒体中的一种羞辱方式，她把丹尼斯的信转发给当地一家名为《法律之友》的报纸发表。这将使镇上的每个人将知道亨利·丹尼斯在追求爱情的过程中是多么的自以为是。

丹尼斯学识渊博，意识到法官可能会对报纸的刊发计划有所微词；他向法院要求发布禁令，要求他的情书不得被报刊对公众进行发表。奥尔良地区高级法院的弗朗索瓦·泽维尔·马丁法官立即对此表示同意。

但这并没有结束。讽刺的是，《法律之友》并不打算接受法官的约束，所以它刊登了一则告示，解释说希望满足其好奇心的读者可以在报社、当地法院或印刷厂看一看丹尼斯的情书。

这些情书就这样被印刷出来了；也就这样，读者得以借机对这些情书进行阅览。

马丁法官对此非常愤怒，以至于在1811年，他写下了一份早期的法庭意见，大规模保护私人信件中的合法隐私，并批评报纸试图规避法律的做法。马丁法官写道，丹尼斯的文字是专为他所爱之人而写，属于保密的、神圣的篇章，而报纸分享这些文字的目的，是为了揭示丹尼斯的秘密并伤害他的情感。这是不正当的。无论该女士是否要求收到这封信，或者丹尼斯是否自由地、毫无保留地将信寄给她，都无关紧要；公开信件内容是发信人的专属权利，而非收信人的。

马丁法官询问，阅读过他意见的人几乎都会同意，这类事不宜与公众分享。一个妻子诉说家庭不和，一位父亲质问女儿的错误，或一位兄弟泄密家族隐私，都期望在羞辱中保全隐私。当然，还有一个人向心上人倾吐衷肠。报纸的所作所为，不仅恶意地违反了礼仪规范，也是对法律的公然侵犯——属于侵权行为和犯罪行为。马丁法官判处该报编辑50美元罚金，并监禁10天。

法官还补充了两点以明确说明：事关这一切的真相并不重要，新闻自由也不能成为辩护的理由。

在19世纪初，马丁法官在奥尔良地方法院中，首次就克罗斯威尔所推动的与隐私有关的法律利益进行著述。不久之后，司法界开始关注不仅仅是令人尴尬的真相对声誉的伤害，还关注其对情感的潜在伤害，这一观点在法院判决中变得更加普遍。一份旨在对精神产生伤害的出版物似乎并非出于为善的动机和合理的目的，因为人的情感比牺牲它来获取某些公众娱乐更为宝贵。

因此，在19世纪上半叶，与这种情感直接相关的早期隐私语言如下所述：法律以个人内心的平静为核心，因为人类是有同情心的生物，他们应该得到保护，以防止将他们排除在社会之外的出版物。美国最高法院认为，这意味着即使一个人被描述为有瘙痒症和散发硫黄气味，即使这种发布是真实的，也是种错误，因为这样的描述会使这个人显得可笑。个人福祉与社会秩序同等重要，无论一个人的社会地位如何，他们都平等地享有内心的平静。法院开始关注"一个可敬之人受伤的情感"，意识到这种"尖酸侮辱"的语言所带来的刺痛，如果调查一个人的全部生活只为证实这些言语的真实性，这个人的情感将会倍受伤害。另一法官写道："一个人的隐私缺陷、家庭不幸或心理特质的侮辱性宣扬并不重要。"除非这些尴尬信息（在一个非常狭隘且主观的范围内）确实重要，否则出版商将承担责任，不论涉及的当事人是公众人士还是普通民众。

举一个鲜明的例子，一篇报道准确报道了新罕布什尔州一些温柔动人的少女参加了一次聚会。尽管按19世纪中期的道德标准这已经属于丑闻，但更让人震惊的是，有报道称在聚会上，人们开始在少女早熟的嘴唇和脸颊上亲吻，而过去这样的举动仅限于表示友谊的轻吻。当然，这样的报道遭到了惩处。法院认为此事既丑陋、可憎又可耻，这种嘲笑，跟讥讽她们散发硫黄气味没什么两样。

难怪当时的法律被描述为一个对隐私敏感的小天使，他手持一把燃烧着的剑，守护生命花园的门口，驱赶任何敢于打扰家园圣地的人。

也许这把小天使的剑是由利他主义点燃的。更有可能的是，它在警告中燃烧，因为法官们突然成为新闻界的焦点，充分意识到自己可能会陷入被公之于众的尴尬和丑闻的信息之中。至少在记者眼中是这样的：那些对滥用新闻自由抱怨得最多的人，往往是最意识到自己的邪恶、最害怕被曝光之人。例如，英国人查尔斯·狄更斯，他在19世纪40年代抱怨美国新闻业无孔不入，什么私人高尚的品质都逃不过它的攻击，但不久之后他就试图把妻子送进疗养院，这样他就可以继续和一个年轻女演员秘密约会了。

早在克罗斯威尔时代，报纸对于深入挖掘长椅上坐着的人并不感兴趣。回顾1800年的这个一句话新闻，它精确地向读者提供了关于国家最高法院替补人员的信息：北卡罗来纳州的阿尔弗雷德·摩尔（Alfred Moore）被任命为美国最高法院副法官之一，取代了已故的詹姆斯·伊雷德尔（James Iredell）的职位。或者这是来自一位早期最高法院通讯员的报道，他对于"美国最高法院的法官们身穿正义之袍的样子非常满意，他们的优雅、严肃和整洁为每个听众所赞许"。

然而，随着19世纪的到来，廉价报纸开始出现，这些独立出版物以闪电般的速度传播，至少对精英读者来说，是以令人厌恶的冲击在全国范围内蔓延开来，让"各个阶层和背景的人，无论聪明与否、文盲或有学问的，都能获知当天新闻"。这开始成为一个真正的问题。过去的礼仪书建议正派人士对丑闻要嗤之以鼻，但廉价报纸正在掀起这一股潮流，并自称将自由调查公众人物的品格缺陷，并视自己为伟大的平权者、启蒙者和民主化推动者。"廉价报纸，"一位当时人士写道，"其重要性无法估量！"

法官也全方位受到了影响。某位似乎不太聪明，另一位需要梳理蓬乱的头发。还有一位由于"多年隐瞒患有痔疮肿瘤的事实，甚至向私人朋友也不敢透露"，而无法工作一段时间。记者们越来越确信，优雅的法官长袍不应成为对这种尖锐批评或捕捉生活细节的盾牌。

法官们对此发出警告，如果不加以纠正，新闻界的胆子将越来越大，"会形成一个壁垒，从这个壁垒后面可以肆无忌惮地将最肮脏的污言秽语和最可憎的犯罪行为加诸到个人头上"。他们经常引用汉密尔顿的话语：每个人，包括法官，都有权利对公众隐瞒自身的恶习、缺点和弱点。他们会说，令人尴尬的真相被披露后会摧毁生活中的恬淡与神圣。

让我们回到新奥尔良和弗朗索瓦·泽维尔·马丁法官。传言说他是一个臭名昭著的人，以淫乱、好色和放荡而闻名。对于地下情，他也并不感到陌生。所以，当另一份新奥尔良报纸刊登了一篇关于另一位法官在夜间酒馆放荡的狂欢故事，尽管这一切都是真实的，但这篇新闻的撰写者被对于隐私权高度敏感的马丁法官立即送进监狱并不出奇。

正如马丁法官在亨利·丹尼斯一案中所阐释的，当时新闻自由并没有太大意义。如果《第一修正案》赋予出版商侵犯隐私权的权利，法院会认为这是一种令人不安的、怪异的解释，是国会从未设想过的"奇特的标榜"。其他法官虽然经常赞扬新闻自由，但很快就明确表示，新闻业应是"受法律约束的"，并补充说"出版商不应比其他人享有更多犯错的权利"。法官解释称，"阻止滥用新闻自由"的法院判例是遏制"越来越大的祸害"所必需的工具。一项19世纪中期启发性的判例写道："声称一个人可以撰写和发表任何他喜欢的，无论多么丑陋的内容，与强盗希望获得抢劫掠夺特权背后的逻辑相同。"对私人信件隐私的保护变得非常重要。19世纪40年代一家法院庭审时说道："没有人可以对盗用私人信件，并出于伤害个人感情或满足公众恶趣味的目的发表这些信件进行辩解。"

同样，以隐私为核心的理念也成为各州宪法的一部分。在密歇根州制宪会议上，一位立法者认为，"最好不要公开过多私人生活之事"，"公共利益的实现不需要靠传播私人丑闻来实现"，或者"家庭和社会生活的隐私应限制在一定范围内，不应被庸俗的公众注视"。最终，密歇根州在保护言论自由和新闻自由的同时，按汉密尔顿的方式规定，仅保护"出于善意动机和正当目的发表的真相"，并会追究出版商对特权的滥用。

这一切开始激起记者的愤怒。是不是当《第一修正案》不存在？根据什么法理，美国法官竟敢警告出版商发布真相不被允许是因为个人隐私更重要？尽管都是事实，但本是绝望的恋人从各地的法律中找到了对付他们皱眉情妇的良剂。难道法官没有意识到，决定什么是新闻、是新闻业唯一的权力吗？

然而，这并没有说服19世纪上半叶的法官们。对他们来说，在涉及私人信件和其他秘密的情况下，新闻自由并不包括发表任何新闻的权力。相反，这是"每个公民隐私受到尊重的权利"，而"嫉妒或不友好的邻居对那些在公众面前作风良好的人所吐露的无关闲言碎语"对新闻业和对那些人来说都是种冒犯。

然后是照片。

当然，报纸中的插图出现已经有一段时间了。早在克罗斯威尔时期，《黄蜂》就刊登了一只黄蜂的插图，无意冒犯的月刊杂志也在技术和预算允许的情况下，尽早刊登了植物和动物的插图。这意味着当时的读者就已对偶尔出现在广告中的木刻画已不陌生，比如1840年的一则马戏团广告，其中有两匹光滑的赛马和一个笨重的、畸形的、看起来像是初高中艺术班的女性赤脚骑手。这种插画以及它们周围的空白冲击了一行又一行、一排又一排的新闻文字。在一些排版天才发明标题线之前，这些文字都是用极小的字体相互对接的。

这就是为什么19世纪中期报纸突然开始使用插图来丰富新闻报道，会引起如此强烈的警示。第一，插图具有不可抗拒的诱惑力，像海妖的歌声一样；它们周围不规则的空白会立即吸人眼球。第二，它们以文字无法实现的方式让新闻栩栩如生，你可以把它们视为当天事故现场的视频。第三，看起来编辑部里没有一个人能够准确描绘人体图，哪怕他的生命就靠它了。

看看1841年纽约《新世界报》头版刊登一半版面的令人不安插画，"拿破仑皇帝在他的棺材中的样子，就像他在圣赫勒拿岛被重新挖掘出来时，在他的将军面前所呈现的样子"。其他人声称，拿破仑的遗体状态极好，奇迹般地得到了保存，但在这幅插图中，这位可怜的家伙看起来状态极差。

至少他已经死了20年，已经离开了这个世界，无法目睹这一切。19世纪40年代，当哈迪牧师登上马萨诸塞州洛厄尔的报纸《人民之声》的头版时，他还是一个大活人。为了所谓的"咨询"，牧师哈迪让一个年轻女子坐在他腿上，引发了社区的极大丑闻。报社里有人尽责地试图画出这一场景。哈迪看起来就像一个好色的卡通吸血鬼，他的额头占了他浓眉大眼的脸的三分之二，他的黑发就像一个从廉价商店买来的劣质假发。报纸命令道："看，我们说，在哈迪兄弟的家乡，他们是这样做的。"似乎报纸需要这样做，因为城里的每个人都已经看过了。

在波士顿30英里外，《每周邮报》为其对阿尔伯特·J.蒂雷尔谋杀M.A.比克福德夫人的审判提供了一幅小丑般的罪犯画像，他似乎画着浓重的眼妆和糟糕的口红，而受害者的画像更像天使，她穿着诱人的低胸礼服。报纸还刊登了一幅两层楼的"谋杀案发生地"草图，这一切都占据了头版的上四分之一。其他报纸可能会用六百多字来描述蒂雷尔，因为"人的内心总是充满好奇，想要知道一个犯下罪行的人的样子"，但《每周邮报》知道，一张照片的价值超过所有这些。

几年内，全国性出版物如《巴洛画报》和《弗兰克·莱斯利的画报》已开始注重用插图来讲述新闻故事。在内战期间，《哈珀周刊》等杂志刊登了战场屠杀和其他惊人场景的插图，有些甚至包括尸体，以增加血腥感。《国家警察公报》也开始在战争之外，通过令人毛骨悚然的死亡场面来推波助澜，其中包括子弹击中林肯总统的瞬间。马克·吐温对该报持特别批评的态度，称其为不雅之作；他说，这证明新闻界的自由度太高，而健康的约束太少。（销售《国家警察公报》的新闻商最终被判定为分发不雅的画报，旨在玷污公共道德，因为法院解释说，将事实作为新闻来陈述，无论它多么可怕，与将真相呈现在图片中是有区别的。法院认为，这种出版物本身就妨碍了私人生活的享受。）

之后，在内战期间出现了《警察画报》。这是一份在波士顿出版的可折叠的16页小报，封面上有整页引人注目的木刻画，例如警察突袭妓院，发现了同僚的罪证。内页包含多幅插图，而文字相对较少。其中一期的插图包括两个孤儿被绞死、用枪自杀，一个孩子被马踩死，以及两个幸存的幼儿在父母尸体周围爬行的双重谋杀场景，还有死在雪堆旁边的画面。每期《警察画报》中约有20幅木刻画，其中绝大部分以可怕的死亡、恐怖的伤害或可怕的性犯罪为主题。

有人认为波士顿及周边地区是这种令人震惊的煽情文学垃圾的温床。毕竟，该地区还产生了《人民之声》内阁级摇摇乐事件和《每周邮报》谋杀案中性感的受害者。而这一切始于1690年《公共事件》对一个国王与他儿子的妻子婚外情的曝光，以及随之而来的出版社关闭。波士顿地区的出版商一直有一个制造丑闻的传统。

因此，在19世纪70年代初，马萨诸塞州剑桥市一家新的大学报纸的一名学生编辑开始了一个常见专栏，对新闻出版物进行批评。他将新闻业日益严重的公共关系问题（像他这样的富人与越来越多的媒体之间日益扩大的裂痕）归咎于插图的使用越来越多。在他名为"我们的交流"的专栏中，他赞赏了一家报纸的船屋木刻画，但同时担心这只是冰山一角，表明这家报纸也会效仿大多数插图报纸，变得煽情耸人。

山姆·D.沃伦是当时名为《品红报》的编辑之一，很快该报改名为《哈佛深红报》。也许他对新闻业及其煽情侵犯隐私的态度日益不屑一顾，最令人惊讶的是这位未来的《隐私权》共同作者本人就是一名记者，而且他的家族在很大程度上支持了新闻出版业：山姆·D.沃伦公司生产的报纸美国报业的发展作出了贡献。

第四章
沃伦家族的造纸业

山姆·沃伦，这个人的话语有朝一日将启发一个国家明确拥护隐私权，但他自己无法记起曾经穷困潦倒的样子。在纸张还是由布料制成的年代，沃伦家族最初是做布料经纪人发家的，但很快转向了木浆造纸厂，因为那更容易满足日益增长的报纸读者群。他们向霍顿·米夫林、斯克里布纳公司和《大西洋报》等出版商出售纸张。正是如此，沃伦家族堆积了很多阅读材料，这都是因为他们制造了承载文字的纸张。山姆·D.沃伦公司最终成为一家市值16亿美元的企业，并成为斯科特纸业的一部分。

山姆于1852年出生，就在《纽约时报》首次发行的四个月后。他的童年在私人家庭教师、寄宿学校以及位于高档的维农山街上一座六层高的城堡式豪宅中度过，卧室多到没有人觉得有必要数一数。最终，两栋豪宅合并成一，为父母、五个孩子和七个仆人提供了充足的空间。当然，这个家庭也经历了悲剧，两岁的约西亚在1853年死于猩红热；三岁的亨利从马车上摔下来，导致一生饱受痛苦和毁容。然而，沃伦夫妇可观的可支配收入使他们接近波士顿最富有的人之列。他们是第一批拥有"电动机器"的人，山姆的哥哥费斯克会在公共道路上驾驶这种机器，吓唬胆小的人和马。这种惊人的财富使他们的生活非常滋润。

然而，世上的所有金钱都无法改变一件事。奈德，沃伦夫妇第二小的孩子，因为他是同性恋而被欺负。这并非沃伦夫妇造成的。在奈德的信件中，大多数家人似乎都支持他，而且他的兄弟姐妹们最终会像我们今天讨论一个男人的丈夫一样谈论奈德的男性伴侣。奈德称赞了他的兄弟姐妹，尤其是山姆，称他为"一个出色、坚强而温柔的人"。

与家人截然相反，在早年，奈德的同学们对他则是不留情面。他们注意到奈德的书写字迹有点太圆润，而且他喜欢艺术和盛装打扮。有一天，奈德穿上他姐姐漂亮的靴子去学校，其他男孩开始戏称他为流苏，因为有一首歌中唱到卷发女孩会穿这种靴子。于是，男孩们开始使用暴力欺负奈德。

几十年后，奈德将在一个对山姆来说具有致命意义的故事中扮演角色。这也几乎摧毁了路易斯·布兰代斯。

山姆·沃伦、他的兄弟姐妹和廉价报纸都一同成长于19世纪下半叶。到1860年，当山姆年仅八岁时，美国已经拥有3000家报纸，而本世纪初仅有200家。报纸数量的增多源于读者识字率和教育程度的提高，以及报纸价格的下降。在山姆16岁时，查尔斯·丹纳已经收购了《纽约太阳报》，并开始以尖锐地报道谋杀、丑闻和社会八卦而吸引读者。据说《纽约太阳报》甚至在早晨也要夺人眼球，这意味着上流社会的维多利亚人所担心的不仅仅是肮脏的木刻画。他们对报纸上的文字也越来越心生困扰。

例如，《纽约每日时报》关于死刑的报道令人不安，它逐秒记录了关于死刑犯在绞刑架上的最后时刻："当他走上去时，从他现在变了形的嘴唇中传出一声长长的、颤抖的、痛苦的呼喊——部分是哀号，部分是呻吟——然后是两三次的痉挛，一两次胸部的起伏，手臂在肘部以下被固定的地方收缩和抬起，一具尸体就这样被悬挂在了那里！"

还有关于西克尔斯悲剧的报道。当然，大多数窃窃私语的华盛顿人早已知晓引发这一事件的私人丑闻：弗朗西斯·斯科特·基的儿子、引人注目的英俊的菲利普·基一直在丹·西克斯的住所出现，尤其是在议员不在家的时候，他们的亲密关系一直持续。[谁能责怪西克尔斯夫人游离不定的目光呢？她的丈夫将臭名昭著的妓女范妮·怀带到了欧洲，以期避人耳目，结果惹火上身]。在一封匿名信中向国会议员透露了他妻子的不检点行为后，西克斯在白宫外的拉斐特广场射杀了基，"当受害者的身体在死亡的痛苦中颤抖时，他的手枪对准了他的头"。

"上流社会的丑闻"正是某些报纸的说法。

这几乎可以说是维多利亚时代上流社会与山姆家和报纸之

间日益严重的矛盾。从卡伦德和克罗斯威尔时代开始，直到19世纪中叶，报业的争议主要集中在政界人士身上，这种纠纷往往源自政党分歧。但随着廉价报纸兴起，吸引读者的丑闻报道侵犯了人际关系的隐私，社会分歧加剧，报纸成为社会经济问题的焦点：精英阶层追求隐私，而廉价报纸读者却渴望揭秘真相。

所以，是的，在1872年，当《伍德霍尔和克拉夫林周刊》的自由思想和自由爱情的女性出版商二人组大胆地报道了一个标题为比彻·提尔顿丑闻案的故事时，出现了风波：布鲁克林受人爱戴的传教士亨利·沃德·比彻牧师与他朋友的妻子有染。对潜在责任的担忧使普通媒体对这一事件敬而远之，而比彻本人在之前的几个月曾在讲坛上威胁说，"背叛家庭的秘密"是"可憎的不道德行为"，是由传播"无耻消息"的"道德歹徒"犯下的，"但维多利亚·伍德霍尔和坦尼·克拉夫林姐妹解释说，不管法律和宗教如何，公众都应该知道，一个宣扬反对不分青红皂白就与别人发生关系的人的行为并不如他所宣扬的那样"。像当时的许多出版物一样，这些妇女往往只暗示涉及耻辱的人的名字："曾经贫穷现在富有的——先生"，"是一个女人的'男人'，她经营着一个'体面'的卖淫场所"。但是，在比彻牧师的案例中，《周刊》完全不顾及隐私，直截了当地使用了他的名字。

还有更多。伍德霍尔和克拉夫林在同一期刊物中还曝光了纽约法国舞会的勾当：一些衣着华丽的妓女出现在舞会上，其中一些不过14岁，这些女学生穿着短裙和紧身衣，舞会中的"上流男士"们，包括一个被点名的，给这些孩子们灌酒然后玷污了她们。伍德霍尔和克拉夫林告诉他们的读者："这就是身居社会高位和金融界的男士们的真实品格。"

在几个小时内，警方以诽谤罪和通过邮件发送淫秽文献的罪名逮捕了"纽约最邪恶的女人"伍德霍尔和克拉夫林，尽管这一切看起来都是事实。她们在监狱中度过了几年时间，但最终陪审团为两人平反，拒绝让她们为报道现实生活中的奸情负责。与此同时，本就已充满了隐私问题的比彻·提尔顿的丑闻案，现在变成了更公开的提尔顿诉比彻的诉讼案，罪名是婚外性行为，即民事通奸。一些报纸用整个版面报道了提尔顿先生提出的引人注目的主张。其中一家报纸刊登了一幅比彻牧师和跪在他膝盖上的提尔顿夫人的画像，两人看起来比几十年前的吸血鬼牧师更加逼真。

那么在19世纪上半叶保护隐私权的法律体系怎么样了？它已有所削弱。越来越多的法律意见开始表现出"维护言论自由的热忱"，并对《第一修正案》采取了更加开放的解释。报业也非常乐于配合这一趋势。

因此，难怪到了19世纪70年代，高高在上的维多利亚人将报纸称为"丑闻包"，因为它们令人厌恶的宣传涉及家庭和其他个人生活隐私的卑鄙细节。出版商们闯入了一个人的家庭关系的神圣领域——聚会！婚礼！只有空虚的工人阶级才关心这些事情！——但他们也冲进了家庭这一既错误又可怕的房间里。维多利亚时代的人们说，这些报纸不尊重个人隐私，而这是每个人的权利，也是社会上雅致的标志。他们建议人们"远离喜欢丑闻的女人，就像逃离恶人一样"。然而，报纸却开始向她们示爱。

E. L.戈德金是一位杂志编辑，他创办了《国家》杂志，在整个维多利亚时代对"有关公共事务的所有思想产生了巨大的影响"。他一直致力于重振出版界的队伍，抬高行业标准。在1870年，他写道，如果一个部长因为别的人而离开他的妻子和孩子，这与我们有什么关系？当然，那是严格意义上的私事，是挑剔的公众不应该关心的个人琐事。

尽管不多，但有几家报纸开始以他的方式看待这个问题。到19世纪70年代初，密苏里州的记者们成立了第一个新闻协会，他们的动机是将新闻业从其捕风捉影的印刷厂根基上改变成一个具有更严格道德标准的行业。1875年，美国黑人新闻界出于同样的动机首次举行会议，以"制定他们自己的政策"。

然而，整体朝着自我监督和道德导向的转变需要几十年的时间。与此同时，在哈佛的萨姆·沃伦显示出他已经形成了强烈的伦理观。

1873年，哈佛学院仅对男性开放，而且大多只招收富裕家庭的学生。学生们在剑桥的杂货店购物，货架上摆满了饼干、泡菜、啤酒以及"各种学生餐边柜所需的一切"。裁缝用"合身的套裤"、轻薄的帽子，以及"领结、手套、衬领和通常打扮时所需的各类小配件"来招揽他们。当然，还有奢靡且排外的秘密社团，这显然与其他任何人无关。

因此，当一个哈佛的新生敢于与波士顿主流报纸分享某些秘密社团成员的私人事务时，可以想象人们的惊愕。谁会做这种事情！？哈佛新闻报纸《品红报》的编辑委员会成员，包括山姆·沃伦在内，决定他们有责任以正确的方式教导这个小八卦传播者，无论是在校园内还是在校园外。

《品红报》很快改名为《哈佛深红报》，它最初是为与以体育为主的校园报纸形成友好竞争而创办的。它的座右铭从一开始就是"我不会空谈理论，我会让人们读我的作品"，旨在吸引那些自诩为文学爱好者的大学生。该报每两周出版一次，每期售价15美分，订阅费为1.5美元。然而，由于缺乏足够的订阅，整个计划不了了之。

拜伦勋爵的话预示着《品红报》的崇高目标。在第一期上，学生编辑们解释说，他们将保持明确和温和的态度；他们的报纸不会是那种充斥耸人听闻、幼稚谣言、粗俗八卦的小报。他们指出，这种侵犯隐私的随笔在美国各城市变得越来越普遍（当时有4000家报纸）。他们写道："我们将满怀谦逊，服务于我们的读者对剑桥发生的事情的好奇心。"尽管他们意识到鉴于撰稿人的天性，这样的愿望是困难的。大学新闻受到一种借来的恶习的影响，你看，即使是哈佛的学生也会有一时冲动而写出粗鲁和低俗的文章。《品红报》试图坚守走崇高之路。

然而，到了1873年11月，华而不实的面具被揭下。有一位爱说闲话的新生居然向波士顿报纸泄露了社团的秘密！社团新成员名单与公众毫不相干，显然这是对相关人员的冒犯，而且恰恰是那种私事绝不应该在报纸上公开发表的。"那个向《波士顿日报》爆料的学生告密者？我们对他隐瞒姓名也许太仁慈了"，《品红报》的编辑们写道，同时又强烈暗示了那个新生的确切身份。

事实证明，他们在很多事情上都错了。"在我们上一期社论中，我们发表了一些有损新生班级成员声誉的言论"，下一期的《品红报》写道，但随后没有道歉，相反，编辑们试图为自己开脱。首先，他们有充分的理由相信，那个尚未透露身份的人是罪魁祸首。其次，谁不会对这种不端行为感到愤怒，并迅速采取行动谴责这个不良行为者及其对隐私的侵犯呢？最后，他们确实明示这将是他们对此问题的最后回应，责怪《大众日报》的编辑们将整个事件归咎于波士顿的报纸，并建议他们需要从这次经历中吸取教训。"从今以后"，编辑吩咐在河对岸的记者们，"只与相关人士本身相关的重要秘密可以保守秘密"。

不久之后，山姆·沃伦的媒体批评专栏开始经常出现在《品红报》上，展示了他对新闻业更广泛而尖锐的批评。在这个专栏里，山姆可以很犀利，有时也能给予很高的赞扬。他发现鲍德温的报纸质量惊人地糟糕。他赞扬《纽约时报》在"总体语气和性质上有显著改进"，而这份报纸与山姆一样都已经走过了22个年头。考虑到沃伦家族的关系，他高度赞赏《大西洋》的多样性和文风也就不足为奇了。你不得不想想他对《班戈》刊登他父母在造纸厂附近从马车上摔下严重受伤的报道，或者刊登祖父母在弗农山庄庆祝金婚纪念日的小型聚会的报道有何看法。当他写《隐私权》时，他会具体抱怨这种更多八卦性质的报道。

就在山姆毕业前几个月，他的祖父母送给他一本名为《新闻剪报杂记：来自我们获取知识的主要来源报纸的印刷碎片随手收集》的剪报簿，但山姆选择用它来收藏的是来自哈佛独立俱乐部的纪念品。这本剪贴簿塞得满满的。他不仅被选为《品红报》的主编——"我对这个职位很感兴趣"，他在年鉴自传中解释说——而且他还是1770届研究所的成员（他也报道过的文学演讲俱乐部）、速食布丁俱乐部（即使在当时也以讽刺表演而闻名；山姆是秘书）、欢乐俱乐部、坡思连俱乐部（也许是哈佛所有俱乐部中最精英的社会俱乐部；奈德渴望加入但从未被邀请）、O.K.协会（另一个精英社交俱乐部）、德尔塔卡帕艾普西隆（一个传统的兄弟会）和法国圈（难怪《品红报》上有那么多社论指出法语的魅力并鼓励学生学习它）。1874年夏天，据《波士顿环球报》报道，有一个叫山姆·沃伦的人在波士顿码头被发现酗酒抽搐。但这不可能是这位在哈佛如此成功的山姆·沃伦本人。

也许最令人感慨的是哈佛1875届班歌的歌词。它们两次出现在《新闻剪报》上，因为是山姆·沃伦写的。1875届的未来看起来并不光明：

> 未来来临，言语严厉，
> 催我们别再荒废时光，
> 要我们现实中求索，
> 世上哪能一帆风顺。
> 当阴霾遮蔽我们去路，
> 希望隐没无迹可寻，
> 大学岁月映射希望曙光，
> 穿透黑夜中的迷障帷幕。

在几个月内，山姆肯定会写道，从法学院的日子里会闪现出那道光芒，因为正是在那里，他遇到了后来成为他的挚友、他的知己、他的法律伙伴和他的家庭律师的那个人——路易斯·布兰代斯。

在哈佛大学校园里，戴恩厅并不是一座特别有吸引力的建筑。哈佛法学院的所在地看起来就是一座没有魅力的大砖房，像是一个蹲着的两层楼的信天翁，坐落在高耸的维多利亚时代的山峰中，多年前在一次跨校搬迁中不知为何不幸失去了柱廊。20世纪初，当戴恩厅被烧毁时，人们很少为这一损失而流泪。

然而，在1875年的秋天，山姆·沃伦和路易斯·布兰代斯毫不犹豫地踏进了戴恩厅，即当时的法学院，成为一年级的法学学生。哈佛大学法学院当时是一个两年制的项目，这使得山姆和路易斯成为1877年届的一员，与其他约60名年轻人一同学习。那时，共有七名教员，其中包括哈佛大学校长查尔斯·艾略特，他拥有法学学位，而法律图书管理员约翰·阿诺德则没有。

哈佛大学法学院的学位，即法学学士，相当于法律学士学位，对布兰代斯来说是他的第一个学位，对沃伦来说是第二个学位。我们不清楚两人是何时相识的，但山姆最终在路易斯眼睛疲劳时帮助他阅读指定的教科书。他们在毕业时迅速成为亲密的朋友，这种牢固的关系一直持续到山姆去世的1910年。

当时的学生要进入哈佛大学法学院，需要证明他们懂得一门外语和《布莱克斯通评注》第四卷，这本写于17世纪60年代的英国法律书对亚历山大·汉密尔顿和其他开国元勋产生了影响，其中提到法律规定，即使新闻自由是必不可少的，但出版商如果出版了"不正当、恶作剧或非法的东西，（必然）会承担它自己暴行的后果"。布兰代斯还通过阅读《肯特的美国法律评论》做了准备，可能是1873年的版本，由当时的波士顿律师、沃伦家族的朋友奥利弗·温德尔·霍姆斯编辑。如果一项诽谤暴露了"个人缺陷、或不幸、或恶习",《评注》的部分内容指出,该诽谤的真相会加剧其邪恶的倾向,此外,没有人应该关心这些事情,因为它们对家庭的和平和幸福有害,只会带来私人的痛苦、公共的丑闻和耻辱。

作为一年级学生,山姆和路易斯选修了与今天的法律学生一样的课程:《侵权法》《财产法》《合同法》《刑法》和《民事诉讼法》。在布兰代斯关于侵权行为的笔记的第一页上,他写道(我想在他第一年上课的第一天,他就写下了这段话):

人的绝对权利是

1. 人身安全的权利

2. "……"安全

3. "……"自由

4. "……"名誉

5. "……"财产

布兰代斯曾写道,对于这些权利的任何侵害都可以通过侵权行为法规获得赔偿。对于这种法律的广泛解读后来有助于他出名。

在法学院学习的第二年,只有两门课程是必修的,即"证据"和"管辖权"。完成这些课程意味着法学院已经为学生做好了日后接触法律的正式准备,尽管哈佛大学在第二年开始要求三年学制。这一切会花费学生约750美元，包括学费、房租、食物和水电等费用。但对于沃伦来说，并不成问题，因为他家境富裕，所以他更专注于向教授咨询信托和财产所有权等问题，这些信息在以后的日子里对他非常重要。而布兰代斯不得不向家人借款。

毕业后，由于布兰代斯在班上排名第一，沃伦排名第二，山姆被邀请加入奥利弗·温德尔·霍姆斯的波士顿公司。路易斯最初搬到了圣路易斯执业，他的姐姐范妮就住在那里，但很快也回到了波士顿，因为山姆频频写信吸引了他，并建议他们两个人一起开设律师事务所。路易斯告诉家人，这个想法很有商业意义，因为山姆的头脑和性格都非常出色，而且他有一种斗牛犬式的毅力和广泛的人脉关系，可以帮助他们更好地得到客户的青睐。

1879年8月16日，《波士顿邮报》正式宣布小山姆·D.沃伦和路易斯·D.布兰代斯开设了一家新的律师事务所。报道中称，前者在波士顿是众所周知的，后者来自基辅的路易斯维尔，在几年前的哈佛法学院毕业典礼上表现抢眼。同一周，全国各地的报纸都在报道罗德岛的前州长因为与一名来自纽约的美国参议员发生婚外情而在纳拉甘赛特的街道上枪杀了他。然而，很多人认为媒体刊登这样的故事是错误的，因为它侵犯了州长的隐私和其家族圈子，与其他人无关。

回到波士顿后，山姆的人脉给他带来了一些工作机会，但收入时好时坏。因此，路易斯通过担任马萨诸塞州最高法院法官霍勒斯·格雷的法律助理来增加自己的收入。就在那个涉及牧师鞭打女儿的判决案中，该案认为事实的真相并不重要，但报纸是否因家庭隐私的敏感性而承担责任？路易斯·布兰代斯是格雷的书记员，当时该案正在争论中。两年后，布兰代斯将为《科德角的居民》案进行辩护。

然而，他们的生活并不仅仅只有工作。周末，山姆和路易斯会去沃伦家的避暑场所划船和游泳。或者他们会在沃伦家位于灯塔山的双层豪宅里共进晚餐，之后是典型的波士顿式的自娱自乐。不久之后，鉴于沃伦家豪宅的后院有许多闲置的房间，路易斯搬进了他们家，沃伦家也成为路易斯的家。

在这段时间和以后的几年里，两人经常与奥利弗·温德尔·霍姆斯一起出入，边喝边聊。布兰代斯说这是他们最美好的时光。他们一起去动物园喝酒，一起购买文化活动的门票，一起前往霍姆斯家在海滨的别墅，并经常在当地一家小酒馆碰面。霍姆斯在出版之前阅读了布兰代斯的作品，而霍姆斯的晚宴则成为讨论他自己的法律出版物的场合，包括他对侵权行为的思考的原点。正是在那个时候，霍姆斯发表了关于普通法的著名演讲，布兰代斯和沃伦很可能也在场：《侵权法》有助于保护人们免受各种形式的伤害，尽可能地平衡他人的合理自由和个人受害的保护，法律的生命不是基于逻辑，而一直是经验，基于当时的必要性。

简而言之，沃伦和布兰代斯已成为霍姆斯年轻时的内心世界中不可或缺的一部分。当霍姆斯被任命为马萨诸塞州高等法院法官，撇下布兰代斯为其争取到的哈佛大学的教职时，布兰代斯感到非常欣慰，他给霍姆斯写了一封贺信，表达了他作为律师和法学院同侪的高兴，同时也以朋友的身份向他表示祝贺。此后，当西奥多·罗斯福总统提名霍姆斯为美国最高法院法官时，霍姆斯感谢布兰代斯在关键时刻给予他的勇气。

此外，沃伦和布兰代斯对初创期的《哈佛法律评论》提供了帮助，这份创办于1887年的刊物最终使他们在法律界声名显赫。如今，《哈佛法律评论》是一份具有巨大影响力的学术期刊，法官、法学教授和律师们阅读其中由杰出学者撰写的文章，可以更好地了解法律的现状和未来可能的发展。然而，在那个时候，《哈佛法律评论》还处于起步阶段，仅为约50页的杂志，售价为35美分，是全国为数不多以法律学术为重点的出版物之一。布兰代斯是帮助创办《哈佛法律评论》的七位哈佛校友和教员之一，他承诺为学生编辑们提供宝贵的帮助。他们希望这份出版物能展示出一些进步和科学的精神，这种精神是法律研究的特点，但他们也意识到他们的出版物是一种实验性的尝试。

然而，事实证明，《哈佛法律评论》在初期面临了一些困难。布兰代斯后来说：“他们无法让这份期刊继续下去了。”因此，他积极鼓励潜在的作者，并提出《哈佛法律评论》需要宣传。沃伦出钱让哈佛法学院协会的每个成员都能获得该刊物一份，该协会由哈佛法学院的毕业生组成，也是布兰代斯创办的。如今，《哈佛法律评论》和哈佛法学院协会都成为国内外坚实的机构。

他们的律师事务所也取得了巨大的成功，成功到布兰代斯觉得自己可以拒绝像马克·吐温这样的客户。吐温来到事务所咨询一些早已被遗忘的诽谤诉讼（对于这种说法和这个人，布兰代斯持怀疑态度）。当然，在开业的最初几年，布兰代斯的焦虑难以消除。在早期阶段，他和沃伦都在担心下一个客户是否会出现，但业务很快蓬勃发展。

布兰代斯会说，他取得了如此大的成功，成功地进入了波士顿的精英社会，这在外人通常很难做到。他将此归功于山姆的关系，但也归功于他自己，归功于他对艺术和音乐的了解，归功于他对波士顿清教徒理想的坚守。布兰代斯说，波士顿是一座《旧约》中的城市，他很喜欢这一点。山姆说他发现波士顿有一种尊贵感，是其他城市不能相比的。

就在他们律师事务所刚创立的时候，约瑟夫·普利策收购了纽约市的《世界报》，随之而来的是廉价报纸对于隐私的侵犯进入了加速时代。

然后山姆就恋爱了。我们并不是从他写过的任何笔记、日记或类似情书的私人物品中得知这一点，因为那些东西都被销毁了或被家人安全地保存起来。我们是通过报纸的报道知晓的。

起初，媒体对沃伦家族并不感兴趣。没错，他们是波士顿最富有的家族之一，但在19世纪70年代和80年代初的报纸上，他们只是偶尔被提及，报道大多集中在他们的慈善工作或他们参加无伤大雅的社交活动的名单上。偶尔会有关于缅因州造纸厂的故事，19世纪70年代也曾提到过马车事故和家族周年纪念日，但对沃伦家族作为波士顿重要家族的报道却相当有限。

与此形成鲜明对比的是《名人肖像专辑》，这是一本由纽约一家出版商在19世纪80年代初推出的小册子。书中收录了32位被认为是美国最著名的人的蚀刻画像，每页两幅：一位演员（名为莱斯特·瓦拉克的人），一位发明家（托马斯·爱迪生），几位报纸编辑（《哈珀周刊》和《纽约太阳报》的编辑），以及16位政治家。其中一位是来自特拉华州的美国参议员，名叫托马斯·贝亚德，此人曾两次竞选总统，并将不久后被任命为格罗弗·克利夫兰的国务卿。几十年前，亚历山大·汉密尔顿就在他的亲戚家中去世。

山姆即将成为著名政治家托马斯·贝亚德的新女婿。

关于这件事的消息是在1882年底传出的。罗利报纸的"新闻观察"专栏写道："宣布梅布尔·贝亚德，即贝亚德参议员的女儿，与波士顿的山姆·D.沃伦订婚。"《华盛顿邮报》和《辛辛那提询问报》也有类似的报道。《纽约时报》在"华盛顿八卦"栏目中预告了这场婚礼，《波士顿环球报》在其"餐桌八卦"专栏中加入了这一消息，并解释说这一订婚消息是从《纽约世界报》得知的。到了年底，山姆·沃伦在华盛顿成为一个耳熟能详的名字，以至于《邮报》会提前宣布他何时来到华盛顿以及他将下榻何处。《纽约时报》《邮报》以及许多其他报纸都报道了婚礼本身，称其为"期待已久的事件，人们对其抱有希望和恐惧，心神摇荡，默默期待"：十位男引婚人、八位伴娘、新娘的缎子礼服、众多嘉宾、礼物等。"还有一个新郎，"《华盛顿邮报》的报道说，"但在这种场合，新郎很少受到关注。"尽管其他人强调，山姆确实是一位波士顿的百万富翁。大约有一百人参加了婚礼，其中许多是家庭成员，在蒂芙尼公司的卷轴上签名作为见证人，这在当时的富人中很流行。报纸上说，数百人受到了邀请。

经历了这一切，山姆·沃伦的脑海中已经开始了一场法律争论。正如布兰代斯后来回忆的那样，"正是……（沃伦）的一个具体建议，以及（沃伦）对侵犯社会隐私的深恶痛绝"，导致他们两人共同撰写了一篇法律评论文章《隐私权》。布兰代斯表示，他本人也被说服参与了这个合作。"就像我参与的许多公共活动一样，这并不是我主动选择的。"毕竟，他将自己的中间名改为登比兹，以纪念他的叔叔，他是《国家》杂志的长期记者，该杂志由戈德金担任编辑。布兰代斯表示，他从刘易斯·登比兹那里获得了对发现真理的渴望的灵感。

这听起来并不像一个盲目关注隐私权的人。但山姆对此确实关注有加，而且他有一些身居高位的朋友也抱有相同的想法。

第五章
凯特·纳什是谁?

在纽约公共图书馆的布鲁克·拉塞尔·阿斯特稀见书籍和手稿阅览室中,似乎是格罗弗·克利夫兰写的一系列未公开的情书在狮子守护下安全地埋藏着。

克利夫兰,一位单身总统,在他的第一个任期内与一位名叫弗朗西斯·福尔瑟姆的年轻女子结婚,拥有忠诚的妻子、年幼的孩子,这一切让他在去世时看起来很美满。根据许多传记的描述,他似乎是一个完美的居家男人。

然而,在图书馆的一个档案夹中,有一封应该是在克利夫兰婚姻期间写的信,信寄给一个叫凯特·纳什的人:"我必须停止断言,我深爱着你,宁愿接受你能给我的一点舒适,也不愿接受任何其他东西。我还怀有希望,终有一天我仍能属于你。"

还有这样一封信:"我不会完全放弃你,也不会把你从我心中驱逐出去。我不会忘记你过去的一切考验,不会忘记你无私的爱,也不会忘记你持续的祈祷。我对你很残忍,我知道我经常不闻不问,不懂得珍惜,但我现在不能向你告别……我不会从你身边被赶走，你也不要说我一定不会再见到你了。"

更加神秘的是，文件夹中有一份未署名的介绍性说明，上面写着："以下是格罗弗·克利夫兰写给凯特·纳什的信，她是他婚前所爱的女人……在一位美国总统的生活中构成了一系列非常了不起的文件。尽管是多年后才公布，但这些信件并没有给这位伟大的民主党总统的人格带来任何污点。他与凯特·纳什的关系早已为人所知，在克利夫兰竞选总统时，他的反对者曾试图利用这一事实。"

然而，在任何一本关于克利夫兰的正统传记中都没有提到凯特·纳什，关于他们两人的信息也没有出现在任何主要历史报纸数据库中。

大多数信件的日期都被"笨拙地改过了"，介绍性说明继续写道，这可能是由一个不知名的人用看似不同的手写字迹故意将它们的日期向后延迟，可能出于"敲诈的想法"。不管背后的动机为何，有人花费时间逐一打印这些手写信件，并将打印副本放入档案中，这样未来的读者就不需要为克利夫兰的潦草字迹而感到困惑了。

也许是勒索行为。然而，有一封信明确是克利夫兰成名后写的，因为他提到小女孩们一直在给他送生日礼物，尽管这曾经是他与凯特单独庆祝的日子。无论是他担任纽约州长还是美国总统，在写这封信时，弗朗西斯·福尔瑟姆一直出现在他的生活中，并且已经有一段时间了。那封信在第一页戛然而止：

"我不会忘记你，也永远不会。"然后在似乎是第三页的地方重新开始："因此，我希望你能保证这份爱，告诉我你的一切，你的处境如何，以及我能为你做些什么，永远将你牢记在心。"

凯特·纳什是谁？如果她与格罗弗·克利夫兰的关系在他升任总统时已经存在，为什么我们对她一无所知？

克利夫兰生活中的秘密关系早在他变得如此出名之前就已经开始了。在1882年当选纽约州长之前，他是水牛城的一名律师，与一位名叫奥斯卡·福尔瑟姆的人共同执业。福尔瑟姆的女儿在他死于马车事故的三天前刚满11岁。格罗弗·克利夫兰在这个女孩小时候就认识了她，他给她买了婴儿车，她称他为克利夫叔叔。从她的婴儿时期开始，他就对她产生了深厚的情感，因此，在这一悲剧发生后，他充当起某种父亲的角色是合情合理的。尽管她还有母亲，但克利夫兰成了她的监护人，她成为他的受监护人。

随着弗朗西斯·福尔瑟姆从小女孩长大成人，许多人注意到她在各方面都很出众。当她18岁时，仍然是个女学生，格罗弗·克利夫兰开始与她约会。人们很难相信这样一个年龄差距巨大的情侣组合。克利夫兰年近50岁，既不算俊男，体重还超标。然而，事实证明弗朗西斯已经深深爱上了他，一封泄露的信件证明了这一点：克利夫兰曾是她的养父，她在给一个朋友的信中提到了这一点。而在某些时候，家庭的爱已经变成了另一种情感。白宫女佣也透露了另一方面的消息，让记者们知道总统将弗朗西斯的照片放在他的梳妆台上，他总是能看到她。当她最后一次访问白宫时，他们对她非常宠爱。

克利夫兰将这些报道称为对"所有生活隐私和体面的侮辱"，并要求他们获得与新闻工作者自己期望的同等"隐私权"。他们接下来会报道什么？他穿了什么样的睡衣？他承诺，他现在将完全拒绝媒体进入白宫。然后，他烧毁了他的私人信件。

他们于1886年结婚，当时弗朗西斯21岁，而克利夫兰还差几个月就50岁了。

但是这个爱情故事的魅力并不是共和党人很快就会提出弗朗西斯·福尔瑟姆没有嫁好的真正原因。在白宫举行婚礼之前，甚至在弗朗西斯还是个孩子的时候，就有传言说克利夫兰是个酒鬼，经常嫖妓，甚至有私生子。一旦他成为民主党总统候选人，这些传闻都爆发出来，"令人震惊、令人作呕，并足以在《警察公报》上成为系列报道"，标题会是耸人听闻的故事和克利夫兰的私生活。是的，克利夫兰确实有一个非婚生子，但不，事实并不止于此。他还将孩子偷偷送到孤儿院，欺骗了孩子的母亲玛丽亚·哈尔平，并让她放弃监护权。然后，他以他之前的法律合伙人奥斯卡·福尔森的名字给孩子取名，这是为了挽回一些面子，以某种方式表明他们之间有父子关系。

无论如何，弗朗西斯·福尔瑟姆都卷入了这个在她20岁生日那天登上报纸的故事中：这个孩子要么是她未来的继子，要么是她同父异母的弟弟。

随着总统选举的临近，报道很快转向了后者版本的说法。这个版本的故事称，玛丽亚·哈尔平并不是个无辜的天使，而是个拈花惹草的女人，而克利夫兰并不是个放荡不羁的人，而是为了掩盖他的法律合伙人的耻辱而主动承担责任的英雄。尽管报纸上刊登了一些下跪的插图，亨利·沃德·比彻牧师却奇迹般地被陪审团洗脱了罪名，并且他非常高兴地支持克利夫兰竞选总统。他告诉记者，任何受人尊敬的报纸"都没有权利报道与耳朵这一人体部位以下有关的事情"。无论如何，《国家报》的戈德金问道，选民们是宁愿选一个不忠诚的人还是选一个有影响力的商人当总统？

结果是不忠诚的人赢得了选举。

媒体在蜜月期间给予这对夫妇一定的隐私，部分原因是警察在他们居住的阿勒格尼山别墅附近徘徊，但据说还是有一些记者躲在灌木丛中，希望能偷看到一些值得报道的事情。无论如何，蜜月很快以各种方式结束：白宫的一位内部人士透露，克利夫兰总统下令只向他发送关于婚礼的正面剪报。另一个人告诉记者，克利夫兰夫人更喜欢和年长的男人在一起，尤其是一些参议员和国会议员。克利夫兰夫人的女仆告诉别人，后者又告诉别人，后者再告诉记者，第一夫人亲自缝制袜子，亲自擦鞋。他们说，克利夫兰总统虽然在工作中可以否定任何法案，但回到家中他居然也有不敢否决的事情，那就是他妻子的帽子账单。与此同时，总统的体重也达到了300磅。

据报道，美国人对克利夫兰夫妇的事情表现出了一种变态的饥望，而媒体则乐于迎合这种需求。他们越是揭开隐私的内幕，就越受欢迎。既然我们正在探讨这个问题，那为什么克利夫兰夫人不常在公众面前露面呢？根据《波士顿先驱报》的报道，克利夫兰夫妇的亲密朋友们都了解到这种缺席背后的神秘氛围，这种说法温和地指出了对"白宫家庭生活"提问的适度限制。咳咳（咳嗽声）。

几天后的那篇报道暗示克利夫兰夫人可能怀孕了，尽管他们的第一个孩子要几年后才出生。克利夫兰总统在哈佛大学250周年庆典上发表了讲话。他简要介绍了哈佛的辉煌历史，但接着他抨击了媒体，有人说愤慨的泪水从他的脸颊上滚落。然后，他的讲话转向了他所坚持的隐私权，尽管他没有直接说出来。他辩称，他应该受到与每个公民一样的尊重待遇。对媒体对他个人事务的流言蜚语他感到厌倦。这些每天出现在报纸花编新闻上的"愚蠢、卑鄙和怯懦的谎言"侵犯了美国男性的男子气概，并残忍地亵渎了私人生活中每个神圣关系。这种情况被用引号中的"星条旗"形容得非常形象。

那天，山姆·沃伦肯定也在听众席上聆听着那场如今已经驰名的克利夫兰演讲。不仅仅是因为山姆的岳父，国务卿贝亚德是演讲嘉宾之一，也因为这是山姆的母校哈佛，波士顿的各界人士都在现场。

他们中的每个人都站在克利夫兰一边。"所有听他讲话的人，"戈德金写道，"似乎都深深体会到了自己和家人受到报纸上'食尸鬼'追逐的痛苦。他们同情他，并作为报纸业的受害者与他感同身受。"戈德金写道，克利夫兰的讲话不仅是对当时报纸的无端攻击，而且是"一项极其重大的公共事业"。

然而，总统的讲话以一种特别深刻的方式触动了山姆的心弦，因为仅几个月前，他的家人经历了另一起可怕的事件。那年1月，山姆的嫂子凯蒂·贝亚德，年仅28岁，因心脏病去世。媒体将她的死称为"社会消耗"，意思是她在一个寒冷的夜晚站在贝亚德家的门口迎接客人，因为一如既往，她有病的母亲做不到这一点。第二天早上，当凯蒂没有和家人一起出现时，她的妹妹进房发现她在床上，脸上带着"一种特别的表情"，转身就对所有人尖叫道"凯蒂死了！"根据医生后来对记者的转述，她的确在那时就已经去世了。之后全家围坐在"还温暖但已经无知觉的尸体"边上，试图救活这位年轻女子，但没有成功。随后是一个令人心痛的时刻，贝亚德夫人首先晕倒，然后躺在长椅上一动不动。

报纸上写道："毫无疑问，贝亚德小姐是过度劳累所致"，她成为华盛顿娱乐场所的"牺牲品"，而她那神秘的装疯卖傻的母亲则推动她走向死亡的深渊。

几天后，他们埋葬了凯蒂。报纸报道称，山姆本应陪同她的遗体前往威尔明顿，但由于某种无法解释的原因未能前往。

同时，他们称贝亚德夫人"身体状况极差"。家人希望保密，但媒体报道了教堂和墓地的情况。

几天后，51岁的巴亚德夫人也去世了，报纸称之为"脑充血"，是"失去女儿的悲痛所致"。据报道，她很少离开家，多年来基本上一直安坐不动，成为一个"无可救药的废人"，主要依赖凯蒂来完成事务。现在凯蒂离开了，这样一个女人将如何生存？报纸预测她未来的生活不容乐观，而事实也证明了这一点。报纸还详细报道了贝亚德夫人临终前的情景，她主要患有谵妄，只偶尔恢复清醒。在她被搬离房子、准备进入等候的车辆时，没有家人陪伴她，以免受到病态好奇者的关注。在特拉华州，子女们无法参加将母亲的遗体转移到教堂的过程。全国各地的报纸都对凯蒂·贝亚德的葬礼和埋葬进行了同样的报道。

为了避免让人觉得维多利亚时代的丧葬礼仪参与者对这种新闻关注感到满意，他们选择保持沉默。戈德金曾写道，这样的报道——"尤其是在悲伤或不幸的时刻"，人们生活中的悲剧带来了巨大的痛苦，"往往是普通人所熟悉的深切痛苦"——应该受到谴责，他甚至称之为真正的诽谤，就像法国法律所允许的那样。他强调美国的出版商应更加重视道德原则，并扩大了他的负责部门的例子，因为"没有什么比私人生活更值得法律保护"或"每个人都有权保护自己的事务，并决定在多大程度上将其成为公众观察和讨论的对象"。

令人痛心的是，山姆和他的家人不仅遭受了侵扰性的死亡报道，还开始受到了八卦新闻的侵扰，这让格罗弗·克利夫兰非常恼火。在山姆和梅布尔的订婚和婚礼之后，关于他们一家将在哪里度假以及与谁度假的报道接踵而至。实际上，当沃伦夫妇出国旅行并在他们位于马塔波伊塞特的海滨别墅度假时，读者们也几乎同在现场。记者们报道了沃伦夫妇购买昂贵的艺术品，并透露沃伦夫妇正在他们的夏季房产上建造码头、马厩以及一艘船。全国各地的报纸还莫名其妙地报道了波士顿神秘的"印度码头鼠"社交俱乐部，该俱乐部揭示了山姆的会员身份；报纸称"印度码头鼠"俱乐部以一种更高级、其他俱乐部所不允许的方式享受生活，这引发了贵族同伴们的注意，他们对"越轨成员的声望感到担忧，认为他们的名字应该等同于清醒与体面"。

在此期间，格罗弗和弗朗西斯·克利夫兰与山姆和梅布尔·沃伦的关系变得越来越密切。起初，沃伦夫妇参加了白宫的活动和第一夫人的晚宴，这无疑是秘书贝亚德安排的。但后来克利夫兰夫人开始亲自前往沃伦夫人在马塔波伊塞特的避暑别墅看望她，这对夫妇开始在山姆和梅布尔的家中共进晚餐，并且连早餐也是如此。最终，社交专栏指出，沃伦夫妇和克利夫兰夫妇已经成为亲密的朋友，而山姆则开始在克利夫兰夫妇和他的波士顿同胞之间充当某种中介角色。

与此同时，与卡尔斯坦的戴德姆马球俱乐部有关的报道除外，媒体对山姆的朋友和法律合伙人路易斯·布兰代斯的社交活动兴趣甚少。《波士顿环球报》的"餐桌八卦"专栏只提到了路易斯，报道了他被任命为联合俱乐部的新会员，同时也指出梅布尔·沃伦参加了她姐姐在特拉华州的葬礼。

相反，布兰代斯在报纸上出现的大多数报道都与他的专业事务相关，如他参与《科德角居民》一案的诉讼，或成为美国最高法院律师的消息，这样他就有机会可以为一宗有关铁路土地税的案件进行辩护。在1889年，他的妹妹范妮在长期访问路易斯维尔时不幸去世，然而当地报纸对此事的报道都处理得很谨慎，称她"已经病了一段时间，她的死亡并不意外"。范妮患有抑郁症，在她去世前的几周里已经停止进食。在她去世前一天，路易斯写信给他的父亲，建议让范妮顺其自然，不要强迫她进食。

然而，《世界报》对于这样的悲剧表现出了浓厚的兴趣。普利策的报纸经常刊登此类故事，如"安妮·菲舍尔夫人因忧郁症自杀饮下石碳酸"，或"威尔夫人在丈夫去世后情绪低落服毒身亡"。此外，《世界报》对路易斯维尔的新闻报道并未削减："被烤死：三个男子在无助的朋友面前死亡"的消息就是从那里发布的。当当局在经过多年的搜索后决定在纽约市宣布路易斯的表弟布兰代斯博士已经法律上死亡时，《世界报》以这样的方式描述了他神秘的失踪："在那个凄凉的十二月，他走在百老汇的路上，消失在圣诞购物者的人群中——就像走进一个漩涡，被带入无底深渊，远离了人类的视线，离开了所有熟悉和爱他的人。"然而，该报也尖锐地指出，家人最初等了四天才向警方报告他的失踪。

普利策正致力于推动更大胆、更耸人听闻的报道，以吸引普通读者，他的文章远超出悲剧的范畴。普利策曾指示《世界报》的编辑和记者，向读者介绍美国最富有的人，即那四百个贵族阶层的人物。"告诉读者他们的花销、他们的言论、他们的生活方式、他们的野心。"用图片讲述这类故事，用饶有趣味的文字叙述，因为读者渴望这种轰动效果。普利策承诺，如果记者们撰写此类报道，读者数量将大量增加。

当然，他是对的。与此直接相关的是，《世界报》首次真正触及山姆·沃伦所不喜欢的插图，这发生在1884年初的一个周日出版的一系列漫画中，名为"华尔街的贵族"，描绘了极其富有的范德比尔特和维拉德、古尔德和朱伊特等人。这一页被后来的艺术家认为是"日报插图兴盛的重要起点"，因为发行量"立即飙升，并在随后的周日继续上升，而当时的市政府的主要成员、政治家、民兵和其他机构还在被白纸黑字的书面形式所限制"。

然而，艺术家们指出，当插图中的女性被刻画得面目全非时，纽约的一位助理检察官警告普利策可能会因涉嫌刑事诽谤而被起诉。艺术家解释说："抗议的基础不仅仅是因为公平特征被扭曲，更是因为美国家庭的隐私和神圣性被无情侵犯，并被迫以庸俗宣传的形式出现在插图中。"

具有讽刺意味的是，正是山姆家族的造纸公司使这些插图成为可能。19世纪80年代，《美国书商》杂志曾指出，喜欢精美木刻版画的人对山姆·D.沃伦公司"特别感激"，因为该公司是第一个生产这种纸张的公司，使得在像日报这样有商业意识的出版物中使用这样的插图在经济上变得可行。

与此同时，在华盛顿郊外，普利策旗下《世界报》的记者内莉·布利正在接受她的老板的指示，将报道权贵的故事放在首位。而第一夫人弗朗西斯·福尔瑟姆·克利夫兰（Frances Folsom Cleveland）在一个九月的日子里躺在橡树园的吊床上，毫无疑问，橡树园是第一夫妇27英亩的度假庄园。几年前，克利夫兰夫妇将这座古老的石头农舍改造成维多利亚式建筑，加入了一个完整的门廊、尖尖的屋顶和一个塔楼。作为一对备受关注的夫妇，他们像几年前克利夫兰在哈佛大学建议的那样，为了保护隐私，关闭了白宫的一些场地，不让访客窥探。显然，橡树园也不欢迎外人。

无所谓了。布利正在撰写关于1888年总统候选人妻子的报道，对现任第一夫人的采访将是其中的重要部分。她为收集关于克利夫兰夫人外貌和个人历史的信息会给出一两个报价。这种方法是最有成效的了。

克利夫兰夫人一定注意到有陌生人接近，因为在几秒钟内，她从吊床上跳了下来，匆匆进入屋内，只留下一个蓝色丝带的模糊身影。但布利还是成功偷偷进入橡树园，凭借一己之力发现了一则头条新闻：图书馆内有一个类似于克利夫兰总统的神龛，他的赤裸上半身像周围点燃着蜡烛；主厅铺着地毯，其他房间则铺着木地板和地毯；丰富的浅色家具随处可见；薄薄的婴儿蓝锦缎窗帘环绕法式窗户；帽子架上挂着四顶帽子。当顶尖安保团队护送布利离开时，她已经不可思议地认定，这一切都表明克利夫兰夫人受到总统及其团队的阻止与人接触。布利写道，这个可怜的女子甚至不能在门廊上与朋友们悠闲地闲聊，显然对自己的处境没有反省。

至此，几乎所有的美国人都知道了内莉·布利是谁。她出生时名叫伊丽莎·简·科克伦，开始她的新闻事业后改名为内莉·布利。她搬到纽约后假装患有精神病，自愿入住布莱克韦尔岛的疯人院，一下子就声名鹊起。由此引发的报道导致了重大变革，政府承诺为那里的病人提供更多援助，并对相应的情况进行了整顿。然而，对公众敌人的调查需要时间，报纸专栏也需要填充，所以布利必须扩大她的报道范围：她在一篇报道中询问："女性是否应该求婚？"她在另一篇报道中让一个女巫为她占卜，而在第三篇报道中她被"从旅馆拖出来，整夜关在车站的房子里"。她潜入鸦片馆，以示范她看到的人的星座命运；她在减肥厨房待了一整天；她甚至跳入游泳池，展示对水有恐惧的人是什么样子。在《星期日世界报》上发表的大部分内容都是奇特，有时也很重要的故事的广告，为即将到来的冒险铺平道路。

然后，布利转而撰写更多关于1%的人如何生活的尖锐故事。考虑到没有人知道她当时的长相——她在《世界报》上的第一张照片是在她环游世界之后才出现的——她决定选择隐姓埋名。

结果之一是一篇名为"法国舞会上的嬉戏：内莉·布利诉说午夜后的乐趣和轻松"的报道。在舞会上，美酒源源不断地流淌，就像十年前伍德霍尔和克拉夫林的时代一样。穿着紧身衣和短裙的女人们在午夜后大量献吻。一位著名女演员（可能是玛丽安·马诺拉？）在舞池里痛饮，仿佛整晚都有免费酒供应。男人们则紧随女人去了男人不应去的地方，只为确保没有其他人能抢走他们的猎物。

还有那个穿着红色短袍的漂亮女孩，因为醉得太厉害，没有人搀扶就走进了酒房？她前年被关在布莱克韦尔岛的疯人院里。布利从那里认出了她，但并不清楚哪个地方更合适。

另一篇报道是"内莉·布利在夏季度假胜地：她在纽波特和纳拉甘塞特码头对男人、女人和事物的观察"，这是后来发表的。在这个阴郁而悲惨的富人世界中，每个人都本该快乐，但无论是百万富翁、社会专栏上有名的夫妇还是高高在上的女人，都面带一种不幸的表情。有一个有钱的年轻人口齿不清、有鼻音，脸色像涂了泥巴一样，但却被五个女人紧紧追随；这些富豪之女并不是引人注目的美女，她们只追求一件事，那

80

就是继续过她们已经习惯的上流生活。与此同时，她们的潜在追求者们都太过自恋，以至于没有注意到自己的泳衣是多么紧身。

那时，《世界报》的每日读者人数已经达到近35万。

布利这种沉浸式报道的风格——向读者打开现实之窗，有时是毫无理由的——激发了其他记者的灵感。一位《世界报》记者从纽约的一艘渡轮上跳下船，只是为了看看乘客和船员在没有戒备的情况下会做些什么。"洗澡的女孩"是关于布利参加同一个海滨度假地后的揭露，重点是一个订婚的少女和她的新男友，一个仍然爱着她丈夫的已婚调情者，以及两个一起玩耍的"女孩情人"，他们都完全没有意识到有一位记者正在他们中间做笔记。《世界报》的一名记者躲在公共电话办公室里，报道了在那里听到的一些"大量有趣的事件"，包括一个想家的孩子和一个心猿意马的父亲打来的真情电话。另一位记者躲在沙发里，报道了在警察局的谈话情况。而《世界报》的某位记者偷偷进入了《秘密花园》的小说家弗朗西斯·霍奇森·伯内特（Frances Hodgson Burnett）的生活：她性格古怪，喜欢与年轻男子为伴，她的婚姻是失败的，这并不奇怪，因为"女人对性的热爱并不为人所知"。

针对为了个人目的而进行的揭露及其对隐私的侵犯已经成为一种现象，以至于成功人士就在争相购买新一期报纸时开始怀疑身边的陌生人究竟是普通人还是《世界报》的记者。当时的其他报纸，包括《纽约时报》，开始质疑这些记者如何敢将人们的生活展示给公众，并揭示生活的隐私，只是为了满足公众的好奇心。当然，法律可以而且会介入，帮助保护伯内特夫人等人的"隐私权"，但也应该保护其他许多人免受这种侵入性行为造成的情感伤害。

内莉·布利显然至少在某种程度上接受了这一观点。就在她离开《世界报》与百万富翁结婚的几个月前，她写了一首诗，似乎为她的情感挣扎提供了一个窗口，也许，这些挣扎与她的工作有所关联：

你是否曾被蓝色的潮水所吸引，冲向痛苦的土地？

有时你知道那船载着你前进，它可能会让人失去工作，失去金钱，陷入昏爱，驶向死亡，而你仍可能无法明确辨认它将驶向何处。

你只知道阴霾笼罩着你，生活看起来太过悲惨，难以忍受……

你想知道为何如此不快乐，却无法解释你的悲惨遭遇。

19世纪80年代出版的专著《美国的紧张：其原因和后果》（*American Nervousness : Its Causes and Consequences*）的作者已指出："杂志使人类的痛苦增加了一百倍。"

现在，故事的焦点再次回到了凯特·纳什身上。虽然她是一位神秘的女性，但种种迹象指明她是格罗弗·克利夫兰的笔友。

很显然，纽约公共图书馆珍本图书室里的信件上的日期并不完全准确，更确切地说，它们似乎经过了编辑。克利夫兰在信中询问凯特的安逸程度。信件上标注的日期为1894年12月18日，然而，我们可以看到这个日期的字迹使用了不同的手写体和不同的笔。克利夫兰在信中表示他不会将凯特从他的心中驱逐出去，而这封信的日期也是如此。也许这些日期被人故意更改，以使它们与克利夫兰的婚姻时间重合，进一步制造丑闻效果，就像档案中的介绍所示。

这个理论似乎得到了收藏品中另一封信的支持，这封信显然是一个叫威尔逊·比塞尔的人写给凯特的。比塞尔曾是格罗弗·克利夫兰的法律合伙人、竞选经理和日常事务处理人。正是比塞尔向当选总统克利夫兰透露，他需要潜入布法罗，处理一些甚至比塞尔自己都无法处理的敏感"财务安排"。然而，这次旅行可能与克利夫兰与一个不同于弗兰西斯的"前监护人"有关，这位年轻女性居住在水牛城，据说是因为某种不是她自己的过失而失去了财富。

比塞尔的信件日期是1888年，尽管这个日期似乎也经过了修改。在信中，比塞尔表达了他对一个被他称为"C"的人打开并阅读凯特的信件的担忧，他担心即将发生一场浪漫危机。C很可能就是克利夫兰，就像档案中的介绍所隐约透露的那样。"我担心他会误解这封信，"比塞尔有些紧张地写道，"对我来说，这没有任何影响，但我非常担心这对你和他会产生什么样的影响。"这封信听起来像是比塞尔与凯特有某种私情，而这个秘密在此之前并不为C所知，而C与她之间也曾有过一段恋爱关系。

无论如何，这里有许多需要保守的秘密。

考虑到凯特·纳什是一个常见名字，我们无法确定她的身份，但有一些线索值得关注。首先，有一位凯特·纳什女士，在克利夫兰当选总统时居住在华盛顿特区。她刚从俄亥俄州的卫斯理学院毕业，是军人之女，与弗朗西斯·福尔瑟姆年龄相仿。有一年的新年招待会上，她与一个叫内莉的亲戚同时出现在白宫，这很重要，因为克利夫兰在一封信中提到了一个内莉。

另外，还有一位凯特·纳什居住在距克利夫兰故乡纽约州卡泽诺维亚很近的地方。克利夫兰上任时，她应该30岁上下。这位凯特·纳什终生未婚，她的妹妹艾伦是当地邮局职员，这可能相关，因为威尔逊·比塞尔后来在克利夫兰第二任期内成为邮政局长。在美国国会图书馆的《克利夫兰文献索引》中，有一个有趣的说明：存放在卡泽诺维亚的几本克利夫兰剪报册和一箱信件电报，被送给了克利夫兰官方传记作者。然而，这些物品可能从未归还到国会图书馆编目。通过一份凯特·纳什家族的祖先数据库，我们知道她与克利夫兰没有任何联系。

第三位凯特·纳什是一位在1892年的罗切斯特联邦人口普查中被列入的纳什小姐。这是比塞尔信中提到的一个城市。根据人口普查记录，当克利夫兰成为总统时，她应该是20岁左右。

最后，有一个名叫凯瑟琳·纳什的女士，在1863年左右出生于水牛城。因此，在克利夫兰获得政治地位时，她应该是20多岁。在17岁时，她似乎是一名裁缝，后来成为一名商店职员。她可能有五个孩子，但只有两个存活下来。人口普查记录显示她可能在某个时候离过婚。内莉是她同父异母的妹妹。然而，她的家人也不知道她与格罗弗·克利夫兰有什么关系。

凯特·纳什的故事有三个重要的焦点。首先，与克利夫兰同时代的一些作家将他与托马斯·杰斐逊相提并论，因为他们都批评媒体对所谓私人生活的侵扰。克利夫兰的浪漫生活一直是水牛城人们长年讨论的话题，而且很快将以一种与山姆·沃伦家族有关的方式再次被提及，这暗示着其中可能隐藏了真相。正如克利夫兰在给一位朋友的信中所说，当时他担任纽约州长，正准备去打猎："我知道他们已经为我安排好了杀鹿这一活动（这个游戏的拼法与我习惯的不同）。"

其次，当我们称赞《隐私权》是一部具有开创性意义的著作，推动我们在隐私保护和尊重他人方面前进时，我们所称赞的言论至少在某种程度上受到了一个人的影响——确实只有一个人——这其中隐藏了许多事情。早在1874年，当克利夫兰被问及他对蒂尔顿与比彻通奸案的看法时，作为报纸对律师对这一丑闻观点的调查的一部分，他回答说，受委屈的丈夫蒂尔顿先生没有对比彻牧师提出充分的诉讼，他认为比彻是无辜的，

"毫无疑问"。玛丽亚·哈尔平的孩子将在一个月内出生——也许是克利夫兰的儿子。

最后，如果你对公共数据库中关于19世纪80年代所有凯特·纳什的大量信息感到毛骨悚然，并对一个陌生人能够浏览所有这些信息，包括家谱，并在随后与纳什的亲属取得联系这一事实感到不安，请考虑一下他们今天对我们每个人的了解，以及谁有可能获取所有这些数据，以及这些数据在未来可能变成什么样。这种担忧是合理的。

第六章
《隐私权》

还记得在19世纪80年代中期，报纸专栏曾暗示第一夫人弗朗西斯·福尔瑟姆·克利夫兰喜欢与其他年长的男士为伍吗？其中一位男士是路易斯维尔《信使报》的英俊总编亨利·瓦特森。到了19世纪80年代末，克利夫兰总统的连任竞选活动如火如荼地进行，得到了沃伦家族、路易斯·布兰代斯以及其他民主党人的支持。传言称，瓦特森曾邀请克利夫兰夫人一起去观看一场剧院表演。当她回到白宫时，克利夫兰总统因嫉妒而责骂她、恶言相向，最后甚至打了她的脸。

有人说，瓦特森就是当时的目击者和第一个讲述这个故事的人，但他后来予以否认。还有人说，这个传言起源于堪萨斯州的一位共和党美国参议员约翰·英格尔斯，但他也否认了这一说法。他解释说，虽然他过去公开批评过总统，但他绝不会质疑克利夫兰作为个人或在私人领域的行为。随后，一位牧师告诉记者，他宁愿与一头有蹄动物握手，也不愿与总统握手，这几乎确立了这个谣言的可信度。无论如何，或许对凯特·纳什的残忍不仅仅是情感上的，因为在克利夫兰夫妇度蜜月之后不久，关于白宫家暴的传闻就开始不断传出，也许这一切都是真的。

还有更多。在1888年的民主党全国代表大会上，一位神秘的人在选民们的门下塞了一些有趣的纸片。纸片上说，布法罗的每一个市民都知道克利夫兰参与了当地的"野兽般丑恶、令人作呕的狂欢"活动，这些活动在他担任州长期间一直持续，甚至延续到他的总统任期。这是一场令"卡利古拉本人也自愧不如的胡作非为"：似乎难以用语言描述的、令人反胃的可怕邪恶，曾让"猪身上的化身"在萨拉托加度假村里疯狂放纵两天两夜。这令第一夫人深感憎恶，她离开白宫到一家酒店，然后去了纽约，之后前往欧洲，发誓永不返航，后只为政治缘故才回来。这一切都证明了总统的确就是"布法罗的野兽"。

有些人称这也是对克利夫兰私生活的攻击。

当然，克利夫兰否认了这一切，但这正是他处理不愿媒体和公众得知的事务的方式。"我在严格保密的情况下告诉你，"他曾写信给山姆的岳父托马斯·贝亚德，"这里的策略是否认并抹黑这个故事。"报纸得到风声说克利夫兰正在与癌症做斗争，这个信息绝对属实。

回到1888年的民主党全国代表大会上，专家表示，关于纵情声色的指控似乎来自内部，来自民主党人自己，这是阻止克利夫兰提名的计划的一部分，因为内部人士知道这一切迟早会在丑闻四起、荒淫无度的媒体中曝光，一旦曝光，共和党将赢得总统选举。神秘纸片还多次提到国务卿贝亚德：针对他的先前政治攻击（他让美国外交成为笑柄，他作为国务卿的困境和尴尬使总统愤怒，以及他因为失聪而变得越来越暴躁）也是来自内部。

消息传得相当快，那些放置纸片的恶棍如果能被找到的话，将面临诽谤控诉。但他们从未被找到。然而，他们所说的事情确实发生了：克利夫兰虽然赢得了民主党提名，但他没有赢得来自家乡的选票，从而输掉了总统选举。他们还预测克利夫兰永远不会受到布法罗的欢迎，克利夫兰果然再也没有住在那里，甚至没有出席他岳母与一位家乡男子的婚礼。布法罗已成为克利夫兰最痛恨的地方。

他曾说："你们无法想象，我是多么渴望能够独自待着。"

1890年7月的《斯克里布纳杂志》看起来像一本较大的平装书，封面采用金色艺术纸制成。当时使用明亮的纸张还不是杂志的标准，但山姆·D.沃伦公司正在努力实现这一目标。《斯克里布纳杂志》中的插图并不多，因为当时插图还没有在所有出版物中占有一席之地，但这些插图为维多利亚时代的世界提供了一扇窗户。人们在工作和娱乐时都穿戴整齐，女性穿着紧身胸衣和长裙，男性穿着独立式星形衣领和外套。有钢琴用于娱乐，有钢笔用于写作，还有爱迪生微型白炽灯用于照明黑暗。人们乘坐马车，骑双人自行车，车把上留着胡子的男士也不罕见，显然这是被鼓励的。

技术方面呢？有一种自称为"世界打字机"的东西突然出现了，它被宣传为"旅行者可以方便携带并在任何地方使用的唯一打字机"。还有便携式照相机，就像百老汇的玛丽恩·马诺拉所知道的那样。一则广告问道："有什么新闻吗？"然后回答说，现在可以购买到具有出色图像质量的侦探相机了。当时，这种设备是袖珍型的，可以即时拍摄"你在任何地方遇到的任何人或物"。

在那期《斯克里布纳杂志》的第五页上，为这一用途提供了一些提示。《纽约论坛报》的一位编辑刚刚出版了一本名为《在纽约街头拍摄的锡版照片》的书，其中收录了一系列来自大都市的故事，并配以"淫秽"的素描。事实证明，这本书的广告有点言过其实；《锡版》中只有图画，但书脊上隐约可见一台三脚架相机，暗示着街头摄影的出现，而雅各布·里斯已经在纽约的租户中实践了这种艺术。根据里斯的照片绘制的素描几个月前就出现在《斯克里布纳杂志》上，其中一些素描的主角是看起来很可怜的公寓住户、晕倒的酒吧顾客和街头流浪汉，每幅作品都标注着"根据照片绘制"。

此外，当时的《纽约画报》小报也在其更多的丑闻版面上使用了类似的照片插图。1890年的一个封面上有一幅整版的蚀刻画，画的是一个上衣刚好掉下来的丰满女人。标题写道：新泽西州红岸的一位上流社会年轻女士在晨浴后晒太阳时，被一个陌生人的相机拍下了她穿着有限的服饰。这个相机疯子的行为和由此产生的画作肯定是受到《画报》持续的内部刊头呼吁"有趣的人物肖像、素描和新闻"的启发，它承诺"如果被使用，将获得丰厚的报酬"。

难怪路易斯·布兰代斯钟爱的杂志之一，《帕克杂志》，在1890年的封面上刊登了一幅漫画。画中是一位身穿粉红色长袍的年轻女子，被名为"油墨人杰克"的记者扔下的丑闻墨水弄脏了。这位记者穿着黑衣，口袋里装着偷来的"轰动性新闻""私人事务"和"家庭秘密"的报纸。封面标题写道："公共道德必须在我们的报纸丑闻制造者手中受到伤害"。

这肯定让山姆·沃伦感到不寒而栗。他特别有时间阅读这些文章，因为到了1890年，他已经不再从事沃伦和布兰代斯事务所的法律工作。两年前，山姆的父亲去世后，他离开了律师的工作岗位，和兄弟费斯克一起经营家族的造纸公司。路易斯参与制定了这些计划和由此产生的信托。纸业贸易的发展依然保持强劲的势头，与此相关的是，在《隐私权》出版前的那个夏天，山姆至少有一部分时间是在克利夫兰家度过的。本杰明·哈里森接任总统后，他们在离沃伦家仅五英里的海滨别墅租住。

与此同时，路易斯在报纸出版方面获得了一些实践经验，因此开始从内部了解新闻业。他解释说，在19世纪80年代末，他和波士顿的其他"高人"曾试图将《波士顿邮报》改成"一份有价值的波士顿报"，但这个冒险反而让他们亏损了。[几年后，他曾一度考虑成为《邮报》的编辑，但最终决定放弃。]他还陷入了爱河，现在正在给他的意中人爱丽丝·戈德曼写一系列的爱慕信，几个月后他们就结婚了。他无法寄来任何照片，他向她解释说，因为自从他还是法律系学生时就与他的摄影肖像"关系不好"，并小心翼翼地销毁了它们。

无论如何，两人肯定都看到了1890年7月《斯克里布纳杂志》刊登了一篇题为"公民权利：名誉权"的文章，引用了戈德金的观点，就像玛丽昂·马诺拉的紧身衣一样，在沃伦和布兰代斯文章的第四段中提及。一位"有才华的作家"最近认为，法律需要解决报纸对隐私的侵犯这一罪恶。

戈德金再次写道，对隐私的侵犯，那种像商品一样推销给大众的报纸八卦，威胁着个人的幸福和尊严。一个人有权决定自己有多少"个人思想和感情"，有多少关于品味和习惯、私人行为和家庭事务的信息应该让公众知道。戈德金认为，当别人了解到曾经只有家人知道的关于自己的愚蠢、不幸、轻率和弱点时，这对个人会产生巨大的痛苦。

他认为，法律可以提供帮助，而真实性诽谤的口号——相较于虚构的责难，真实的更伤人——鉴于所涉及的情感伤害，似乎完全合乎逻辑。但他承认，这句话在现代社会似乎并不那么好听。

也许另一个更短、更直接的口号会更有说服力。

《哈佛法律评论》第四卷第五期在其起步时期出版，并不引人注目。与之前的几期相比，它的篇幅约为50页，版面设计相似：包含哈佛大学附属机构的学术文章，以及关于新案件的简短说明和其他律师感兴趣的事项简介（包括早期的新闻，由于新的美国文摘提供了对许多州和联邦案件的描述，使法律研究更加便利）。封面采用与《斯克里布纳杂志》相同的艺术纸制作，开本也相近。

那本不起眼的书的第一页开始了《隐私权》一文，这是一篇7000多字的《哈佛法律评论》文章，许多人认为它是历史上最重要的文章之一，因为它奠定了大多数隐私法的基础。全文共28页，不到50段，篇幅超过了一篇关于州际商业的文章，一篇关于家庭可以起诉刑事诽谤的短文，以及一篇解释最近艾奥瓦州法院判决的说明，该判决将一块陨石的所有权判给了地主而不是发现者。

这两位律师选择在《哈佛法律评论》上发表文章是有道理的。到那时，沃伦和布兰代斯已经加入了布兰代斯承诺的待命律师作家团队，学生们可以求助他们，《隐私权》是他们的第三篇文章（前两篇关注水法；还承诺了更多但从未写成）。此外，到那时，《评论》已经迅速脱离了实验阶段，并开始展现作为有影响力的出版物的真正潜力。

《隐私权》的开头与戈德金的观点一致，确立正式的隐私权的时代已经到来。当然，沃伦和布兰代斯写道，"个人应享有充分的人身保护"这一原则"与普通法一样古老"。但有时需要额外的保护，有时"政治、社会和经济变化（要求）承认新的权利"。他们认为，法律"在其永恒的青春中"可以成长，以承认这些权利，"以满足社会的新需求"。其中之一将是被称为隐私权的权利。

他们共同提出了五个主要的对隐私权的支持性观点，顺序大致如下：

① 报纸行业很糟糕。当今的报业在各个方面都越过了适当的界限，通过渗透到内部圈子窃取信息进行交易。沃伦和布兰代斯写道，特别是提到性关系的报道是一个突出的问题，这些报道出版的唯一原因显然是为了满足人们的猥亵趣味。他们说，流言蜚语已经成为一种交易，在专栏中充斥着流言蜚语，这是不体面的，是邪恶的力量，既贬低了报纸行业又使其堕落。（这听起来似乎有点夸张，但当年的学术研究报告称新闻界是"一只可怕的章鱼……随时准备发布丑闻……内容"。）

② 某些技术对隐私保护构成威胁。例如照相机，尤其是偷偷拍摄的即时照片。还有用于记录或复制场景或声音

的现代设备。这些现代设备能够在没有任何受害方参与的情况下侵入秘密关系。它们提供了复制妇女面貌和形象的方法，被用来"满足粗俗和堕落的想象力"。（最后一部分显然不仅由马丽昂·马诺拉的故事和也许是《纽约画报》的做法引发，而且也是由于格罗弗·克利夫兰对当时在广告中滥用克利夫夫人形象和名字的厌恶引发。）

③ 在情感和法律意义上，人们生来需要隐私。隐私对于人类的幸福是绝对必要的。人类需要能够从世界撤退到一个宁静之地，以获得独处。法律可以并且应该通过压制关于个人的私生活、习惯、行为和关系的描述来实现这一点，只要该个人是私人身份。如果这个人是一个著名的政治家，则有更大的回旋余地，但如果该消息与他们的政治职位适用性无正相关联系，发布这种信息也应该受到惩处。

④ 精英阶层理解什么对社会最有利，因此他们是以最佳方式实现这一目标的最佳人选。无知和不经思考的人（肯定是指那些阅读普利策报纸的底层阶级）已经认为报纸八卦就是重要新闻，当这种废话填满他们的大脑时，将会使得他们的思想和抱负变得渺小。有思考能力的人需要采取行动来保护那些只能负担得起一便士报纸的天真者，通过这样，有思考能力的人实际上是在保护社会本身。

⑤ 现有的法律可以进行调整以创造这种权利。然而，请恕我直言，他们在有点厚脸皮的情况下辩称，考虑到布

莱克斯通的无处不在，布兰代斯在《科德角居民》一案（仍因泄露塞达维尔的秘密而在1890年受到例行谴责）的经历，以及戈德金的文章中提到的真实诽谤与隐私的关系。沃伦和布兰代斯写道，诽谤法是关于财产保护的，而不是人类的精神或情感。相反，这种新的隐私权必然会涉及知识产权或艺术权利，因为这些权利涉及被占有的质量，并保护不可侵犯的个人品格，而不仅仅是个人的物质层面，尽管具体意思并不确切。信任的破坏也是其中之一，这是一个合同概念。我们也可以参考法国和英国的法律。

对于谁在《隐私权》中具体写了什么内容我们并不是那么清楚，但对法国的看法可能出自于沃伦之笔。文章中有四段长的法语引文，没有任何翻译，听起来像是出自法语俱乐部的成员之手，尽管布兰代斯也懂一些法语。通过使用并非所有人都能理解的外语写作，比如"在禁止剥夺私人生活的情况下，只要没有必要确定犯罪意图，法律就会打断辩方对事实真相的讨论"，这是一个关键的例子，两人设法在语言中准确地比照了"相较于虚构的责难，真实的更伤人"的概念。用未翻译的法语表达，它会变得可以让人愉快地接受。

对英国的致敬很可能出自布兰代斯之手。《隐私权》在某种意义上模仿了他的《科德角居民》案情摘要，因为它使用了几个英国案例的引文和英国大法官的声明来支持。

但是，正如亚历山大·汉密尔顿可能会告诉他们的，沃伦和布兰代斯并不需要向大西洋彼岸寻求帮助：适当和合理的真相仍然是一个法律概念，法官一直在做出这方面的决定。19世纪70年代，密苏里州的一位法官解释说，"隐私权"保护"家庭秘密"和其他"私人事务"，公开这些信息会破坏个人的宁静与幸福。几年后，路易斯安那州的另一位法官写道："这将是一种野蛮的学说，它将授予揭露的人有洗劫他人生活的自由，以揭露愚蠢的行为。"任何在宪法上对自由的承诺都不应保护这样的出版商。

无论如何，这篇文章的重点不是要找到每一个支持隐私的司法意见，即使在当时这样的事情是可能的。它的目的是让律师和法官警觉起来，注意到这个问题，并努力改变公众舆论，并在此后改变法律。在《隐私权》发表几天后，路易斯预言隐私权将发生这种情况。他在给未婚妻爱丽丝的信中说："世界上大多数人或多或少都处于被催眠状态，让人们相信任何东西相对来说是很容易的，特别是权利。"

实际上，在《隐私权》中，两位作者有时使用了优美的辞藻来帮助人们认识到隐私权的重要性。其中一些言语用法至今仍被法院、学者和变革者频繁引用，因为它们同样适用于现代的隐私问题：

- 随着文明的进步，生活的强度和复杂性使得人们有必要从喧嚣的世界中退隐，而且，在文化的熏陶影响下，人变得更加敏感，以至于孤独和隐私对个人来说更加重要。

- 随时发布的照片和报纸企业已经侵犯了私人和家庭生活的神圣领域。
- 报业已经明显越过了适当和得体的界限。
- 许多机械设备有可能实现这样的预言，即"壁橱里的私密话语将被从房顶上传扬"。

回顾一下，沃伦和布兰代斯对于隐私权做出了一个主要限制，即知情权的承认。这一概念在1890年逐渐找到了更为坚实的法律基础。隐私权要求不能波及具有公共利益的信息。沃伦和布兰代斯建议，如果一个政治家有语言障碍或不擅长拼写，这很可能是公众会关注的信息，因此不应成为发起隐私诉讼的充分基础。然而，正如他们所认为的那样，这些事情——可能会影响政治家有效工作能力的事情——也是如此。即使是公众人物也有权利保持某些事情的隐私，远离大众的好奇心。例如，他们写道，记者显然不应该调查知名公众人物的生活，以揭露过去的丑闻，因为这些私人生活的细节不应该被曝光供人检查（这一定是在向格罗弗·克利夫兰表示敬意）。

最后，在一个脚注中，两位作者包括了沃伦·布兰代斯律师事务所的一位律师起草的拟议法律语言，该语言实际上恢复了在马萨诸塞州对刑事诽谤的规定："任何人在任何报纸、期刊、杂志或其他定期出版物上发表有关他人私生活或事务的任何声明，在被他人书面要求不要发表这种声明或与其有关的任何声明后，应被处以不超过五年的国家监狱监禁，或不超过两年的监狱监禁，或不超过1,000美元的罚款。"

这就是沃伦和布兰代斯所设想的"隐私权"：人们有权享受生活，有权获得幸福，而其中很大一部分是享有独处的权利，有权让报纸记者和令人担忧的新技术远离私人生活，包括公众人物的私人生活。

"我们的希望是让人们看到，侵犯隐私不应该得到容忍，"布兰代斯在同一个月对爱丽丝说，"要让读者对他们在接受这种侵犯时的愉悦感到羞愧。"

他说，他们的努力是"启动一场隐私权的反击战"，就像"树林工人或大草原居民点燃反火一样"。

布兰代斯后来在未发表的自传笔记中写道，《隐私权》最终确实"吸引了极大关注"。不仅其主题具有明显的时效性，大部分措辞也极为打动人心。两位作者还尽力以"生动的公共利益表象"来唤起公众舆论。一些人说，布兰代斯是一位的真正天才，他有某种在适当的时候"激起公众讨论和需求"的"诀窍"，多年来他在律所存档的时候，有一个档案专门用于隐私。正是在那里，他保存了各类信件和剪报，留下可能被认为是营销对外联系的文字记录，以助燃隐私保护之火。

沃伦和布兰代斯第一步是致信一些重要报纸和杂志的编辑，其中一些是他们的朋友，以便这些刊物可以报道这篇文章，将隐私议题传播到《哈佛法律评论》之外。《波士顿邮报》当然最先做到这一点；它在1890年12月19日，即《法律评论》正式发表的四天后，以一篇无署名社论赞扬了《隐私权》，并在几周内再次称赞。对一篇学术文章做出这种反应十分罕见，此种操作很可能是出自布兰代斯或沃伦之手。几个月前，布兰代斯曾向兄弟表示："我一直在通过大量发表文章来制造舆论"，"我们的社论随处可见于报纸上"，"我们的文章随处可见于法律评论中"。

与此同时，山姆将《隐私权》的版面校样发给了《世纪杂志》，建议其记者就这个话题写一篇文章。"这个题目在我看来是可以提出的最重要的话题之一，我并不认为现有的问题毫无处置之道"，他写道。接着《隐私权》又接连出现在了沃伦家族有关的《大西洋月刊》（称《隐私权》为"一篇学习性强、有趣的文章"）、布兰代斯家族附属的《国家》（以登比茨叔叔之名发表，一篇支持隐私权的"有力"论证）、《今日》（一篇"卓越"的作品，关注一个"有意义"且"重要"的话题）以及《新英格兰杂志》（"非常及时且非常有趣""博学""有价值和意义"）的文章。还有一篇来自《生活》的文章，虽然那篇文章表示沃伦和布兰代斯似乎有点过于敏感，但作者同意需要采取行动来制止出版业中的"令人震惊的错误"。《隐私权》甚至出现在普利策的《世界报》上，它是一篇明显反对隐私权、题为"隐私是一项神圣特权"的文章。

最终，沃伦和布兰代斯成功地在出版界的朋友和同僚中引起了极大的兴趣，以至于在法律正式和统一承认这一点不久之前，一些报纸就开始暗示隐私权正在成为"公民最重要的权利之一"。

接下来，他们不断鼓励《哈佛法律评论》的学生编辑，布兰代斯仍然是该杂志的活跃理事，提醒读者这篇文章的重要性。《隐私权》出现在《哈佛法律评论》的第四卷中。1891年出版的第五卷向读者介绍了一项法院判决，称赞这篇文章是"一个精练的总结"，"非常值得每一位律师仔细阅读"。到了1893年出版的第七卷，《评论》称《隐私权》是一篇"出色的文章"，是对这一主题的唯一科学探讨，巧妙地扩展了"独处权"的概念。当一名法官停止公布两位演员的照片投票结果时，学生编辑在法院推理中发现其运用了《隐私权》中的概念，这让他们感到高兴。1905年，布兰代斯仍然向学生编辑寄送有关潜在隐私报道的提示，其中一个建议是，最近的一个案例证明隐私权仍是一个活跃的议题。学生编辑在回信中向他保证："我们会充分利用这个案例的价值。"事实上，在随后的四卷中，《哈佛法律评论》五次提到了这个案例。

对影响法律的最明显的方式，沃伦和布兰代斯将《隐私权》的副本寄给了法官和其他具有影响力的人士，包括哈佛大学法学院校友会的700多名成员，该校友会是由路易斯创办的。在寄给当时仍在马萨诸塞州高等法院任职的霍姆斯法官的副本中，沃伦附上了一份说明，解释说纽约的一个法官小组最近在有关隐私的观点中引用了《隐私权》。沃伦写道："无论对这一判决持何种看法，争议中的原则似乎非常重要，至少从社会的角度来看是这样。"布兰代斯在给同事的类似便函中写道："令人欣慰的是，隐私权正在逐步确立。"到了1897年，《隐私权》被写入了一本位于波士顿的法律词典："隐私，该条目写道，隐私权被定义为个人选择不公开自己和自己的财产的权利。"这部分要归功于山姆·沃伦和路易斯·布兰代斯。

然而，似乎所有相关人士都在很大程度上忽略了，1891年，在布兰代斯曾在马萨诸塞州高级法院担任法官助理的霍勒斯·格雷大法官撰写的一份意见中，美国最高法院第一次在侵权法的语境中具体提到了隐私权。该案涉及一名在火车上受伤的妇女，她拒绝了被告铁路公司要求她"接受外科检查"以证明其伤害的要求。格雷法官和其他法官决定，她有独处的权力，有权利保护自己的身体隐私，尽管他们从未引用过《隐私权》。法院写道，这种隐私权涉及个人的不可侵犯性和尊严，是普通法所规定的神圣权利，也受到普通法的保护。

尽管司法界对此越来越感兴趣，山姆始终认为，将隐私权确立为一种固定权利的最佳方式是由国会或州立法机构通过隐私权法律来实现。山姆担心，如果没有这样的法律，法院在接纳隐私这一理念时会显得不可靠，因为法官可能通过拼凑各个州的不统一的普通法来裁决。事实上，到了1910年，律师杂志《案例与评论》表示："对审议隐私理论的案件的研究表明，在发展任何基本原则或所谓权利的明确轮廓方面缺乏进展，这令人惊讶。"

然而，山姆和路易斯无需担心。正如他们所设想的，关于隐私的保护行动确实在不断发展壮大，并将在全国数百名法官的帮助下最终得到更全面的实施。随后也出现了相关的法规。只是，山姆本人将无法亲历这一切的过程。

不过，他还是看到了法律中对《隐私权》中快速点到的那种不同权利即知情权的反应。在这方面，山姆的朋友克利夫兰总统在他的第二个任期中变得更加坚定地保护隐私，并反对揭露真相。

第七章
知情权

《华盛顿蜜蜂报》的编辑卡尔文·切斯在历经格罗弗·克利夫兰总统两届任期的编辑工作后，他的名字在1962年弗兰克·路德·莫特（Frank Luther Mott）出版的权威史诗《美国新闻》中只被简单提及。莫特称《华盛顿蜜蜂报》是19世纪80年代"黑人报纸"中的"最重要之一"，并称赞切斯为"无畏的编辑"。

然而，比起约翰·彼得·曾格被整整八页纸所用来赞颂，切斯的作用和影响力被远远低估了。

简而言之，在约一个世纪前，当托马斯·杰斐逊将哈里·克罗斯威尔投入监狱时，克利夫兰总统对切斯做了完全相同的事情，并借助杰斐逊几十年前所依赖的与隐私有关的法律来支持他的行动。

卡尔文·切斯是一位黑人，这对于他的遭遇和在历史中不太为人所知的原因都非常重要。莫特在《美国新闻》中所增补的内容是：切斯以攻击欺诈行为而闻名，他是一位秉持公众知情权的记者，"对于任何引起他警惕的欺诈行为、不公正的攻击或邪恶行为，他都会以最谴责的方式揭露"。他的报纸顶头有一个蜂巢图案，里面有愤怒的蜜蜂，并承诺会"刺痛我们的敌人"并"为我们的朋友提供蜂蜜"。"我们将对付所有的臭鼬"，这是切斯在沃伦和布兰代斯发表《隐私权》的同一年所说的话。有人说，他有一种"攻击杰出人物的强烈倾向"。

正是通过这种心态和出版方式，切斯成为"他那个时代的黑人社会和政治思想的一个有影响力的来源"，因为"当国家首都成为非裔美国人政治和知识生活的中心时，他主导了黑人新闻业"。无论是黑人报纸还是白人报纸，都称赞《华盛顿蜜蜂报》是"华盛顿有色人种的机关报"，它有趣、坚毅、富有新闻价值，并且值得信赖。大多数情况下，他们也很欣赏自信的切斯本人。

然而，这种信任并没有延伸到白宫。到19世纪90年代，切斯与格罗弗·克利夫兰的关系很可能被描述为非常紧张的关系。

在1884年的选举中，当《华盛顿蜜蜂报》支持詹姆斯·布莱恩时，这种紧张关系开始显现。切斯后来在一篇评论文章中担心，克利夫兰的就职典礼可能会导致针对黑人公民的暴力事件。之后，当切斯带领一支黑人领袖队伍前往白宫邀请克利夫兰总统参加当年的解放游行时，克利夫兰举起一份《华盛顿蜜蜂报》，暗示切斯将克利夫兰的生命置于危险之中，并要求所有人谴责该报纸。克利夫兰说："我希望本区的有色人种公民不会允许自己被这种报纸的编辑所影响。"然后，他解雇了切斯，将他从在战争部的相对稳定的工作中开除，称其"不称职"。

这意味着一个保守秘密的总统，一个帮助激发新的隐私运动的总统，现在手上有了一位全职的斗牛犬记者，一个更加渴望和能够揭示政府错误行为及其背后人员的记者。"这是这片土地上一条不成文的法律，"费城的《泰晤士报》在克利夫兰总统解雇切斯的那一年写道，"人民有权知道他们的公职人员在做什么。"大多数情况下，这种法律是不成文的，但到那时，数以万计的报纸已经在新闻报道和社论中使用"知情权"这一短语，点燃了他们自己的逆火，有时合法，有时不合法，与维多利亚时代的隐私观念相悖。

卡尔文·切斯似乎是完成这项工作的人选。

今天，知情权成为寻找和报道真相的关键组成部分，也是现代信息自由法的基石。立法机构通过的法令赋予个人获取地方、州和联邦政府文件的权利，从最重要的信息到非常普通的信息，只需提出请求即可。这使得记者能够了解和发布官员可能不愿透露的信息，例如机构的开支情况或天上的外星人。然而，国家掌握的信息有时也可能包含丑闻和秘密，某些个人可能不希望公众知道的材料。这正是隐私权的作用所在。

这种情况构成了一种冲突，马伯里诉麦迪逊案在某种程度上提及了这一点。该案于1803年让司法部门最终对宪法的含义有了确定，并确立了司法审查的权力。在哈里·克罗斯威尔被陪审团裁定有诽谤罪的同一年，最高法院告诉美国总检察长，他不需要回答与马伯里诉麦迪逊案中的司法委员会有关的某些问题，"如果他认为有某些事情是作为秘密传达给他的，那他没有义务予以披露"。然而，这些文件是否曾出现在他的办公室中，属于非机密、非个人信息，这是"全世界都有权知道的事实"。

大约70年后，就在沃伦和布兰代斯开始攻读法学院的几年前，伊利诺伊州最高法院接纳了这种观点和情绪：人民拥有"知情权"。该判决的陈述中写道："人民对于限制任何公民自由的理由，以及被限制的方式，拥有权利了解。"法官们写道，人民有权了解被捕者的情况，包括对其刑事指控的了解、指控的原因以及其地位和状况，因为人民既有责任关心被捕者，也可有观摩针对其进行的刑事程序的兴趣。

不久后，其他地方的法院裁定，人民有权知道政府的其他类型的行为：选举结果的有效性、政府工作人员持有的政府职位的合法性、政府许可的合同以及公司是否履行了这些合同、政府创建的报告内容、有关公共办公地和政府官员的一些信息，以及立法机构和法院中发生的事情。

因此，知情权与政府之间的联系日益紧密：人民对国家活动产生兴趣，人民了解它们所属机构内部的情况，如果不考虑"隐私权"的敏感性，那么人民了解他们选举代表的私人品格的权利也应该包含在内。

这一切似乎并不复杂，但很快，对政府了解的权利不仅仅涉及官僚机构的枯燥细节，因为离婚问题变得越来越普遍。当然，人们应该了解作为一个机构的法院，但如果一对离婚夫妇想防止尴尬的证词被外界知晓，该怎么办呢？几十年来，报纸已经揭示了有关婚外情的刺激性传闻，但突然之间，这种不透明的报道变成了真正的私密性秘密和法庭上含泪的证词，甚至可能出现法庭上崩溃的照片。

那么，对于这些事情的知情权呢？

最早回答这个问题的法院判决之一，是在《隐私权》出现几年后，由加州一家报纸发表的一个小故事。芭芭拉·普莱斯开始对她的丈夫伊莱贾·普莱斯提起离婚诉讼，1892年，《圣何塞每日水星报》决定，它的50000名读者可能对这场家庭纠纷感兴趣。

普莱斯夫妇并不出名。他们是两个70多岁的加利福尼亚人，在圣何塞附近有一个水果农场，在旧金山也有一些资产，显然他们已不再相爱。但由于某种原因——很可能是因为法院内部的人向外界透露了他们的丑闻——《水星报》的记者抓住了他们的离婚故事。

负责审理此案的县法官威廉·洛里根下令清空法庭，锁上法庭门，不让内部人员透露任何消息，即使外界人士听到了什么也不能发表报道，因为这对案件没有任何帮助。普莱斯夫人的律师提出了这样的限制要求，他知道证词将包含令人尴尬的细节。法官同意，这些低级和肮脏的离婚细节，包括"一些可怜的、不幸的女孩可能遭受的伤害"，不应让外界知晓。

在那个时代，离婚案件的诉讼过程中出现令人脸红或尴尬的证词并不罕见。在19世纪90年代，尽管离婚逐渐成为不满意婚姻的可行选择，但国家主要关注的是保持家庭完整，因此只有当其中一方能证明另一方有过错时，才会批准离婚：这需要确凿的细节，如通奸、遗弃、非自然的性行为或极端残忍的身体或精神虐待。在这种情况下，与普利策式的报纸形成了一定的合作，因为离婚的耻辱使得报道中出现了"耸人听闻"的故事，包含着"令人兴奋的细节"和"深入报道"，满足着渴望的读者们的期待。

例如，圣何塞《每日水星报》的读者可能认为这份报纸以现代新闻机构的方式报道离婚案的细节。在普莱斯案提交法院审理前的几天，《每日水星报》发布了一条消息，称另一位妻子的通奸行为是由邻居们听到她丈夫不在时，通过听到两双鞋掉落在地上发出的声音来进行证明的。在这个证词中，法庭的门也被紧紧关闭，这种排斥是百分之百合法的，因为加州法律授予法官的权力不仅仅是在离婚和类似的揭露性案件中禁止旁观者进入，还可以下令"在其中的所有事实问题……都要保密"。这项法律有两个目的：保护那些作证的人免受公众的嘲笑，以及保护那些可能对不检点行为感到震惊的观众。

当法官命令记者离开法庭，并告诉他们不要发表他们后来可能得知的法庭内部情况时，这就成了一种挑战，要找出哪些令人尴尬的事情在案件中发生，以至于新闻界应该受到限制。在普莱斯离婚案中，秘密涉及普莱斯先生在"更年轻、更有活力的女伴"（包括妓女）的怀抱中寻找快乐，而普莱斯夫人，一个受困的母亲，发现自己染上了一种令人厌恶的疾病。我们之所以知道这一切，是因为《每日水星报》的记者根本没有遵守洛里根法官的命令，反而在他们的报纸上以"一位妻子的痛苦"和"普莱斯案：一对老年夫妇在法庭上争取分居"为标题报道了法庭上发生的事情。

正如几十年前《法律之友》出版商在新奥尔良所学到的，当一个记者做了法官命令他不要做的事情时，这被视为对法官权威的一种挑战。洛里根法官在几个小时内下令逮捕《每日水星报》的主编，罪名是刑事藐视法庭。法官解释说，新闻自由和言论自由并不是绝对的权利，并引用了托马斯·库利法官的观点。

普莱斯案可能没有适切地将个人隐私与公众知情权对立起来——任何人都有权知道普莱斯夫人因其花心放纵的丈夫而感染了令人厌恶的疾病——但这是报纸对冲突的解释，而且在某种程度上，关于普莱斯夫人性病问题的信息被包含在宪法中。加州州报社的社论，其中80多篇被《每日水星报》转载，将洛里根法官的法庭比作臭名昭著的星室，将法官本人比作像俄罗斯这样没有《第一修正案》的地方的法官。一篇加州州报社的社论提问道："如果看在上帝的分上禁止报社人员发表事实文章，那么他们该发表什么呢？"法律应该要求离婚案件的公开性，而不是保密性，因为报纸的报道有助于表明，一些配偶为了离婚而串通一气，而离婚本身对社会是有害的。

当针对圣何塞《每日水星报》编辑的藐视法庭案上升到加州最高法院时，该报提出了观点：除了将法官的裁决视为对宪法原则的践踏和对知情权的侵犯外，没有任何有思想的人能以其他方式看待。所有人都同意，所有人都反对，一心一意地在报道中加上标题，告诉读者言论自由正在受到审判，新闻界有"无限制的自由"来发表他们喜欢的内容，宪法在警告"反对剥夺新闻自由"时所说的就是这个。编辑们写道，任何法官都不能惩罚一家出版了"任何其企业和工业使其能够获得的新闻"的报纸，因为这种惩罚是违宪的。

这篇文章具有很强的说服力，热心的读者可以从中了解到很多关于新闻自由权利的知识。然而，正如你现在肯定已经认识到的那样，考虑到当时所有法律都在保护家庭、信件、谈话、身体检查和性方面的隐私，新闻自由原则并不总是能够明确地被运用。

在普莱斯诉普莱斯离婚案中，普莱斯夫人最终获胜。然而，为了保持对不同类型隐私的强烈兴趣，洛里根法官驳回了该家庭所做的侦查工作的"令人厌恶的结果"，该工作证明普莱斯先生曾去过声誉不佳的地方，因此对他的相关虐待指控不成立。相反，法官认为普莱斯先生通过居住在其他地方抛弃了普莱斯夫人，因此她离婚成功，以及获得加州的一些财产和每月25美元的赡养费。

在由普莱斯诉普莱斯案引发的藐视法庭案中，媒体取得了胜利。正如报纸预测的那样，加州最高法院的法官们决定，洛里根法官无权将《每日水星报》的记者驱逐出庭，并阻止他报道审判中的新闻。

然而，这是因为法院关注的是法规的措辞，该法规允许法官将人们从法庭上驱逐，因为他们肯定会见证一些猥亵的证词。该法规的全部意义在于"确保涉及两性关系的审判中的礼仪，并保护在一群粗俗或好奇的观众面前提供微妙或肮脏证词的具有高雅情感的证人"，法院推断。法规并没有明确表示可以阻止记者报道有趣的细节。但法院补充说，它不需要明确规定，因为"每一个关心社会福利的人无疑都会同意"，"防止发表此类事件的法律政策"是一个很好的政策。

《每日水星报》在其头版报道的两栏小标题中写道："新闻自由不能被削减"。整个加州的报纸不约而同地以"知情权""永远的胜者"和"人民的胜利"等字眼为标题进行大肆报道。

然而，这种对新闻业有权发表其认为人民有权知道的内容的关注是完全错误的，因为加州最高法院并没有说存在独立的知情权，也没有说新闻界在这种情况下总是赢家，更没有说世界上的普莱斯夫人无权起诉报纸披露她们的性传播感染。相反，大法官们或多或少地表达了相反的结论，并引用了库利法官的论文的部分内容："不能将新闻自由与单纯的许可混为一谈"，"如果进一步行使新闻自由会侵犯他人的权利，那么新闻自由就会停止"。

最有趣的是，如果你阅读加州最高法院在藐视法庭案中的口头辩论记录，你会发现圣何塞《每日水星报》的律师本人恰恰主张对其客户的报道进行限制，就像亚历山大·汉密尔顿在克罗斯威尔案中以及在某种意义上，路易斯·布兰代斯在《科德角居民》案中那样。《每日水星报》的律师对加州最高法院说："言论和新闻自由是（记者）的天然权利，受到国家宪法的保护，是不可侵犯的。""对这一自由的唯一限制是，在行使这一自由时，不得损害他人的利益。"

然而，像"新闻自由在加利福尼亚永远不会被成功攻击"这样的标题造成了公众的误解——也许是故意的——认为根据宪法，新闻界可以自由地报道任何真相。在现代社会，类似的头条新闻和社论的帮助下，仍有一些人认为这是法律。

不管报纸如何报道，就在几天后，波士顿的一位法官出于对"过度公开"的担忧，下令记者不得报道有关违反结婚承诺案件庭审中的任何证词；这起案件涉及一个既答应订婚又答应一个男人婚前求爱的女人，所以证词肯定会涉及丑闻。这一次，隐私权，而不是新闻自由或人民的知情权，将获得胜利。

而在华盛顿特区，隐私权很快将再次获胜，其方式不仅威胁到《第一修正案》，而且威胁到民主制度本身。

到了克利夫兰第二个任期——克利夫兰在《隐私权》出版两年后重新当选总统——《华盛顿蜜蜂报》的主编卡尔文·切斯开始进行了一项重要的调查。然而，他的关注点并不是格罗弗·克利夫兰本人（至少最初不是），而是一个名叫泰勒的人。泰勒是克利夫兰任命的华盛顿特区契约记录员，和切斯一样，他也是一位黑人。泰勒的工作是维护国家首都的所有财产记录。

虽然财产记录办公室可能听起来有些无聊，但切斯的消息来源和经验告诉他应该对此进行深入调查，因为有些事情似乎不太对劲。权力机构的其他人也开始进行调查，1894年，公务员委员会认定泰勒违反政府规定，向其雇员募集竞选资金。关于泰勒行为的更多诱人的传言开始流传，他们说他"自从去了华盛顿就一直处于水深火热之中"。委员会敦促克利夫兰总统立即解除泰勒的职务。

然而，几个星期过去了，什么也没有发生。泰勒被称为"克利夫兰总统挖掘的人才之一"，《世界晚报》解释说，总统肯定希望随着时间的推移，人们会忘记政府调查证实他任命的人做错了事，有点像人们忘记了关于他自己的个人过失的事。

切斯等了五个月，然后他的《华盛顿蜜蜂报》终于发表了报道。他写道，泰勒不仅违反了每一条人类已知的法律，而且

"站在道德角度评价他也不适合担任契约记录员这样的职位"。最重要的是，格罗弗·克利夫兰几个月前就已经了解到泰勒办公室中发生的所有肮脏细节：泰勒的行为包括"侮辱女性，他要求这些女性在办公时间结束后去他的办公室，以达到违反道德的目的"，向一位丈夫刚刚去世的妇女提出性建议，以及其他更多行为。

大多数人今天会同意，公众有权利了解政府机构或其他任何机构内发生的性骚扰事件，社会需要知道那些利用权力地位向他人提出不当要求的人的名字，记者需要报道这些事件，以个体和集体的方式制止它们。

然而，回到1895年，政府认为切斯在他的《华盛顿蜜蜂报》中的报道不仅侵犯了泰勒的隐私，还违反了诽谤法。

在切斯为期几天的庭审中，庭上座无虚席。出席会议的人们从切斯传唤的证人口中听到了有关行为记录员泰勒和办公室环境令人不安的细节，这些细节证明了他所写内容的真实性：泰勒确实向办公室里的一位女性提出了不当建议，他确实去过妓院，他确实对一位雇员说过除了他之外不能与其他男性有任何接触。一些女性作证称，在拒绝泰勒的追求后，她们被解雇了。还有人指出，这一过程中发生了非法堕胎事件和一位女性的死亡事件。切斯认为，这一切与知情权有关，新闻界的职责之一就是向公众介绍公职人员的性格，这符合公共利益和公众利益。

控方在回应中认为，切斯发表的文章错误地暴露了泰勒的"私人品格"。

法官对陪审团做出指示：办公室性骚扰的真相并不足以免除切斯对其报道的责任。"即使被告方能证明对泰勒的每一项指控的真实性，他仍必须向陪审团证明他发表这些指控是出于良好的动机和合理的目的。"作为这一判断的一部分，陪审团需要考虑切斯是否应该直接与格罗弗·克利夫兰联系，告诉总统他所了解到的有关泰勒的行为，而不是在报纸上公之于众。法官向陪审员解释说："如果被告的唯一目的是赶走一个不称职的人员，那就不是一种具备正确动机和正当目的的披露，因为只有总统有权力解雇人员。"

毫不奇怪，根据这样的指示，陪审团只花了"异常迅速"的15分钟就判定主编卡尔文·切斯犯有诽谤罪。更加令人气馁的是，法官拒绝批准切斯的保释申请，因此他立即被警卫送入监狱。尽管切斯的律师请求考虑切斯的领导才能和地位，称"让他进监狱，即使只是一天，也会使他蒙羞，至少在未来20年阻碍种族进步"，但切斯最终被判处三个月监禁。然而，那些报道判决的报纸并没有过多提及种族问题或判决对黑人社区的重要性。

在西海岸，几年前在普莱斯案中大声呼吁新闻自由的加州报纸现在却相当平静。旧金山的一家报纸在第三页底部的中间栏报道了卡尔·切斯被拘留的故事，其简短程度与最初宣布普莱斯离婚诉讼的消息相当："卡尔文·切斯……今天被判处90天监禁。"而《圣何塞每日水星报》根本没有报道这个故事，从来没有。

与此同时，卡尔·切斯在监狱里编辑他的报纸，就像几十年前的詹姆斯·卡伦德一样，并建议总统对他施以仁慈。"这个美国政府是建立在伟大原则之上的，"切斯在他的"我们的监禁"专栏中写道，"其宪法中最伟大的基本原则之一就是新闻自由不应受到限制。"华盛顿媒体加入了所谓殷切促请特赦的努力，切斯写道他希望自己很快就能重获自由。

然而，克利夫兰总统让切斯在监狱里待了几个星期，然后明确地拒绝了他的行政赦免请求，并使用了他多年前在哈佛大学演讲时的措辞："这个罪犯在报纸上恶意发表了无耻的诽谤。"这是一种"肮脏的武器"，被用作满足报复的可憎罪行的一部分。"这已经变得如此普遍，而且很少受到惩罚，"克利夫兰大发雷霆，"在这里提出的案件中，我无法将行政部门的宽大处理与我对体面的新闻业、社会的和平以及保护那些不断受到诽谤性攻击的人的责任相协调。"

因此，故事就这样结束了：1895年，卡尔·切斯在监狱里待了三个月（他曾威胁要起诉克利夫兰，但从未实施过）；而契约登记员泰勒在克利夫兰的任期中一直保持着他的职位，因为似乎大家已经忘记了公务员委员会对他错误行为的最初报告，也没有人再报道克利夫兰自身的丑闻或其他情况，因为他们知道如果敢这么做会有什么后果。

这是否与山姆·沃伦或路易斯·布兰代斯对隐私权的想象相符，令人怀疑。但是随着时间的推移，鉴于波士顿报纸即将发生的事情，它可能变得越来越接近那个概念。

余声
山姆·沃伦之死

这可能全部都是研究者靠受教育的想象力凭空捏造的，是一个立足于对即将发生的悲剧所知的当代读者的评估，但在山姆·沃伦与路易斯·布兰代斯出版《隐私权》后的20年里，山姆的笔迹变得越来越难以辨认。他被揭露的视觉画面比语言本身更令他痛苦。

举例来说，当奥利弗·温德尔·霍姆斯法官寄给山姆一些演讲稿的副本时，这无疑是一种普通的专业礼节，与那一年霍姆斯即将加入美国最高法院时寄给许多其他律师的一样。然而，山姆在回信中表示，这些附件越来越少给他带来生活的乐趣。他对霍姆斯说："我非常感激你，也许很快我们可以一起共进午餐。"几年后给路易斯的信中，山姆写道，他需要情感上的支持，并特别感谢路易斯寄来的更多个人笔记。他说："随着岁月的流逝，我越来越需要它，生活中很少有像你这样亲密的人。"山姆表示，这种友谊有助于缓解他的情绪："我希望能多见到你。"

简而言之，在路易斯·布兰代斯的星光冉冉升起之时，他已成为著名律师和百万富翁，拥有三个仆人，并似乎随时可以与霍姆斯大法官共进茶会或晚餐。而与之对比，山姆的星光却直接坠落到地面。布兰代斯告诉他的妻子爱丽丝，山姆仿佛被重压所困扰，"他暂时与阿特拉斯（Atlas）交换了位置"。

这种沉重感并不是指任何财富损失，也不是指造纸业的衰退。事实上，八卦专栏仍然将山姆称为"知名的造纸商"和百万富翁，而且那时他有九个仆人，而路易斯只有三个。

山姆的困扰实际上源于沃伦家族内部的纷争，最终也引起了外界的关注。

许多争端源于家族企业的重组和由此产生的家族信托，这些工作是在路易斯与山姆合著《隐私权》的前一年完成的。在"当我想到家族和他们的所作所为时，"当时山姆就给路易斯写过，"我会把你看作其中最有影响力的部分。"多年来在山姆和沃伦家族遇到麻烦的时候，路易斯一直是"现成的救星"，并且"始终是可靠的顾问"。

然而，随后的情况发生了变化。

其中一部分问题源于由路易斯起草的沃伦家族信托，该信托让山姆负责管理山姆·D.沃伦公司，并从当时已经价值450万美元的公司的利润中获得更大的份额。作为受托人，山姆向家族成员报告公司的财务状况，山姆表示，财务状况并不总是很好。然而，如果你问山姆的兄弟奈德，他会说山姆已经变得极其富有，而奈德则越来越贫穷。奈德在一封家信中写道："每当遇到困难时，我的思绪转向……转向那些有能力帮助我的人，尤其是从他们承担的费用来看。"当家族同意借给奈德数万美元来解决他的债务问题时，山姆建议奈德削减开支，过更节俭的生活。家族成员（通过山姆）还要求奈德的医生提供证据，证明奈德所谓的疾病有医学依据。

那时，奈德已经搬到英国，并建立了一个类似男性公社的地方，吸引了奥斯卡·王尔德（Oscar Wilder）的朋友们前来寻求庇护，奈德在那里传授天王星式的爱情观念。他开始收集希腊和罗马的古物，这些古物后来进入了世界各地的博物馆，奈德因为他敏锐的宝藏发现能力而声名远扬。例如，他从奥古斯特·罗丹（Auguste Rodin）的作品《吻》（Kiss）中发现了美的特质，并委托雕塑家制作了一个符合解剖学原理的版本——"男性生殖器必须是完整的"。

然而，他也开始收集奇特的色情珍品，这些东西有时甚至会令现代人感到震惊。后来，他把这些物品赠送给了波士顿美术博物馆，而山姆则是该博物馆的理事会成员，并即将成为董事会主席。然而，美术馆拒绝展出这些作品：许多作品包含巨大而扭曲的阴茎，或者男人与男孩之间的性行为图像。如今，在大英博物馆中有一件著名的作品，被称为"沃伦杯"。它展示了一个男人以令人震惊的方式抱着一个男孩，而这件作品正是奈德购买的，并以他的名字命名。奈德的礼物可能会在波士顿正统社会中引起震动，但奈德似乎有意挑衅。他后来解释道，这些收藏品是他对波士顿那些与他的异教爱情观念相抵触的事物的一种呼吁；而送给美术馆的礼物是为了"真正的教派福音"。

山姆强调，他喜欢将家庭事务保留在家庭内部，因为对他来说，家庭的尊严是最重要的。这使得与奈德的问题尤为令人担忧。在奈德表达了对沃伦家族信托更多了解以及其运作方式的兴趣后，山姆在给姐姐的信中写道："奈德憎恨我，认为我是他所有问题的根源。我想退出，让另一个人取代我的位置，他能够团结这个家庭。"但这种情况并没有发生。

就在那个时候，奈德首次聘请了一名律师。律师开始调查山姆·D.沃伦公司的资金、业务和工资状况，以及波士顿企业和缅因州工厂对待工人的情况。律师还提出奈德应该被任命为受托人，以便他能够对所有资金的使用拥有更大的决定权。最终，奈德的律师找到了一些方法，据他说，这些方法大大减少了奈德从企业和信托中获得的收入，甚至减少了100万美元。作为回应，奈德威胁要出售他在公司的股份，这可能导致公司的破产。

最大的打击发生在1909年12月。就在圣诞节前，奈德提起诉讼，要求法院介入并进行纠正。更糟糕的是，波士顿的报纸开始关注这场争议。《波士顿邮报》报道称："沃伦兄弟对簿公堂"，《波士顿环球报》的标题则是："奈德要求法院解除山姆的受托人职务"，报道重复了奈德的律师的观点，即山姆通过信托将财产租回给自己，增加个人收入。因此，奈德要求家族企业的新领导人采取措施，收回他认为山姆可能非法获取的任何资金。报道称，山姆挪用了近150万美元。

布兰代斯也无法逃避审查。有一篇报道指出他起草了信托文件，另一篇报道解释称家人相信给予山姆如此大的权力是"经过深思熟虑的，旨在实现他们的愿望并保护他们的利益"，但实际情况证明并非如此。圣诞节前的那三天，《邮报》刊登了山姆和奈德在法庭上的照片，并以"沃伦家族成员的巨额财产纠纷将由一位大师解决"为标题。照片上的山姆看起来显得特别苍老。

这些报道相比可能出现的情况要温和得多，因为尽管关于隐私特权的呼声日益高涨，但即使在传统的波士顿，报纸对精英阶层生活的批评也变得越来越恶毒，无论是些琐事还是更严重的问题。早些时候一则报道关注了山姆的妻子梅贝尔·沃伦，责备她没有像往常一样频繁地参加社交活动。另一篇报道暗示山姆的大儿子似乎正在追求一位波士顿名媛。那名年轻女子有着丰满的体态，但她妹妹"略微过于臃肿"，一周内骑马就把两个马鞍弄坏了。山姆儿子萌芽中的恋情被称为"值得关注的事件"，尽管他和他丰腴的女友在社交场合几乎没说过话，关系似乎不太和睦。

考虑到山姆脆弱的情绪和他对家庭隐私遭到侵犯的憎恶，

这一切已足够糟糕，但最后压垮他的最后一根稻草可能是路易斯决定将沃伦信托的事务交给事务所中的另一位律师。一桩指控政府失职的案件需要路易斯协助一家大型出版商，他保证这个案件可以为该公司带来25,000美元的收入和费用，及良好的宣传效果。鉴于路易斯认为他的合作伙伴在处理沃伦案方面专业水平很高，他请该伙伴继续为山姆的利益而战。他也承认发现整个沃伦事件"非常痛苦"，很可能想要退出。

"我相信你，你对我给予的明显信任以及对我帮助的巨大支持，我想你不知道过去一年来我有多接近完全失控，"山姆在他们早期合作时曾写信给路易斯，"但我相信我会挺过来。"

因此，在1910年2月底的一个周末，就在《波士顿环球报》刊登关于山姆的儿子和儿媳从欧洲蜜月回到波士顿几天后，山姆乘火车来到了卡尔施泰因，这个以查理曼大帝在动荡时期休憩过的岩石命名的度假胜地。据说他在庄园里散步了一段时间，砍了些木材，然后开枪自杀。当时的他刚满58岁。

有一家报纸称："毫无疑问，'法律纠纷'威胁着揭开家庭的内幕，让沃伦先生感到担忧。"

媒体永远不会报道山姆死亡的悲惨真相。相反，全国各报纸报道称山姆·沃伦死于中风，也就是脑出血。"沃伦先生在星期五从他在马尔伯勒街上的住所来到了卡尔施泰因，"《波士顿邮报》报道说，"希望能够从他父亲留下的财产控制权的法律纠纷中得到片刻休息。"他最终因过度劳累而中风。医生会在死亡证明上写上这样的原因，家庭发言人也会告诉聚集在卡尔施泰因的许多记者，至少在死亡时保护了山姆的隐私。

路易斯·布兰代斯就是那个家庭发言人："布兰代斯先生充当报社记者和家庭成员之间的守卫，"《波士顿美国人报》报道说，他在得知悲剧发生后立即从华盛顿赶到卡尔施泰因，是"负责沃伦家庭事务的人。"布兰代斯说他中风了，一家报纸的头条这样写。

只有几篇关于山姆之死的文章表明事情似乎有些蹊跷。其中一篇文章指出沃伦"明显抑郁"，另一篇文章认为他的死亡笼罩在一个巨大的谜团之中。另一家报纸质问，如果山姆当时生病了，他怎么会有力气从火车站走到卡尔施泰因并砍柴？

然而，没有人公开回答这个问题，山姆的遗体被送回他在后湾的豪宅参加葬礼。路易斯·布兰代斯担任迎宾员，而霍姆斯法官显然没有参加。《波士顿环球报》在对这一切的报道中出人意料地将山姆称为"拉塞尔先生"。

往后年头里，布兰代斯将山姆的自杀称为"沃伦悲剧"，一直到生命终结，他都将山姆的照片钉在书房墙上。在自己去世六年前，当时已是大法官的布兰代斯写信告诉山姆的孩子们，波士顿没能容下她一位最高尚的儿子。路易斯告诉他们，山姆具有正直、难得的宽容和极大的温柔。他转发了一些山姆在合作伙伴关系初期写的信件，路易斯说这些信可以证明山姆的品质，其中一些信件表明山姆不太喜欢律师工作，并且山姆明白事务所的成功关键在于路易斯自己的进步。

就在山姆去世一个月后，路易斯收到了《汉普顿杂志》的消息，称他将在六月版上介绍，并希望得到一张好照片。路易斯的秘书送去了一张照片，虽然表示照片有些破损，但解释说这是唯一可用的照片。简短的传记告诉读者，布兰代斯是一位"律师和公关人员"，是"非官方的公共利益检察长"，他"通过激发公众为自己的事业奋斗来为公众服务"。这张照片看起来很出色。

几个月后，一名被解雇的不满员工当着聚集在一起送市长出国的记者和摄影师的面前，向纽约市长威廉·盖诺开枪。盖诺市长最终将枪手的袭击归咎于赫斯特报社。如果普利策的《世界》曾经做过一些令人瞠目结舌的事情，那么赫斯特报社更加引人注目，批评人士认为暗杀企图是受到赫斯特报社对盖诺政策的批评激发的。市长还抨击了拍摄暗杀未遂照片的摄影师们。盖诺说："我不忍心让他们看到我当时的窘状，我希望那些照片没有被公开。"但是它们被发表了。这一切引起了《世纪》杂志的追问："还有多少位身居高位的人民代表必须在错误的新闻自由观念下牺牲！"

与此同时，《哈佛法律评论》发表了一篇题为"公共讨论的自由"的文章，探讨了"法律在讨论公共利益问题时允许的自由的性质和范围"。然而，没有人关注这篇文章，它几乎默默无闻。

随着1910年的结束，有消息称沃伦家族的信托纠纷已经达成了和解。《波士顿环球报》报道称："和解的具体条款是保密的，"该报解释说，在法院的档案中，唯一相关的文件是一份显示双方已同意撤诉的文件。显然，是布兰代斯提出要将这一切封存起来。

这意味着山姆·沃伦在那一刻实现了他对家庭隐私的愿望，即使在引起公众关注和兴趣的事件中也是如此。直到很久以后，才有人发现奈德确实从公司收到了一笔可观的款项，这也是他同意撤诉的原因。当伍德罗·威尔逊提名路易斯·布兰代斯为美国最高法院法官时，这一切变得尤为重要。

与此同时，隐私权的火苗继续燃烧。然后，一位著名的无畏记者给火苗浇上了更多的油，令人惊讶的是，隐私作为一项合法权利的火焰越来越旺盛，最终导致法院开始信任并更多地支持新闻业。

第二篇

媒体的崛起

第八章
不一样的火

1907年3月一个周日的凌晨，当著名记者厄普顿·辛克莱在新泽西恩格尔伍德为作家和知识分子创立的聚集地赫利孔厅里熟睡时，一声爆炸声把他惊醒了。前一年辛克莱出版了《丛林》（*The Jungle*）一书，揭露了芝加哥肉类加工行业令人作呕的真相，促使政府制定了更严格的食品安全标准，并使他家喻户晓。辛克莱告诉记者，这次爆炸肯定是敌人所为。

那场爆炸和之后的火灾对于美国的隐私权的发展是有益的。你可以这样设想，山姆·沃伦和路易斯·布兰代斯作为律师通过法律从外部揭露令人震惊的新闻报道以对抗，但辛克莱从内部进行抨击，作为一个记者，他以新闻伦理的角度，通过自己的新闻实践，对媒体批评进行了有力的抨击，这样的抨击力度，使得以文雅著称的戈德金感到震惊。

辛克莱被认为是美国最早的调查性记者之一，一个勤奋努力，随时准备揭发错误的记者，他的工作方式以及他的工作态度，得到了泰迪·罗斯福称其"扒粪者"的难忘绰号。但是，这个故事并非我们所知的那么简单。在1906年的演讲中，罗斯福并没有对"扒粪"新闻表示赞美，相反，他根据《隐私权》的言语对新闻界进行了批评。他说，新闻界"对人格的粗暴和鲁莽的攻击"引发了"一种病态和恶毒的公众情绪"，"歇斯底里的耸人听闻"是"为持久正义而斗争的最糟糕的武器"。他谴责那些"邪恶""卑鄙和贬低"的出版物，它们构成了一种"不分青红皂白地攻击人格的流行病"。他认为，这些扒粪者就是这种类型的人，他们"其视野（是）固定在肉体上的"，他们不断地扒粪，扒"地面上的污物"。

然而，调查性记者却将"扒粪者"的名头作为一种荣誉的象征。

然而，在《丛林》中，辛克莱的卧底工作并未立刻赢得其他记者的认同，这亦有其原因。早在1902年，当以作家身份起步之时，他便犯下了一个错误，他瞒骗了所有美国报纸，使他们深信他实际书写的一本书中的作者其实是另一位年轻诗人。在完成最后的手稿寄送给出版商后，这位诗人旋即自杀。辛克莱的秘书提前向《纽约时报》发送了一份虚假的讣告，这为《阿瑟·斯特林的日记》的出版奠定了基础，《纽约时报》在无意中刊登了这份讣告："斯特林，于哈德逊河自尽的天才诗人，年仅22岁。理查德·T和格雷斯·斯特林的独生子，芝加哥的报纸请求复印。"

"记者们对此深信不疑，"辛克莱自夸道，尽管他忘记注明了名字，"并发表了许多关于这位不幸青年传记的细节。"此人并非真实存在，原因在于一位被称为"S"的人士在杂志序言中向记者们提供了这位命运坎坷的诗人的简短传记：斯特林曾作为一个孤独的流浪者生活在贫困之中，他的作品曾多次遭到出版商的拒绝。他最终在哈德逊河中用一个沉重的哑铃和一根结实的绳子结束了自己的生命，才实现了他的出版梦想。"这一点的真实性，"《波士顿日报》中的编辑写道，"是它不可否认的品质之一。"

辛克莱认为这是一种无害的骗局，是他出于"引起轰动"的期望而开的玩笑，但受骗的记者和编辑们却深受打击。马萨诸塞州斯普林菲尔德的共和党人写道："伪造传记这一行为太过分了，把一本书作为它并不属于的东西出售，已经超越了玩笑的界限。"这种情绪在新闻编辑室中蔓延开来，随着骗局的扩散，"许多受骗的编辑纷纷谴责"。他们谴责厄普顿·辛克莱既是一个平庸的作家，又是一个狂妄自大的人。

在辛克莱为《科利尔》杂志和《丛林》杂志调查和撰写肉类加工文章后，他在读者中提升了新闻可信度，尽管大多数人可能已经忘记了与亚瑟·斯特林的争议。然而，其他记者并没有忘记，考虑到辛克莱过往的问题，他所揭露的关于香肠制作的令人反感的信息，让行业内很多人对其真实性表示怀疑。记者乔治·塞尔德斯开始他的一句话说："厄普顿·辛克莱，不是一个记者。"抨击辛克莱在判断和批评方面的错误。

辛克莱在后维多利亚时代有许多持怀疑态度的人。这位公开的社会主义者在恩格尔伍德建立了一个"家庭聚集地",与布朗克斯区隔着哈德逊河。他声称自己收入有限,有一个小家庭和一个小农场,但他希望"自在地把注意力转向智性上的追求"。通过分担照顾孩子、洗碗、做饭和种地等家务事,他抱怨道:"有几个月我做了所有的家务,做饭和洗碗,还要照顾孩子和生病的妻子。"他认为其他人可以与他一起思考重要问题、从事重要事业。但该聚集地只对白人开放。

辛克莱对于需要与他人分享个人信息和"私事"感到遗憾,但他认为这将有助于殖民地的发展。这个计划似乎取得了成功。几周内,当地邮局报告称寄给辛克莱的信件数量相当于寄给格罗弗·克利夫兰的数量,而当时克利夫兰已经在普林斯顿退休了。

与此同时,一些图书馆开始禁止上架《丛林》一书,因为该书普遍引起反感。辛克莱报告称他开始收到死亡威胁。

辛克莱所命名的赫利孔厅于1906年底开始运营,那年《丛林》以书籍形式出版。外界对此非常感兴趣,因为有传闻称这个聚集地是一个"自由的爱巢",辛克莱将其视为一个社会主义实验,并在那里留下几个情妇。为了调查这些传闻,一些被辛克莱称为"阴沟记者"的调查记者和插图画家,以各种伪装和借口进入庄园,窥探成员的私生活,只是为了为报纸撰写滑稽的稿子。辛克莱说:"他们以此来描绘我们",并指责他们在传闻中使用了易懂的暗示，而不是直接的控诉。

"我们希望的是能够独自待在一起。"他告诉《纽约时报》。1907年赫利孔厅发生的爆炸造成一人死亡，数人受伤。辛克莱认为这是纵火，但事实证明是天然气泄漏。官员后来责备辛克莱没有在这个实际上等同于旅馆的地方设置适当的防火逃生设施。与此同时，更多的谣言在流传，调查人员用"暗示性的问题"盘问辛克莱，不仅关于公共生活的"隐秘"，还关于社区内部有人可能对这次爆炸负责的传言。

这并不仅仅是一个理论问题。成员们表示，在火灾发生前不久，他们曾将辛克莱从领导职位上调离，因为他们担心即将发生的财务危机，聚集地陷入"无望的债务"。还有更多线索：在爆炸的前一天，赫利孔厅被一位未获得报酬的工人起诉并索赔1,000美元。在经济方面，火灾似乎起到了某种帮助作用：赫利孔厅有26,000美元的抵押贷款，但有40,000美元的保险。辛克莱抱怨说，这些只是间接的证据，但这些暗示很快出现在了"全国黄色报纸的头版"。

不久后，保险金偿还了所有人，有关这场火灾的报道也从头条消失了。但这并没有让厄普顿·辛克莱的处境变得更轻松。由于《丛林》让他声名鹊起，调查的目标变成了调查人员本身，赫斯特旗下及其他耸人听闻的报纸开始刊登此前也曾惹恼山姆·沃伦等人的那类故事：厄普顿通常早餐吃什么（一杯冷水，不加冰，六个生杏子）以及他是否化装成仆人进入了范德比尔特宅邸突破者号进行卧底调查（他说没有）。与此同时，知情的秘书和售票员窃窃私语，说厄普顿的妻子梅塔·辛克莱在大火后出现了神经衰弱。在传出婚姻困难也可能是问题的流言后，厄普顿·辛克莱对记者说："我要说的是，我们之间一直有着天衣无缝的爱情，将来也会一直如此。"他说，但在这件事上"公众只有权利知道这些"。

最大的爆炸性新闻将在四年后出现：梅塔对厄普顿自恋的不满，她和来自堪萨斯州的"流浪诗人"哈里·坎普在一起了，她承认坎普不是她追求完美伴侣的第一次尝试。厄普顿·辛克莱对此回应说他要离婚。后来这对夫妇和那位诗人召开记者会，详谈了整个事件。厄普顿看来本来就不相信婚姻，新情侣表示他们永远也不会结婚。这就好像19世纪90年代那些支持婚姻的报纸所担心的勾结正发生在记者眼皮底下。

因此，对这段奇特关系的额外调查——梅塔和厄普顿；梅塔和厄普顿以及哈里——产生了以下标题：

- 辛克莱极其怪异的岳父说：富勒先生认为如果作者多吃点肉，他就会成为伟大的人［梅塔的父亲："一天晚上……（辛克莱）嚼了20分钟的西梅。"］；
- 辛克莱继续战斗（流浪汉诗人坎普："我现在意识到，我是山羊，被抓住了，在这里等着。"）；
- 辛克莱让我娶他的妻子（流浪汉诗人坎普："他鼓励

我关注辛克莱夫人。")；

- 坎普陷入了爱情（厄普顿宣扬自由爱情，而梅塔对这种特殊类型的关系很不满意。)。

在离婚案的审理过程中，出现了数以百计的故事：没有，两人之间没有订立离婚的协议；没有，梅塔·辛克莱并没有在密西西比州与玛丽·克雷格·金布罗度过大量时间，后者很快就成为厄普顿·辛克莱的第二任妻子；是的，梅塔·辛克莱只是想要"尽可能迅速和安静地解决与辛克莱先生的离婚事务"。

厄普顿试图让离婚案保密，但未能成功。他希望他所说的很多话不会被传出去，而梅塔则恳求记者们不要再报道了。"这与其他人无关，你明白吗，"她告诉他们，"说得很明白，我对自己的宣传和恶名已经感到厌倦。"她恳请他们不要再增加她的尴尬。

最终，离婚一完成，厄普顿·辛克莱离开了美国去了荷兰。他告诉记者，他对他的婚姻问题在他的出生国家中引起的流言蜚语和好奇心感到厌倦。他说，那些"新闻界的豺狼们"高兴地大喊大叫，尽管"法律保护（他）的隐私权"，但他们把他已经过去的爱情关系的尸体挖了出来，公开他家庭不幸的"可耻细节"，"所有关于（他）在哪里睡觉、（他）的妻子在哪里睡觉，以及（他）看到（她）做什么的私密细节"。

这种对新闻界的挫败感从赫利孔音乐厅开始，并一直延续到了荷兰，这导致了厄普顿·辛克莱的另一项宣言。该宣言名为《黄铜支票：美国新闻业的研究》，它不仅揭示了香肠制作的过程，也有助于在这个行业中实现深远而持久的变革。辛克莱虽然不像沃伦和布兰代斯那样了解法律，但他了解新闻业，并有能力点燃隐私保护的火焰。

厄普顿·辛克莱肯定不会承认这一点，但《黄铜支票》中表达的他对道德的主要诉求，以及他试图让新闻业承认个人隐私的尝试，部分反映了他在为杂志写作时的经验。在戈德金等编辑的推动下，高雅的期刊出版商们在道德和实际上对令人尴尬但有趣的真实信息进行了限制，即使在报纸明显耸人听闻的时候也是如此。

例如，在麦克卢尔出版社，丑闻揭发者艾达·塔贝尔正在努力压制伊迪丝·惠里写的一篇文章。当时，她也是一位同样著名的作家，因为她撰写了一篇关于标准石油公司令人不安的做法的惊人调查文章。惠里带着《麦克卢尔的耻辱，信件和原始文件插图》来到了麦克卢尔出版社，这是一部揭露出版商幽会的作品，至少有一位在任者参与，并希望在麦克卢尔自己的杂志上发表。然而，关于麦克卢尔的婚外情的揭露从未发生过，部分原因是塔贝尔的干预（麦克卢尔不仅是她的老板，也是她的朋友），很可能还得益于花花公子资助的打压行动。

在那个时候，塔贝尔还试图邀请卸任的总统克利夫兰为麦克卢尔出版社撰写一系列自传。计划是让克利夫兰撰写他的生活回忆录，而她将担任他的编辑顾问。然而，这位前总统一直拒绝该邀约。克利夫兰写道："这个项目要求我在公众面前展示自己和我的所作所为，我不知道我怎么能做到这一点。"尽管如此，克利夫兰对塔贝尔足够信任，建议她在夏天来拜访克利夫兰夫妇，为了"塔贝尔·克利夫兰的事业"，把一些事情写下来。他对她说："我常常觉得没有人能像你这样帮助我。"

很可能是真的，因为此时塔贝尔与弗朗西斯·克利夫兰成为相当亲密的朋友，他们至少一起在纽约市进行了一次会面，一起看歌剧、共进晚餐和在塔贝尔的公寓过夜。克利夫兰夫人多次邀请塔贝尔与普林斯顿的夫妇共进晚餐，享受"舒适的时光"。谁知道伊达·塔贝尔对克利夫兰夫妇了解多少，并出于友谊或道德的原因将其保守在内。格罗弗·克利夫兰曾写信给她说："不知何故，我有一种想法，你很了解我。"实际上，她可能确实了解。无论如何，克利夫兰的回忆录——如果他将所有内容都写进去——肯定非常爆炸，但从未由麦克卢尔出版社出版。

许多年后，在克利夫兰去世很久之后，塔贝尔将她自己与克利夫兰有关的某些新闻互动的回忆整理在一起。然而，在此之前，她有一个与道德相关的重要问题要问克利夫兰夫人。"我能否得到您的允许，"1938年塔贝尔就已经去世30年的克利夫兰1907年写的信中的标记段落问道，"使用这些标记的段落？"当然，克利夫兰夫人回答说："我一直把你当作我真正的朋友之一"，而且"你的信让我觉得我这样做是正确的"。

几十年来，记者们一直被批评为与政治家过于亲近，为保护朋友而扭曲道德，出于隐私原因将许多人认为应该报道的事情进行保密。当政治家和新闻界之间的关系是一种私人关系时，如何在私人生活和新闻之间划出适当的界限是一个更加困难的挑战。

泰迪·罗斯福总统了解并充分利用了这种两难局面。他与报道他的大多数受人爱戴的记者早期达成了一项协议：只要他们保证不"违反信任或发表总统认为不应该发表的新闻"，他就会给他们提供前所未有的接触机会，并将"让他们了解"关键信息。这些引文来自《纽约太阳报》的一位前华盛顿记者，他在自传中透露了同样的内容，并补充说，罗斯福认为这是一个完全合理的君子协定。华盛顿的记者团似乎顺从地走过来，对发表罗斯福总统认为不合适的新闻犹豫不决。当约瑟夫·普利策的《世界报》偏离轨道，暗示巴拿马运河的购买似乎有猫腻时，罗斯福让普利策以刑事诽谤罪被起诉。后来，他起诉了一名暗示他是个酒鬼的记者，并取得了胜诉。

伍德罗·威尔逊总统——这位将提名路易斯·布兰代斯进入最高法院的总统——在让媒体保持沉默方面不像泰迪·罗斯福那样敏捷，但也很接近，涉及威尔逊的保密工作不仅仅是与健康有关（他在第二任期内中风致残，但有关报道并不完整）。到了1916年，对道德敏感的塔贝尔和其他几位著名的混混们一起离开了麦克卢尔杂志，该杂志变得更加丑闻不断，而威尔逊也准备竞选连任。于是就有了一部薄薄的非虚构作品，这部作品是根据关于威尔逊总统的丑闻传闻而写的，这个传闻在国内基本无法报道，只能在国外报道：威尔逊在婚姻期间有过恋情，他向那名女子承诺，一旦他生病的妻子去世，两人的关系就会正式化，后来他娶了另一个女人，他担心由此产生的违背婚约诉讼及其难堪的公众曝光。麦克卢尔的"那场帕金森事件"中的另一个女人被付清了三万美元，最终离开了。

这个女人在现实生活中的名字可能是玛丽·艾伦·赫尔伯特。

历史学家永远不会知道麦克卢尔虚构的关于威尔逊总统、他的第一任妻子艾伦、第二任妻子伊迪丝和他的女友玛丽的故事有多准确，因为当时不仅信息被压制，而且有人销毁了威尔逊写给玛丽的真实信件，在他担任总统并与他人结婚时，至少在精神上是一种爱。

威尔逊总统也"反感对家庭隐私的侵犯"。

厄普顿·辛克莱在一年多后从荷兰返回美国，他与媒体的纠葛以及海外记者对他的不同对待给了他灵感，这些记者尊重他的才华，对他没有怨恨。因此，他写了《黄铜支票》，攻击在美国侵犯他隐私的人，以及通过侵犯他人生活来喂养贪婪的读者和日益增长的钱袋子的人。他在1919年写道："有不止一种以人类弱点为食的寄生虫。"他描述了一种程序，在这种程序中，人们用钱换取铜质代币，然后在妓院使用，有不止一种卖淫行为可以用铜质支票来象征，这就是新闻业。

他认为，当时的新闻业过于沉迷于困扰罗斯福的那种泥潭上：耸人听闻的报道是"美国特有的程序"，是美国的报纸通过刊登"关于（他们）私生活的丑闻"，使著名和不太著名的人都成为"公共稻草人"的一种方式。辛克莱写道，即使记者们在"对私人事务的恶意侵犯"中没有明确的语言，人们只需读懂字里行间的内容，就能知道故事背后具体的人是谁以及个人信息。

他说，他知道，因为他经历过这种情况。掠夺性的新闻报道使他成为一只猴子，并使其他人走向毁灭和自杀。许多揭露个人缺陷的故事都是由电报局和其他地方的线人引发的，他们会把自己的所见所闻报告给八卦记者，而这种关系都是报道的经济学的一部分。

厄普顿·辛克莱写了400多页，讲述了像他这样的人在新闻业手中遭受的隐私侵犯和其他不公正待遇。他敦促记者们团结起来，制定他们自己的标准，他们自己的"道德准则"，其核心是对公众的责任感。"斩断老虎的利爪"一章建议，需要加强法律在保护人们的隐私上的作用和地位，并将新闻业的行为提升到更高的水平。

记者们对《黄铜支票》的反应和他的预期相同。辛克莱早先抱怨说，他无法从仍对他的《亚瑟·斯特林日记》时期记恨在心的报纸那里获得喘息的机会，记者也不把他的名字放在伟大作家的名单上，尽管其他许多人的名字都在那上面。辛克莱说，纽约的"主要报纸"拒绝发表他的文章，甚至是他的名字，美联社除非是被认为"可耻"的事，否则也拒绝报道他。

《黄铜支票》让他备受羞辱。只有少数报纸发表了评论，而那些发表评论的报纸大多以嘲讽的方式对待《纽约时报》是拒绝刊登该书广告的报纸之一，但它确实详细报道了纽约大学新闻系主任、《美国新闻史》（*History of American Journalism*）的作者詹姆斯·梅尔文·李博士对该书的谈话（辛克莱、塔贝尔和W.卡尔文·切斯都没有进入《美国新闻史》）。李首先提出，由于阿瑟·斯特林的骗局，不应该相信厄普顿·辛克莱。然后，他否定了辛克莱的几项说法，并最终"对某些媒体的准确性和公平性发表了一般性的赞扬"。

作为回应，辛克莱出版了一本名为《时代的罪行》（*The Crimes of the "Times"*）的小册子，暗示李的新闻伦理训练来自理发店的周刊。来回交锋，辛克莱抨击李和《纽约时报》，《纽约时报》和李则抨击辛克莱。情况变得如此糟糕，派系势力如此强大，以至于哥伦比亚大学新闻学院的院长在那一年告诉他的学生不要效仿厄普顿·辛克莱。

但是，尽管存在许多分歧，甚至有许多仇恨，但《黄铜支票》中的一些内容最终还是与已经建立专业立足点的新闻业产生了共鸣。厄普顿·辛克莱最终会这样说："我知道我们仍然有许多糟糕的和偏见的报纸，但许多报纸已经比以前好了。我认为《黄铜支票》帮助实现了这种改善。"甚至《纽约时报》和乔治·塞尔德斯也会改变立场。通过辛克莱在《黄铜支票》中的工作，记者塞尔德斯在《泰晤士报》的一篇社论中承认，厄普顿·辛克莱最终"影响了一代记者"，通过个人经历向他们揭示了新闻业存在的问题。

1920年，备受尊敬的《新共和国》创始人沃尔特·李普曼（Walter Lippmann）出版了一本名为《自由与新闻》（*Liberty and the News*）的小书，推动了道德信条的进一步发展。李普曼警告说："目前西方民主面临的危机，就是新闻业的危机。"黄色报刊的出版商通过"窥探钥匙孔和侵犯无助男女的隐私"，获得了令人不安的权力。

李普曼写道，情况非常糟糕，下一代必定会"将出版业置于更严格的社会控制之下"。他问道，是否有可能建立一个"荣誉法庭"，用"更高的法律"来纠正隐私侵犯的错误，帮助报纸出版时执行类似于公平和优雅的标准，以保护人们及其私人生活？

他表示怀疑这种事情是否会发生，尽管法院越来越多地提及隐私权的名称，但它已经开始出现了。

在20世纪头十年到40年代的一系列重叠事件中，涉及一位别有用心的纸箱公司的高管、一位蔑视最高法院法官的新闻工作者、一个持绝对主义观点的早期色情出版商以及一位总统带着私生子的案例中，法院和新闻业都更加充分地接受了沃尔特·李普曼以及山姆·沃伦和路易斯·布兰代斯所设想的那种隐私。

就隐私权而言，厄普顿·辛克莱在伦理觉醒方面最具反讽意味的地方在于，它来得还不够早，未能保护沃伦家族的一员，即山姆的兄弟菲斯克。如果你曾参观过波士顿艺术博物馆，可能会在那里看到约翰·辛格·萨金特绘制的一幅巨大肖像画，画着一位可爱的女士和她的女儿，穿着不同深浅的粉红色服装。萨金特于1903年绘制了菲斯克·沃伦夫人（格雷琴·奥斯古德）和她的女儿瑞秋。在被收购之后，博物馆高兴地指出其与沃伦家族的长期联系："菲斯克·沃伦的兄弟山姆·D.沃伦和爱德华·佩里·沃伦是美术馆的重要收藏家和赞助人。"

1914年，厄普顿·辛克莱出版了一本关于富人的小说，当时他称之为《西尔维娅的婚姻》。他将其描述为"一个南方女孩嫁给一个富有的波士顿人和哈佛毕业生的故事，并生下一个因梅毒而失明的孩子"。有人认为《西尔维娅的婚姻》是一部关于婚姻生活的"非常人性化和令人信服的故事"，这是一部令人震惊的作品，以准确、真实的方式探讨了性问题，是最早探讨这一微妙主题的作品之一。

当时，梅毒或其他类似的性传播感染并不是人们愿意谈论的话题，看看1914年《辛辛那提询问报》的版面就能了解。"男士们!"豪威尔医生诊所的广告宣称。"商人、上班族和工人阶级的各个阶层都来找我治疗。你为什么不来呢?"豪威尔博士的专长是血液疾病、前列腺疾病、痔疮和其他肛门疾病等疾病。但是他的一些专长太过敏感,不宜公开提及。"如果你遇到私人或特殊性质的问题,"广告的另一部分写道,"你可以来到我的诊所,拥有完美的隐私。它们位于一个繁忙的商业区,有两个公共入口、电梯和楼梯。这意味着你可以获得其他地方无法提供的真正的隐私权利。"

在那个时代,这样的事情确实令人感到羞愧。

辛克莱后来透露,在《西尔维娅的婚姻》中,他刻画了道格拉斯·范·图伊尔这个令人震惊的冷酷哈佛男人的形象,他经常光顾妓院,并将淋病带回家给妻子和孩子。这个角色的原型是沃伦家族中最年轻的菲斯克。虽然我们不知道这些描述有多么准确,尤其是考虑到辛克莱在亚瑟·斯特林事件中试图误导的事实,但这本书至少与沃伦家族的隐私问题有很大的相似之处:在被发现之后,小说中的角色对自己的个人生活以及报纸可能知道和可能报道的事情感到担忧。小说中的妓女习惯与朋友一起阅读社会专栏,并与他们解读她所知道的微妙暗示和隐蔽丑闻,因此这种担忧似乎是完全合理的。

沃尔特·李普曼曾在哈佛读书,他阅读了辛克莱对哈佛教育出身的超级富豪的尖刻描绘,并告诉厄普顿·辛克莱这样的人不存在,但辛克莱更了解实际情况。辛克莱后来写道:"李普曼的批评让我感到尴尬，如果我不知道某些事实，我可能会更加尴尬，不幸的是，我不能随意透露这些事实。"辛克莱的前秘书被菲斯克·沃伦雇用了，厄普顿和他的新妻子与菲斯克和他的妻子格雷琴成为朋友，所以他们显然知道一些事情。无论这些信息是否准确，辛克莱在自传中留下了令读者们容易理解的暗示。

可怜的菲斯克·沃伦肯定不知道自己竟成了《西尔维娅的婚姻》中那个虚构的恶棍。我们之所以知道这一点，是因为尽管战时纸张短缺，乐于助人的菲斯克（现在已成为厄普顿·辛克莱的"老朋友"）同意为山姆·D.沃伦公司供应纸张，以便辛克莱能够自行出版《黄铜支票》。从那以后，这本书帮助推动新闻行业形成了强大而统一的国家道德准则，保护了隐私。

第九章
法律胜出

你可能想知道，如果一个作者在出版作品对现实生活中的某个人患有淋病等性传播疾病含沙射影，会有什么后果？如果这个现实生活中的人想要起诉作者，法律对此又有何看法？

答案取决于这个现实生活中的人，无论是否点名道姓，无论是否声称是虚构的，如何回答一个关键问题，即与律师初步协商时提出的：关于性传播感染的信息是真实还是虚假？

这个问题揭示了法律如何以令人惊讶的方式开始承认隐私权，不仅作为一项权利，也作为一个概念的起点。这种承认发生在新闻道德日益正式化的同时，也在国家法院越来越正式地对隐私权发起回应。

首先，一个来自道格拉斯·范图维在厄普顿·辛克莱的《西尔维亚的婚姻》中遭遇麻烦的简短背景介绍。今天，如果一位作者发表这样一部作品，并且如果可识别出的真实生活中的人（化名无关紧要）回应说关于淋病的信息是错误的，那么这个真实生活中的人可以以诽谤罪进行起诉。即使在今天，在最基本的法律层面上，暂且不提包括我们在这类事项上更开放的态度以及在某些条件下保护出版商的"实际恶意"标准等多种现代细微差别，如果某人说另一个人有性传播疾病而事实并非如此，这可以支持一个足以成立的诽谤案。

长期以来，法律一直如此对待此类披露；回想一下，最高法院提到的那个据说有"癣"的男子，他的诽谤索赔获得成功。因此，在19世纪中叶，当一个佐治亚州的无名小卒当着其他人的面告诉另一个男人，他是"一个嫖娼的人"，"两三年来一直有着恶劣的嫖娼行为"时，原告也赢得了诽谤案。法院写道："被告因原告的疾病受到指责，这种情况不会有人不明白，'肯定会把他排除在所有良好的社会之外'。"

诽谤的全部意义在于承认这种错误信息（或谎言）所造成的长期伤害，以及个人在社会中的合法恢复。通常情况下，原告需要提供一些关于名誉受损的证据，但在这种情况下不需要。在20世纪30年代，第一部《侵权法重述》（*Restatement of the Law of Torts*）问世，这本权威的、具有强大影响力的百科全书式法律书籍以一种连贯的方式重述了普通法，为法官提供指导，以便他们能够在整个美国"以一致、合理、可预测的方式作出判决"。该书坚持认为，指控某人"目前存在性病或其他令人厌恶的传染性疾病"对名誉造成了巨大的伤害，因此可以假定为损害，无需进一步证明。有关某人患淋病的陈述是明显的、可怕的、肯定会损害名誉的坏事。

侵犯隐私涉及披露信息，在某些情况下甚至可能导致个人被排除在社会之外。与现代的诽谤不同的是，侵犯隐私必然涉及真实信息的披露。这也是沃伦和布兰代斯所主张的观点。在沃伦和布兰代斯发表相关文章之前，早期的法院已经认定真实指控涉及"令人厌恶的疾病"本身就具有排他性：这类指控如此丑恶、令人反感，以至于真相无法成为辩护的理由，因为仅仅提及这种疾病就已经违反了说话者的"社会和相对责任"。这类疾病正是早期法院所惩罚的不可提及的"私人恶习"，"男人的罪行、过失或缺点"，妇女也享有同等的保护。正如奥利弗·温德尔·霍姆斯在他的《肯特的美国法律评论》中所指出的，即使提到已婚妇女得了水痘，也可以构成诽谤罪。

如今，法律将这种侵犯隐私行为称为"公布私人事实"或"公开私人生活"，并以一种可能被称为"荣誉法庭"的方式融入美国普通法。威廉·普罗瑟等学界领袖在1960年发表了对隐私的法律评论文章，为巩固对侵权行为的接受作出了重要贡献。当高客网发布了霍克·霍根的性爱录像带时，公开私人事实成为他提起诉讼的内容之一。

公开私密事实可能是沃伦和布兰代斯在他们的《哈佛法律评论》文章中最渴望的隐私侵权类型，但这不是法院和立法机构开始接受认可的第一种。还记得在《隐私权》文章中，对根据"低俗和堕落的想象"来处理女性面孔和身体形象的复制行为进行谴责的那句话吗？这句话似乎是为了帮助玛丽恩·马诺拉和弗朗西斯·福尔瑟姆·克利夫兰抵抗那些想要利用她们的名字、面孔以及更糟的事情的人。绕了一圈，这就是《隐私权》最初激发的那种基于侵权的隐私法。

在20世纪30年代，《侵权法重述》将隐私的定义放在首位，将公开私人事实放在了前面。根据该法规定，如果一个人不合理地严重干涉另一个人不被他人知晓的事务，就应承担侵犯隐私的责任。而如果一个人向公众展示他人的肖像，也应承担侵犯隐私的责任。

盗用隐私是涉及使用肖像的第二种隐私侵权行为，它使每个人都有权利对滥用其姓名或照片的行为提起诉讼，尤其是在广告中。尽管马诺拉夫人和克利夫兰夫人起到了一定的启示作用，但一个名叫艾比的年轻人才是真正帮助这种行为写入法律的人。

在20世纪初，罗切斯特折叠箱公司开始在纽约州罗切斯特制造纸板容器。它很快取得了成功，主要是因为它出口了数十万个带有英文字母的小烟盒到日本，以给当地的烟草增添异国情调。该公司的平版印刷部门与客户直接合作，提出了类似的营销方案。然而，正是这个部门让罗切斯特折叠箱公司陷入了头条新闻的困境。

就在厄普顿·辛克莱撰写《阿瑟·斯特林的日记》的时候，也就是《哈佛法律评论》发表《隐私权》文章的十年多之后，富兰克林·米尔斯面粉公司雇佣罗切斯特折叠箱公司制作一张海报，希望能吸引杂货店顾客购买他们品牌的面粉。他们决定使用一张平版印刷的海报，上面印有一位年轻女子的照片，并标注为"家庭面粉"。

事实上，这种文字游戏并不特别巧妙，因为以花和面粉的组合为广告的做法早已存在。例如，明科塔磨坊公司的一则广告展示了一位面带微笑、身材强壮的老年妇女，双手放在臀部，戴着欢快的德比帽，穿着长袖上衣和及地长裙，肩上背着一袋巨大的面粉。而且，"家庭的面粉"也是常见的表述方式。

但是，富兰克林·米尔斯面粉公司设计的广告给人一种不同的氛围。在这个广告里，这位女性看起来脆弱而年轻；她没有直接看向镜头，而是似乎专注于远处的某个事物；她没有穿着适合当时的体面衣服，而是穿着浅色上衣，松紧褶皱滑落下来，露出锁骨，也许还有一点点露肌肤。广告上还写着："家庭的面粉"，并将富兰克林·米尔斯面粉的盒子、桶和一小袋照片挤在一个角落里。

这个产品并不能像这位年轻女性那样吸引人的眼球。

她叫艾比·罗伯逊，时年17岁，那张肖像本意只为她的男友观瞻。（艾比后来暗示，那位所谓的男友，一位无名律师，参与了照片转交罗切斯特折叠纸盒公司的整个过程。"我当时没有意识到他们会拿它来做什么"，她会这么说。）她发现海报的方式和几十年前的马丽恩·马诺拉一样：她路过一家店，看见

152

自己在橱窗里。她后来才知道，罗切斯特折叠纸盒公司印制了25000张这样的海报，并散发到全国各地，大多数送到杂货店，但也有一些出现在仓库和酒吧里。

艾比表示她对自己的肖像被滥用感到"恶心"。由于她已被诊断出心脏衰竭，她愤怒的家人更想起诉罗切斯特折叠箱公司和购买该面粉的顾客。家庭的律师特别强调艾比的隐私受到了侵犯。

埃尔布里奇·亚当斯是一位30多岁的律师，也是罗切斯特折叠箱公司的创始人之一，该公司当时正准备成为美国第三大纸箱制造商。这意味着当艾比·罗伯逊提起侵犯隐私的诉讼时，亚当斯不仅拥有法律学位，还有足够的金钱来全力支持辩护。然而，他并没有这样做。亚当斯借鉴了路易斯·布兰代斯的《科德角居民》案件笔记，简单地辩称，无论《哈佛法律评论》是否有关于隐私的文章，法律并没有阻止他的公司从事他们所做的事情。他声称没有法律和法院的判决来保护艾比。（这并不完全准确；在1891年的一起案件中，纽约的一家法院支持莫雷尔·麦肯锡爵士对索登矿泉公司的索赔，因为该公司未经他的许可在每盒润喉糖上使用他的签名和名字。法院报告中提到，原告认为"被投诉的行为对合理的隐私权构成无端侵犯"，并引用了1890年12月《哈佛法律评论》关于隐私权的文章。）

广告中的那个少年在法庭上的表现与麦肯锡爵士的情况非常相似。法官写道："每个女性都有权隐藏自己的容貌，不让公众看到。"她的形象受到保护，是"家庭隐私"的自然延伸，是"家庭和个人幸福"的需要。

记者们急于强调他们在新闻编辑室所做的报道与完全在报纸大楼的另一部分进行的广告销售之间的差异，他们赞扬了这项裁决。一份行业出版物写道："未经授权传播漂亮女孩或知名男子的肖像，为了广告的目的，已经发展成为一种恶习，应该被制止。"

艾比上诉中级法院也赢了；那些法官引用了库利法官所说的独处的权利。法院写道，为广告中的照片争取隐私可能是一种新的策略，但"这项权利所依赖的原则并不新颖"，而且有"既定的原则"来支持它。

侦探相机爱好者们开始担心了。一家摄影杂志轻描淡写地建议说："应该注意，这一决定对所有摄影者来说都是有趣的。"

但最终，艾尔布里奇·亚当斯和他的折叠箱公司赢了；他在纽约的最高法院，即上诉法院，提出了同样的隐私权不是法律可诉权利的论点，1902年，那里的法官终于采纳了它。当然，首席法官阿尔顿·帕克为4比3结果的多数意见写道，隐私权曾在1890年的《哈佛法律评论》中"有吸引力"，但它最终是一个"接近荒谬"的想法。谁能说什么是侵犯，什么不是呢？最好的例子就在他们面前。帕克法官和他的同事们告诉艾比，"其他人会感谢这种赞美"，因为他们被发现自己竟可爱到可以在广告中展示自己的面容的程度，那么危害在哪里？

这意味着，在纽约州，隐私作为一种法律概念立刻就玩完了，而且这个决定很快就波及广告之外。例如，纽约一家法院裁定，一个因在牌局中诈骗罗斯林伯爵而被捕的人，当他要求警方将他的照片从所谓的流氓画廊，即他们的抢劫照片集中删除时，他没有任何理由。审理此案的法官说："他（欧文）试图阻止照片的公布，因为这侵犯了他的隐私权。"但上诉法院已经否定了隐私权在法律上存在的理论。

骗子会很高兴地知道，互联网时代已经使某些法院更加接受他们的论点。

帕克法官很快也会对整个隐私的概念更加认同。1904年，他在竞选美国总统时，为了扳倒泰迪·罗斯福而进行了一次不明智的尝试，之后他突然明白了这种权利的必要性：持续的"相机狂人"开始到处跟踪他，他的妻子不得不离开家，"以逃避偷偷摸摸的偷拍者不眠不休的监视"。报纸注意到帕克的转变。罗切斯特的一份报纸写道："诅咒和鸡并不是唯二会回家的东西。"此后，它发表了这首关于一个虚构的女孩的小曲，名叫莫德：

> 帕克法官，一路走来，
> 后来有一天被莫德叫住。
> 她对他说："我不喜欢

155

我的照片被挂在长堤上；

这样我就失去了我的好名声

丢尽了脸面。"

但当她用颤抖的语气问道

她是否有独处的权利，

法官说，他从未听过

一个如此荒谬的提议。

受艾比困境的启发，纽约几乎立即出台了与隐私相关的立法文件。纽约立法机构通过了一项法律，名为《禁止未经授权为商业目的使用任何人的姓名或肖像的法案》。此后，任何人的姓名、肖像或照片未经许可被用于广告，都可以起诉广告商，而且这种使用是一种犯罪。

你可能会认为隐私倡导者会对这段历史感到高兴，但纽约早期的法规对这种隐私权的承认几乎到此为止，而且从那一天起，纽约的主要隐私法并没有什么变化。沃伦和布兰代斯所游说的隐私类型——公布私人事实是对隐私的侵犯——在美国和其他地方几乎是普遍的，但在纽约实际上并不存在，在那里，隐私权传统上主要与商业用途结合在一起。

这就是为什么在2015年，纽约市的居民认为他们安全地栖息在玻璃窗的低层公寓楼里，摄影师在一年多的时间里用长焦镜头从街对面的大楼里近距离拍摄了他们和他们的孩子，而他们对之进行起诉中败诉。在这里，摄影师不知情的拍摄对象也惊讶地看到他们的图像出现在公众面前，这次是在一个名为"邻居"系列宣传的艺术画廊里出售。上诉审理此案的中级法院适用纽约的隐私法规，认为对原告的保护不大，因为摄影师是为了艺术而入侵，但它游说立法机构进行修改。

法院写道："不用说，正如这里令人不安的事实所表明的那样，在这个新的和更具侵略性的技术对隐私构成高度威胁的时代，我们呼吁立法机构重新审视这一重要问题，因为我们不得不适用现有的法律。"纽约的高等法院拒绝了上诉请求。

因此，从罗伯逊案发生时起，纽约就是一个异类。"隐私权，或者说个人独处的权利，是一项个人权利，"佐治亚州的一家法院在拒绝罗伯逊判决的早期写道，"部分内容归功于《隐私权》。"在有组织的社会中，每个人……都应尊重他人的权利和财产，这一原则是基本的和必不可少的，即使他们有自己的权利。其他州也很快加入了这一行列。

因此，普通法在许多地方开始围绕两种感觉凝聚起来：首先是存在隐私权，它建立在一直是美国法学的一部分的思想和价值观之上，而且这种权利肯定会在某种程度上削弱他人的自由，但鉴于隐私的重要性，这也是可以的。亚历山大·汉密尔顿在克罗斯威尔案中的论点——只要有充分的理由发表真相，就会受到保护——帮助奠定了基础，从那里开始，沃伦和布兰代斯关于保护不可侵犯的人格应被称为"隐私权"的论点逐渐深入人心。在信件、裸体、医疗状况和其他方面保护隐私的案例提供了某种意义上的非限制性话题。正如密歇根州法官托马斯·库利首先提出的那样，这都是关于让人独处的权利，而艾比的案子成为一种反弹的呼声。

同时，在学术界，哈佛大学法学院的著名教授和院长、布兰代斯的朋友罗斯科·庞德在1915年为隐私辩护，当时正值厄普顿·辛克莱编写《黄铜支票》的期间，他的重点也主要是针对新闻业的越轨行为。庞德写道，鉴于"记者为争取'独家新闻'而侵犯隐私，以及摄影师的活动"，法律需要更强有力地认可隐私权。他敦促更多法院将侵犯隐私权作为诉讼事由加以接受，因为一个人有理由要求"其私人私事不被公开昭示于天下，不受外人议论"，就像他所说的《科德角居民》案中发生的那样，并称赞那些早期原告的胜诉。

他写道，法院所需做的就仅仅是在涉及重要竞争利益时对这一权利加以限制，仿佛这种事情很简单似的。

在这个过程中的某个时刻，亚当斯总统世家的远房亲戚埃尔布里奇·亚当斯与帕克法官在隐私方面出现了同样的态度转折：罗切斯特折叠箱的创始人，那个认为他有权使用艾比·罗伯逊的闺房照为面粉做广告的人，突然开始论证支持隐私权。

也许这种转变是受到了对他的准岳父在亚当斯婚礼前夜因心脏病发作而死亡的耸人听闻的报道的启发：那是在酒店吃完

丰盛的晚餐后，那个男人"开始踉跄，躺在床上，仿佛完全疲惫不堪"，然后他就死了。或者他当时知道他的婚姻有问题，不想让他的婚外性行为的确切细节传出去。事实上，他最终辩称，在离婚听证会上，他有宪法规定的权利不回答与调情有关的问题，当时他已经说服法官封存了有关这对夫妇孩子监护权纠纷的所有文件。

但他突然拥抱隐私很可能是一件简单的事情。根据亚当斯自己的评估，世界上每个人都对罗伯逊对青少年艾比的裁决感到愤怒，而且整件事件很容易追溯到一个特定的公司，其客户远在日本，他们可以简单地把对盒子的需求带到其他地方。因此，亚当斯开始在杂志和法律评论中论证，法律需要改变，以"满足现代社会的一种（正在）变得不可容忍的条件"。请注意，这种不可容忍的状况不是广告，而是"新闻，甚至是所谓的文学，对隐私的侵犯"。他写道，法院应该简单地扩大诽谤法的范围，以抑制对他人越来越多的无视。他也支持将记者关进监狱——这是补救那些公布"家庭丑闻或离婚诉讼的所有淫秽细节"之辱的公平尝试。

你可以说，他在这里的说服方法甚至比他公司的营销计划还要好，因为他突然让人们重新关注约瑟夫·普利策和威廉·伦道夫·赫斯特这样的人，而忘记了罗切斯特折叠箱对艾比·罗伯逊的错误。此外，通过巧妙地使用被动语态，他经常不表明自己是该公司的律师。甚至布兰代斯也可能被愚弄了；

他把亚当斯一篇题为"隐私权及其与诽谤法的关系"的法律评论文章寄给了《哈佛法律评论》的学生和其他人，暗示亚当斯的文章将真实性诽谤与隐私联系起来，表明隐私权仍然是"一种重要的力量"，正在得到司法承认，并且"在许多人那里是一种非常有活力的权利"。

无论如何，在罗伯逊案作出有利于他的企业的最终裁决后的几个月内，埃尔布里奇·亚当斯已经成为如此强大的隐私倡导者，以至于他被邀请在波士顿举行的美国社会科学协会年会上就这一主题发言。路易斯·布兰代斯也在那里发表了一篇题为"贸易联盟的合并"的论文。几年后，他将加入国家最高法院。

在座的布兰代斯可能感到欣慰，亚当斯称赞《隐私权》是"最近的法律文献中最精彩的探索之一"。他并没有过多提及罗伯逊的决定，而是与沃伦和布兰代斯的文章一致地辩称，当时的新闻业导致了社会标准和道德的下降，贬低和扭曲了人们的理解，使人们的品味变得庸俗化，束缚了人们的思想和愿望。

在演讲的最后，亚当斯引用了美国最高法院的亨利·比林斯·布朗法官的话。他告诉大家，布朗法官曾在1900年的一次律师会议上发表讲话，他表示，尽管大家都非常关注各种丑闻，但要纠正报纸所犯下的罪恶是"不可能"的。

或许亚当斯并不知道，但布朗法官在相当长的一段时间内一直在思考新闻背景下的隐私权问题，主要是出于个人原因。

我们今天会想到这一点，因为他在1896年普莱西诉弗格森一案中扮演了臭名昭著的角色，他在该案中为法院写道，为不同种族提供单独的火车车厢是完全符合宪法的，但当时对普莱西的批评却出奇的少。

布朗法官在那次律师会议上所说的话比埃尔布里奇·亚当斯所记得的要温和一些。布朗法官建议说，"如果有任何立法试图限制报纸的过度许可，那是非常值得怀疑的"。

所以，从字里行间来看，或许普通法可以找到一种方法，也许它已经找到了。

不管是巧合还是有意，正是在布朗大法官于1890年就任的时候，隐私权开始在美国最高法院的判例中发挥更大的作用。回顾起来，在1891年处理一宗涉及一名妇女在铁路列车上受伤的侵权案时，大法官们这样写道："在普通法中，没有任何权利比每个人对自己的人身拥有和控制的权利更加神圣，或受到更为细致的保护。"随后，他们引用了库利大法官的话："对自己的人身权利可以说是一种完全不可侵犯的权利：保持个人独处。"

为了保护自己的隐私，尽管缺乏法律支持，布朗和他的法官同事们对与他们进行采访的记者采取了相当严格的限制措施：不允许在法庭内记笔记，禁止在法庭内画法官的素描，所有的书面文件都将被没收。

然而，这些努力在直接意义上并没有太大帮助。首先，这些年来，一系列关于法院及其裁决的令人震惊的信息被泄露给媒体；几个关键案件的判决结果在正式宣布之前几天就被报纸准确地报道了。记者们解释说，他们只需要一点酒精就能让大法官们吐露秘密。报纸还刊登了关于大法官的工资、他们赌博问题以及他们早衰的故事。他们甚至在一辆有轨电车上跟踪不知情的哈兰大法官，并报道了他在那里的谈话。哈兰告诉他的同伴："我只是希望能活得足够久，以看到南非合众国的建立。"

媒体对于路易斯·布兰代斯的前老板霍勒斯·格雷大法官也给予了高度关注。这位长期单身的大法官在布兰代斯担任他的书记员数年后晋升为美国最高法院的首席大法官，并在61岁时终于与一位法官的女儿订婚。报纸报道称这一消息成为"本季的轰动"，部分原因是格雷不仅对甜食着迷，而且对漂亮女孩有"明显的偏爱"，他曾早些时候表示选择一个人结婚将是困难的。他所购买的房子的窗户被精心设计，以防止光线和人们的窥视。事实证明，这并非为安妮·范·韦克滕（一个八卦专栏称她是格雷的女友，但更可能是格罗弗·克利夫兰的妹妹罗斯的女友）准备的，而是为了格雷大法官的未婚妻——也许是他的妹妹。

这个故事告诉我们，在世纪之交的时候，大法官的家庭成员也成为记者们关注的对象：有一位大法官的妻子明显有酗酒问题（她喜欢称之为"向巴克斯献酒"的酒），在一次晚宴上她摇摇晃晃地走路，最终倒在一位军官的怀里；还有一位大法官的孙女与已婚的"阿多尼斯情人"的恋情成为华盛顿的话题；另一位法官的女儿生病了，需要去宾夕法尼亚州的一个度假胜地接受治疗；还有一位法官的女儿在婚姻中遭遇了可悲的教训，因为她的新丈夫有酗酒的习惯，并且公然放纵。

即使有这么多公开的丑闻，布朗大法官与当时的媒体的关系也非常棘手。首先，他不幸成为底特律的一名联邦法官，而当时正值媒体开始大肆报道的年代。在1885年，即他加入最高法院的五年前，密歇根州的记者们得知他在半夜击毙了一名闯入他家的窃贼，这个故事引起了极大的兴趣。这个故事成为全国性的新闻，登上了轰动一时的头条。当窃贼手持枪支和灯笼逼近并索要珠宝和现金时，法官伸手到床边的坐便器上拿出一把左轮手枪，并开了几枪。窃贼还击并逃走的事实使得这个故事更加扣人心弦。

当警方抓获一名嫌疑人时，记者们当然希望采访这位备受瞩目的法律界受害者，纵使使出浑身解数也绝不放弃。《自由报》自己描述这一行动时报道称："昨晚十点四十五分，《自由报》的一名记者造访布朗法官的住所，在十分钟内猛烈地摁门铃，但没有得到任何回应。"

这起入室盗窃事件及其令人激动的新闻报道无疑是布朗法官开始对媒体不屑一顾的原因。在他即将被确认为最高法院法官的期间，记者们错误地报道他杀害了那个人，这对他没有任何帮助。随后，在布朗法官正式成为布朗大法官之后，媒体对其报道的事情变得更加私密。记者们开始报道他的视力下降的事实，显然他和妻子不能生育，曾经充满活力的妻子也神秘地变得萎靡不振。他们还准确报道了这位大法官在自己的母校耶鲁大学发表演讲时讲的一个糟糕笑话，内容涉及他的妻子："我觉得就像一个男人，在妻子的葬礼上被告知他必须和岳母一起去墓地。"布朗大法官说，那个男人如果必须这样做的话会去做，"但这会毁掉场合的一切乐趣"。

因此，在他访问耶鲁大学六年后，经过大量的新闻报道，布朗大法官在纽约州律师协会的年会上发表了一次不同寻常的演讲，显然埃尔布里奇·亚当斯也在场。这一次，他抨击了当时的新闻报道，要求保护隐私。现代评论家可能认为克拉伦斯·托马斯法官在谴责新闻界方面走得太远——"媒体经常追求'刺激而不是教育和宣传'"，这是托马斯法官在2019年的一份反对意见中写的，该意见还批评了新闻报道中"刑事审判的诉讼和重新审判"——但与布朗大法官所说的相比，托马斯法官的抱怨显得较为温和。

布朗在一场名为"新闻自由"的讲座中告诉在场的律师们，本世纪初报纸对隐私的侵犯已经成为美国一个真正的问题。有传言称，报纸派记者到华盛顿只是为了"诋毁某些人的形象"，他们监视住宅，从楼梯间偷听，以揭发国内丑闻，他们从电线上窃取信息来报道私人消息——所有这些都表明一种"令人遗憾的堕落"，使得美国的报纸与那些更高雅的英国和法国的报纸存在着令人不安的差别。

布朗法官表示，耸人听闻的美国日报在"攻击私人形象"方面特别残忍，因为毕竟"可能很少有人在他们生活的某个时期没有屈服于诱惑"，他们希望将这些不当的私生活事件进行保密，但却被不道德的报纸揭露出来。（事实证明，烟雾背后必定有火。布朗法官去世后，他的朋友和传记作者在传记中奇怪地引用了布朗的个人日记的挑逗性摘录，包括布朗法官在结婚时"强烈地爱上了"另一个人。他的传记作者还说，布朗法官非常欣赏年轻女性，他"从来不会对他遇到的漂亮女人不关注"。）

最后，布朗大法官在他的讲话中指出，卷入丑闻、耸人听闻的报纸——那些最容易侵犯个人形象并使用照片和插图来侵犯"个人隐私权"的报纸——通常是那些最为声称捍卫《第一修正案》新闻自由和发表自由权利的人。布朗大法官并不是唯一有这种感觉的大法官；如果你去寻找，你会发现在世纪之交的一些最高法院的意见中，都有布朗那种主张隐私权和谴责媒体的微妙表达。布朗法官本人在一个完全不相关的涉及水手工作合同的案件中写道，《第一修正案》并不像一些人认为的那样具有普遍意义："言论和新闻自由（第一条）不允许发表诽谤、诋毁或不雅的文章，或其他损害公共道德或个人声誉的出版物。"大法官们作为一个集体在1885年就已经承认了性关系中的隐私，指出了"婚姻关系的亲密性"，并在1886年接受了他们所谓的"生活的隐私"，包括以宪法所保护的个人家庭的神圣性和安全。

下级法庭很快也加入其中。大法官们在演讲和法庭意见中发表这些言论，以及对《隐私权》越来越多的赞誉，给了其他法官新的信心，使他们对侵犯隐私的媒体进行了严厉谴责：

- 是的，一位摄影师发布了一张死去的、赤裸的连体双胞胎的照片，他将承担侵犯父母隐私权的责任。肯塔基州高等法院写道："人类内心最温柔的情感都聚焦在死去孩子的尸体上。"

- 是的，《全国警察公报》因为其揭露一名女子在新泽西一家旅馆的明显通奸行为的报道，将承担法律责任。这个话题不是新闻问题，也不是公众普遍感兴趣的项目，而是"新闻界在无情地寻找耸人听闻的新闻和毫不留情地侵犯公众不关心的私人事务时所拥有的许可证"的一个例子。

- 是的，一个记者要为潜入陪审团房间并躲在窗帘后面以听取审议意见、做笔记，然后准确地发表他所听到的内容而负责。

- 是的，那些发表他人"极度喜爱"的私人信件的人也将承担责任。这种信件的性质"可能会给其内容盖上保密的印章"。

- 而且，是的，公职人员的私人生活也会得到类似的保护，因为"一个人如果担任公职，或者成为公职的候选人，一旦他向公众交出他的私人品格，这比要他交出他的私人财产更痛苦"。

1902年，奥利弗·温德尔·霍姆斯大法官加入美国最高法院，并在那里持续他对隐私权司法理论的关注兴趣。早期，他与布朗大法官一起发表意见，认为在菲律宾针对一家报纸的诽谤诉讼将成立，尽管该报纸使用的确切词语直接来自法庭证词，因此是准确的。然而，大法官们认为，在这里，法庭上的引文被转变成了耸人听闻的标题，而在菲律宾，只有当真相是出于良好的理由和合理的目的而发表时，才会受到保护。耸人听闻既不是好事也不是正当的。

1906年布朗大法官退休后，法院对此的兴趣并未减弱。那一年，霍姆斯大法官及其同事支持科罗拉多州对两家报纸的蔑视法庭判决，因为它们发表了某些文章和漫画，暗示科罗拉多州最高法院是一个政治机构。这些报纸非正式辩称"如果有一个部门比其他部门更应受公众新闻界的审视，那就是司法部门"，并正式辩称它应该受到宪法保护，因为它发表的是事实。

但是法院指出，这些报纸在这两个方面都是错误的。霍尔姆斯大法官代表大多数法官在判决中表示，新闻自由主要指的是为公众福祉所必需的信息，对违法行为的惩罚应适用于真实和虚假信息。为了支持这一观点，他引用了几十年前的布兰丁案判决，该案中法院对一家准确报道一名男子在酒吧中死于酒

167

精中毒的报纸予以惩罚。他引用了克罗斯威尔案中的汉密尔顿的观点，然后表示："没有什么社会状况比允许每个公民在公众面前毫不区分地指责其他每个人的行为更令人遗憾了……揭示个人的缺点、弱点、精神或人格上的缺陷，甚至承认这些指控都是真实的。"

1915年，即罗斯科·庞德和厄普顿·辛克莱对媒体过度剥削行为感到失望的那一年，霍姆斯大法官同意了最高法院其他成员的观点，认为将《互助周刊》的新闻短片置于俄亥俄州电影审查委员会的审查之下是完全符合宪法的。新闻短片是一种"公开制造或宣布某些东西的手段，否则这些东西可能是私人的或不为人知的"，因此它们仅仅是对事件、思想和情感的表述，还具有真正的邪恶力量。

尽管最高法院的这些案例可能并没有直接涉及隐私权这个短语，但它们帮助人们认识到，在一个同样重视新闻自由的社会中，对真相公布的限制是可以存在的。这或许并非巧合，因为这个时期正值第一次世界大战的激烈进行，联邦政府在海报和其他渠道上集体敦促公民"不要成为传播敌对谣言的工具，不要通过传播他们热衷于播种的恶意，给美国的父母带来焦虑和悲伤"。

值得记住的是，路易斯·布兰代斯将于1916年加入法院，两年后，大法官们认为托莱多的报纸对于游说托莱多有轨电车系统的一起未决法庭案件的特定结果负有责任。他们认为，新闻自由是一项与其他权利一样重要的权利，因此应受到将权利与非法行为分开的限制。

确实，霍姆斯大法官和布兰代斯大法官在该案中持不同意见，但他们写的反对意见书只有五段，主要基于有争议的特定法规的措辞。毕竟，他们如同其他同事一样重视生活中的私密。

第十章
霍姆斯和布兰代斯与（受监管的）思想市场

围绕着奥利弗·温德尔·霍姆斯大法官和路易斯·登比兹·布兰代斯大法官这对最高法院的组合，伴随着某种神秘感。他们是《第一修正案》的传奇人物，为当今美国的言论自由奠定了坚实的宪法保护基础。

对于《第一修正案》中的"思想市场"概念，我们要感谢霍姆斯和布兰代斯，他们在1919年的艾布拉姆斯诉美国案中提出了强有力的言论保护措施。两人一直坚持到1931年的尼尔诉明尼苏达案，该案承认了新闻的力量，并谴责了事先的限制。

然而，在霍姆斯和布兰代斯对《第一修正案》受益之处的赞美中，常常有一些被忽视的内容：两位大法官对隐私问题持续深切关注。即使在最支持《第一修正案》的案件中，这种关注也存在。

首先，我们来看看他们对个人生活隐私的强烈意识。

与布兰代斯大法官这一位备受瞩目的后辈相比，霍姆斯大法官比他年长15岁，他曾敦促他的笔友们（他有很多笔友）保护他们信件的私密性，并在信件上进行标记。这并非没有原因。他使用最高法院的信纸给朋友们写信（尽管他的同事们强烈反对），其中包括给小说家克拉拉·舍伍德·罗林斯的信件，她比他年轻33岁。他"非常渴望"见到她，"非常喜欢"她的信件，是否能再给他寄一封更加亲密而不带娇嗔的信呢？（一些朋友在回忆录中称霍姆斯大法官是彻头彻尾的"好色之徒"，听起来似乎有几分道理。）

他还告诉笔友们，由于许多人对"家庭隐私的情感"，他非常理解保密在他们自己的信件中的重要性，并承诺不会向任何人透露"任何与隐私有关的信息"。为此，他曾设法阻止发表他著名诗人父亲的一封信件。"非常感谢你咨询我的意见，"他写信给《世纪》杂志，当编辑们计划出版时，他表示，"我非常遗憾地看到那封信被公开。显然，这封信并非是面向公众而书写的。"

范妮·霍姆斯对于保守事务的秘密也同样持有相同的观点。在给一位朋友的信中，霍姆斯提到他的妻子说："她不喜欢别人谈论或知道她的私事。"霍姆斯直接将他们家失去隐私的部分原因归咎于媒体。他认为报纸的动机似乎只是为了揭露公众眼中的男人"都是流氓"，他在法院工作了大约十年后表示，这暗示可能需要加强控制，以遏制当时新闻业中"记者不受控制"的"自由领域"。并开始担心他在法院偶遇的某些人——一个他描述为"意外出现在他办公室的陌生女人"——都是卧底记者。

难怪霍姆斯的传记作者不断指出他具有"强烈的隐私意识"。

对于霍姆斯来说，个人生活和职业之间的相互影响是明确的。在最高法院对一起批准政府扣押私人信件的案件作出裁决一个月后（霍姆斯和布兰代斯提出异议："原告的私人文件被偷了"，这种行为冲击了"普通人的尊严和公平竞争意识"。），霍姆斯写信给他的朋友哈罗德·拉斯基，要求拉斯基销毁他们的信件。霍姆斯写道："顺便说一句，我从未要求你烧掉我的信件。"但是，福尔摩斯希望他的信件的永久隐私能以这种方式或其他方式得到保障，因为他认为只有他想公开的关于他自己的东西才会被公开。（如果得知拉斯基不仅保留了这些信件，而且这封信和其他几百封信件已被出版成一套名为《霍姆斯与拉斯基之间的信件》的两卷书，时间跨度从1916年到1935年，霍姆斯一定会感到羞愧。奇怪的是，在书中，关于霍姆斯对信件中的隐私保护感兴趣的部分被省略号取代了。）

考虑到布兰代斯作为最知名法律评论文章的共同作者的历史，他对于隐私问题也有相同的感受，尽管他对当时的某些新闻业更有信心。他与《科利尔哈珀周刊》的编辑诺曼·哈普古德建立了深厚的友谊，哈普古德认为有道德的记者不应该揭露某些真相，包括"私人事实"。他批评了新闻界的不成文规定，即新闻业本身的新闻报道应该只宣传正面的内容，以免弄脏自己的"巢穴"。当然，布兰代斯最终完成了他多年承诺的文章，题为"宣传能做什么"，他提出阳光是最好的消毒剂，但他在文章中只主张投资银行家应该被迫向潜在投资者透露关键的财务信息；文章中没有涉及公众人物的私人启示。

在私下，布兰代斯继续着他对个人隐私的关注。他教导家庭成员保持私事的私密性，不要公开讨论，并告诫女儿们不要泄露特定的信件。他还销毁了大部分长期由秘书保管的信件。他对家庭问题的保密，包括妻子的抑郁症，可能是他希望保留家庭信息的一个重要原因。当然，他的传记作者和朋友们经常提到他对隐私的渴望。"隐私对他来说是非常重要的一件事"，他警觉地保护着自己的隐私领域。

难怪这些利益也被纳入霍姆斯和布兰代斯的判例中。

洛克纳诉纽约州案是一起著名的案件，乍看之下似乎与隐私无关。这起案件发生在1905年，最高法院做出了裁决，其中霍姆斯大法官撰写了一篇著名的反对意见，而当时的布兰代斯还是一名执业律师。洛克纳案涉及政府对企业的监管是否适当，约瑟夫·洛克纳是一位面包师，他要求雇员每天工作超过十小时，这违反了纽约州的法律规定。

法院的大多数法官支持洛克纳，认为纽约州有关工作时间的规定是违宪的。他们解释说，如果面包师和他的员工同意每周工作更长时间，那应该由员工通过合同来谈判，否则就会限制个人自由，这是宪法所承诺的。

但是霍姆斯在反对意见中认为，政府的一些监管是适当的。

他写道："本法院的多项决定已经解决了这个问题，州宪法和州法律可以在许多方面规范生活。"对霍姆斯来说，自由并不意味着无限制的权力，可以随心所欲地行事。相反，根据宪法，政府应该保护"我国人民的传统和我国法律所理解的基本原则"。他所指的不是原教旨主义，而是对宪法原则的当前理解，以及法律权利是如何通过社会规范长期发展的，"大多数人在法律中表达他们意见的权利"。

他批评法院的裁决是"基于大多数人不接受的经济理论"。几年后，布兰代斯加入了最高法院，经历了一次痛苦的确认过程，其中涉及对他在沃伦事件中的角色的重大调查。在听证会上，奈德·沃伦的律师声称布兰代斯设计了一个方案，将大量资金转给山姆·沃伦，而奈德只获得少量资金，尽管布兰代斯肯定认识到这种交易是不公平的。波士顿的律师们也参与了对此种做法的谴责，据说沃伦案"可能和其他任何一件事一样，引起了（司法提名）小组委员会的注意"。这一切也成为全美的头条新闻，导致布兰代斯表示他"更愿意独处"直到退休。有一种说法认为反犹太主义在这里肯定也起了作用，布兰代斯的提名即将失败。

后来，山姆的妹妹科内莉亚·沃伦给布兰代斯写了一封信，谴责这些攻击，并表示希望布兰代斯能够得到认可，因为国家可以从布兰代斯对公共利益的无私奉献中受益。为此，布兰代斯要求沃伦家族考虑给参议院司法委员会写封说明情况的信，

"应该……毫无疑问地澄清事实……在整个时期，不仅你，而且（所有人）都理解并赞成一切所作所为"，包括奈德对信托的"长期赞同"。布兰代斯特别关注的是，在听证会期间对他的攻击也是对山姆的攻击，而山姆确实是一位正直的人。

也许这封信最终传到了委员会，也可能没有，因为之后，布兰代斯花了几个月的时间才最终得到确认。

在这次确认之后，随着20世纪20年代的临近，法官们几乎立即就抽象的隐私权问题做出了几个决定，无论是著名的还是不太知名的案件中，霍姆斯和布兰代斯在大多数结果上都达成了一致。他们与其他法院成员一起写道，《第一修正案》对言论自由的保护"并不意味着可以在剧院中大声喧哗"，因为"每种行为的性质都取决于其环境"。他们解释说，"《第一修正案》……不可能是，也显然不可能是……为了给每种可能的言论使用提供豁免权"。他们还批评了报纸损害名誉的权力，并建议严格执行"不论一个人说什么，他都要承担风险"的古老原则，这一点非常重要。

所有这些导致了1919年艾布拉姆斯案的裁决，这是一起战时案件，涉及出版一份名为《革命者联合行动》的传单——"世界工人！觉醒！起来！打倒你的敌人和我的敌人！"而根据去年通过的一项法律规定，出版此类材料是犯罪。最高法院的大多数法官决定，鉴于出版商的言论旨在"在战争的最关键时刻激发不满情绪"，特别是弹药厂工人的罢工，《第一修正案》

并不保护他们。

然而，霍姆斯法官对此提出了异议，而布兰代斯法官则支持他的意见。他们写道，他们的宪法理论认为，"思想的自由贸易"是实现社会利益的最佳途径，"在市场竞争中接受思想的力量是对真理的最佳检验"。这种思想市场的观点可以在约翰·弥尔顿和约翰·斯图尔特·密尔的著作中找到。霍姆斯最近重新阅读了他们的作品，这是最高法院法官首次提出《第一修正案》的原则鼓励更多的言论和出版，以便人们可以从众多声音中找出真相。（值得一提的是，霍姆斯也读过威尔斯的作品，在前一年，威尔斯的小说中也有类似的表述："当琼离开海莫顿时，她来到了思想的市场。她开始阅读报纸。"）

这样的措辞听起来很宽泛，几乎表明他们支持随意言论和无顾忌地发表的权利，基于对《第一修正案》的赞美。然而，霍姆斯和布兰代斯的意图并非如此。首先，他们将他们的保护语言限定在对政府构成明显和现实危险的言论表达上。"当然，我所说的只是意见和劝告的表达，这就是这里所说的全部。"霍姆斯写道，他表示，在战争言论的背景下，对这种市场进行反击的早期案例的裁决都是正确的。

其次，正如霍姆斯在个人生活中坚持隐私的重要性一样，他不可能打算让羞辱性的事实在他的市场上找到容身之处。私人信息，例如他人的私人家信、裸体照片或高度个人化的医疗诊断，分享得越多，伤害也就越大。这样的信息无需额外的公开讨论和评估就能确定其真实性。

还记得洛克纳案吗？霍姆斯主张政府监管的重要性，尽管宪法对自由有着广泛的保护承诺。特别是当这种监管基于人民和法律传统所衍生的基本原则时，如在联邦诉布兰丁案中对"心灵或人格的缺陷、瑕疵、畸形"的保护，以及其他对医疗信息、性信息和裸体的保护，这些已成为社会和法律规范的一部分。

布兰代斯也持有相同观点。在艾布拉姆斯案判决的三个月后，他向当时还是哈佛大学法律教授、后来成为最高法院法官的费利克斯·法兰克福抱怨说，"美国面临的普遍问题是，我们将应该是私人的事情公之于众，将严格意义上的公共事务当作私人事务"，例如当时总统伍德罗·威尔逊的健康状况和性质。几个月后，他写道，某些言论确实是"在言论自由的限制范围内允许的"，决定何处划定适当的界限始终是个程度问题，就像"人类行为的许多其他规则"。他解释说，言论自由需要保护，既要防止暴力的多数派，又要防止"不负责任的、狂热的少数派滥用"。在惠特尼诉加利福尼亚案中，布兰代斯法官也明确表示，他认为《第一修正案》的权利是"基本的"，但"并非绝对的"。布兰代斯大法官支持霍姆斯大法官的意见，认为"男人的私事"不应仅仅因为他们为涉及州际商业的公司工作而被公之于众，"对私人文件进行钓鱼式调查"将"我们所有的传统扫入火海"。

177

这一切意味着，霍姆斯和布兰代斯的思想市场是受到管制的市场，尤其在隐私方面。他们的市场绝不是一个随意的市场，允许人们随意发表任何内容而不承担任何后果；可以说，它是一个公正的天平，能够权衡其他价值观，有时会偏向其他方向。

他们的朋友法兰克福法官最终这样表述：从霍姆斯和布兰代斯的意见中提取某些令人难忘的短语，暗示着一种近乎《第一修正案》的绝对主义是一种错误。法兰克福表示，霍姆斯大法官特别反对这种倾向，他认为，当某些观点"被限制在短语中"时，这些短语"在接下来的很长一段时间内将不再受到进一步分析的关注"。"新闻自由"，法兰克福在提到霍姆斯和布兰代斯都远非《第一修正案》的绝对主义者后写道："这并不是一种免责的自由。"

然后，作为霍姆斯和布兰代斯世界中对隐私的关注更实质性的证据，1928年的奥姆斯特德诉美国案出现了。这是一起涉及警方调查私酒销售的案件。在禁酒期间，警方为了监听私酒贩和买家之间的电话，常规地窃听电话线路。私酒贩使用秘密储存地和隐蔽农场，而买家每天200箱酒的购买意向则暴露了他们的嗜酒。

正是奥尔姆斯特德案使布兰代斯因为隐私权而备受赞誉。

布兰代斯在最高法院决定首次审理该案时扮演了幕后角色。首先，他试图说服《斯克里普斯–霍华德》（*Scripps-Howard*）报纸披露政府秘密行为的部分事实，以便让他的法官同僚们认识到警方通过电话线窃听私人住宅的问题。最终，一个编辑被吸引了过来，布兰代斯向他的朋友费利克斯·法兰克福透露了这一点，于是有了一系列名为"他以潜伏的方式实现征服的目的"的报道，其中揭示了"私人和公共事务中的间谍活动"。其次，他要求法兰克福请求获得该系列报道的副本，以便编辑们能够认识到公众对这个话题的兴趣。他希望这将导致进一步的报道，使他的法官同僚们更加有动力授予证明并审理该案。

布兰代斯获得了他的证明授权，但并非他所期望的结果，因为最高法院的多数决定认为政府的窃听行为是合宪的。"《第四修正案》并不禁止在这里所做的事情，"多数意见写道，"这并不是搜查，也没有扣押。这些证据是通过听觉感知获得的，没有进入被告的住宅或办公室。"当然，霍姆斯和布兰代斯两人都以隐私的名义表示反对，但布兰代斯的反对意见则为众人所知，代表了现代法庭对警察窃听的审查方式的意见。

布兰代斯的异议在很多方面都与《隐私权》一文相一致，但他从未引用过它，或许有人说是出于谦逊的原因。他写道，在现代社会，"更微妙且更精密"的设备被创造出来侵犯隐私，使得他人能够揭露"在衣橱中的私语"。他特别担心新的技术，包括"侵犯电话隐私的邪恶行为"，这使得即使是最机密的对话也能被窃听。他在某种程度上预见了基于云存储的问题和黑客攻击：他预测有一天人们"无需从秘密抽屉中取出文件，也能在法庭上复制它们",并向陪审团揭示"家庭最亲密的事情"。（他对"放射性物质和摄影术"以及电视机窥视房屋并了解其中的秘密，甚至对"心灵和相关科学的进步"能否使他人"探索一个人未表达的信念、思想和情感"同样担忧，但他的得力助手告诉他立即删去这些，因为它们显然是不可能的。）

最后，布兰代斯赞扬了建国先贤对隐私的强烈敏感。他写道："他们试图保护美国人的信仰、思想、情感和感觉。""我们宪法的制定者努力确保有利于追求幸福的条件"，承认"人的精神本质、感情和智慧的重要性"。他引用了1886年的一起最高法院案件，写道这些以及"生活中的隐私"远比政府在追求某种可能导致刑事定罪的信息时的无理要求更重要。

霍姆斯写了一份独立的异议意见，部分原因是布兰代斯有些啰嗦，这是他一贯的抱怨。"我担心你对隐私的早期热情有些过火"，他曾对布兰代斯说过，而在奥尔姆斯特德案中，他解释说，布兰代斯对此案"进行了如此详尽的审查"，以至于他只需再加上几句话。其中一句话包括现在著名的说法，他认为"让一些罪犯逃脱比政府扮演卑劣角色更不好"。

无论如何，在接下来的几年里，隐私权益在某种程度上席卷了法院，其中大部分是细微的评论。1929年的一项多数意见指出："在这个国家，一直都认识到，并且值得记住"，具体与"隐私权"相关，"人们受到基本法律保护的权利中，很少有哪个比免受一切未经授权、武断或不合理的询问和披露侵害其个人和私人事务的权利对他们的幸福和安全更为重要"。

几年后，布兰代斯为全体法官写道："国家当然有权力保护人格利益，如'隐私权'。"

论述报刊法的专著开始关注这一点。它们从完全不提隐私作为一个法定权利，变成包括专门讨论隐私权的整章，尽管如一位作者所说，隐私权还没有被清楚定义。

然后，在这一切的中点，陆续出现了一起记者弗雷德·弗兰德利后来说拯救了新闻自由的案件。

那个最高法院的决定的现实并不那么明确。

1927年9月，著名的最高法院案件尼尔诉明尼苏达州始于《星期六新闻》的第一期中一篇充满懊悔和紧迫感的专栏文章。《星期六新闻》是一份12页大小的小报，更像是一份通讯报，当时在明尼阿波利斯出版。该报的编辑杰伊·尼尔和霍华德·吉尔福德在引言中为自己过去与"一个本地丑闻报纸"有关的事情表示歉意，并表示他们从自己的过失中吸取了教训。他们写道："我们衷心遗憾地回想起过去的岁月中，曾经写下过一行关于我们男同胞们的风流韵事的字句，就里面书写的每一行字向广大公众表示抱歉。"

当你在同一篇专栏中看到他们询问那些被同行出版物勒索的人的丑事时，你可能会对他们的真诚性感到疑惑。他们暗示，在明尼阿波利斯，数百名在婚外恋爱的人受到威胁，被迫支付某种赎金，以阻止报纸披露个人丑闻的报道。尼尔和吉尔福德表示，他们想调查这种新闻实践，并与那些"如果他们的另一半发现了他们的不幸，会导致家庭破裂且他们支付的钱毫无意义"的人进行交谈。他们计划撰写一篇新闻报道，并承诺保持从消息来源处获得的任何信息的保密。

然而，《星期六新闻》的内部标题头条暗示它将成为一个"每周'谁是谁'和'为何'"的报纸，因此那些纵欲之徒可能对接下来会发生的事情感到紧张。

他们不必担心，原因有两个。首先，尽管最初该报关注的是这种特定类型的个人丑闻，但《星期六新闻》似乎更倾向于调查和揭示该市的系统性不正当行为，包括尼尔和吉尔福德所说的政府援助的商业化赌博和帮派统治。他们的报道中偶尔出现令人不安的反犹太主义和种族主义言论，但《星期六新闻》在其最初的九期发行期间的真正焦点是揭示明尼阿波利斯的政府腐败以及那些似乎助长腐败的官员。

其次，警察局长立即下令将《星期六新闻》从报摊上撤下，并威胁要逮捕任何出售该报的人。他表示，尼尔和吉尔福德违反了明尼苏达州的妨扰法，该法禁止出版"恶意、诽谤和损害名誉"的报纸，该法认为这些报纸对公众来说和"妓院"、"巡回嘉年华"、生长繁茂的"有毒杂草"和吠叫的狗一样让人讨厌。

这种行动让人想起卡伦德、克罗斯威尔和切斯案发生的情况。但这次报纸编辑将他们的案子上诉到美国最高法院，并且他们最终获胜。

在许多方面，这确实是一条充满艰辛的胜利之路：在争议开始几天后，吉尔福德被枪击，这并不令人意外，因为他和尼尔曾被警告，如果他们发表他们所知道的内容，他们将会被杀害。

明尼苏达州最高法院在审判前就对《星期六新闻》做出了不利的裁决，这无疑加剧了困境。法院写道，该报是那种包含"一系列丑闻和诽谤文章"的出版物，这些信息被"以引起关注和兴趣的方式处理，以获得发行量"。揭露男人的罪恶、"丑闻的恶果"对公众的道德和福祉有害，而报纸"没有宪法权利仅仅因为一个事实是真实的而予以发布"。

如果陪审团同意，这一切都会使该报违法，因此法院下令尼尔和吉尔福德接受审判。他们接受了审判，陪审团裁定他们有罪，最后明尼苏达州最高法院再次拒绝给予二人帮助，建议尼尔和吉尔福德仅仅出版一份较少含丑闻的报纸，一份"与公众福祉和谐"的报纸，以避免与政府发生麻烦。

但是，1931年，美国最高法院决定审理此案，对新闻记者弗雷德·弗兰德利来说，这是新闻业和《第一修正案》司法解释历史上的关键时刻。就在同一年，大萧条肆虐，有人署名"匿名"出版了《华盛顿娱乐场》，这是一本《原色》式的书，揭示了国家首都的关键人物及其政治伎俩，而美国最高法院推翻了明尼苏达州法院的裁决。大法官们认为，阻止《星期六新闻》发行的限制是一种违宪的事前限制行为，即政府违反《第一修正案》保护新闻自由的行为，仅仅因为它发现其所承诺的报道焦点令人担忧。如果官员能够像明尼阿波利斯的人那样做，包括新闻自由在内的宪法保护将仅仅成为纸上空谈。法院称，明尼苏达州的法规是"审查制度的实质"。

《堪萨斯城星报》在头条中报道称，"最高法院维护了宪法对新闻自由的保护"；《迈阿密先驱报》则以标题为"维护新闻自由的裁决"发表报道。其他数百家报纸也加入其中："法院批准新闻自由""美国最高法院维护了新闻自由""最高法院保障新闻自由"。

但是，霍姆斯、布兰代斯和其他多数法官的观点并没有媒体宣传的那么宽泛。当然，推翻明尼苏达州法规的措辞强烈地保护了新闻自由，但绝对主义并不适用。他们写道，出于政府利益的考虑，新闻在出版前确实可以受到限制。"毫无疑问，政府可以阻止……刊登运输船的出发日期或部队的数量和位置"，他们这样写道。他们还暗示，在涉及某些私人利益的情况下，事前限制也可能是适当的。注释中引用了罗斯科·庞德的一篇文章，他明确提出，为了避免情感上的伤害，禁令在侵犯隐私的案件中是适当的，以防止信息首次被泄露出去。

不仅于此。大法官们一再解释说，他们在尼尔诉明尼苏达州案中的意见与随后的出版惩罚毫无关联。"言论和新闻自由也不是绝对权利，国家可以惩罚其滥用"，他们写道，并重复了布莱克斯通的说法，即如果有人刊登"不恰当、有害或非法"的信息，他必须承担自己的冒失行为带来的后果。他们还引用了霍姆斯大法官最喜欢的案例布兰丁案。"事先的自由既包括虚假的信息，也包括真实的信息"，他们写道，"随后的惩罚既可以针对真实的信息，也可以针对虚假的信息。"

这一切反映出在尼尔诉明尼苏达州案的口头辩论中，布兰代斯大法官明确区分了应该公开的与公众关切的信息（如某些政府活动的信息），以及应该保持私密的信息，如个人（及其婚姻）的深层次个人信息。"你在这里处理的不是那种经常出现在新闻中的丑闻"，布兰代斯告诉尼尔案中代表政府的律师，"这种丑闻对任何人的利益都不应该出现"。相比之下，尼尔和吉尔福德两人制作的报纸中的揭露涉及政府腐败，"对每个美国公民都是至关重要的事情"，他们有权知道这些信息。

因此，即使在尼尔诉明尼苏达州案中，这个被认为拯救了新闻自由的决定中，存在着一种强烈的感知：言论、新闻和表达自由并不意味着可以自由发布所有信息，只因为这些信息是真实的。另外，还记得布兰代斯为全体一致的美国最高法院写的那句话吗？它说政府有权力保护人格利益，比如隐私权。这是在尼尔诉明尼苏达州案后的几年里法院写下的，为接下来的特别是20世纪后半叶的一系列更直接地将出版权与隐私权对立起来的案件做好了准备。

但是，在尼尔诉明尼苏达州案发生时，另一件事情也在发生，这使得支持隐私权的语言中的微妙之处变得不那么重要。到了1931年，担心新闻侵犯隐私的"危机"的记者沃尔特·李普曼成为《世界报》的编辑。正如他的编辑身份所暗示的那样，"可靠而全面"的报纸已经把更耸人听闻的"黄色新闻""逼到了墙角"。

换句话说，正如隐私权在法律中变得更加普遍一样，它也成为新闻界公认的准则，正如厄普顿·辛克莱在《黄铜支票》中所建议的那样。最终，这种汇合使得通过法律保护隐私的必要性日益减少，至少在一段时间内是这样。

第十一章
何为恰当

当时，并不仅仅只有厄普顿·辛克莱一位媒体人物在努力推动新闻业尊重隐私。1922年在华盛顿特区举行的高尔夫比赛中，总统沃伦·G.哈丁（Warren G. Harding）一次失误的击球也在很大程度上推动了这一进展。

当时，哈丁总统参加了一场由新闻界赞助的高尔夫比赛，正好站在可以一杆打进洞的位置上，气氛十分紧张。如果一切顺利，他就可以战胜华盛顿特区记者团的成员，夺得比赛的胜利。但就在球快要进洞时，一台台嗡嗡作响像飞机般的摄影机突然出现，导致哈丁在挥杆时打偏了球。失望的总统似乎准备把球杆折成两截，但随后意识到自己正在被摄像机拍摄，于是平静地走到计分板前查看自己的排名，最终以取得第四名的成绩结束了比赛。一则标题为此写道"哈丁因人群骚动，仅以一杆之差与媒体高尔夫荣誉失之交臂"。

就在那次未能进洞的推杆之后，哈丁开始向全国新闻界提出道德建议。几天之内，他召集了报界人士，抱怨他在报纸上看到的问题；他跟他们说，当时的新闻业太过关注那些可能给个人带来真正情感伤害的轰动故事。为什么不去关注那些忠诚为政府和国家服务的坚毅公民呢？为什么要专注于负面报道？

这番劝告比格罗弗·克利夫兰的抱怨更具分量。因为哈丁在涉足政治之前，多年来曾在俄亥俄州马里昂市的一家报纸工作，他为新闻编辑室制定的以道德为导向的"哈丁信条"在新闻界中已经成为传奇：言行得体、支持而非抨击、人人都有优点、不要无故伤害任何人的感情、不要以可能让尴尬的方式揭露亲属的不当行为、永远不要让暧昧的故事上版面。哈丁的民主党竞选对手詹姆斯·M.考克斯也曾是一名报业人士，但只有哈丁，各种倾向共和党的报纸反复转载哈丁信条，才有了使新闻业更具声望的计划。

新闻界怀着渴望和同情的心态聆听着。《巴尔的摩太阳报》在哈丁与记者们的"真诚交谈"后写道："如果他当时在讨论自己的家庭事务，他可能不会表现出更多的敏感度。"《基督教科学箴言报》补充说："总统在这些事情上的讲话像一名新闻从业者，当他的听众碰巧也是这个职业的人时，给人留下了深刻印象。"

《纽约时报》坚守立场。"哈丁总统对于什么应该和不应该发布有着相当坚定的想法，"它写道，"这些想法与一些报纸的立场不一致，这些报纸认为压制会导致滥用和对公众舆论的不合理控制。"

也许《纽约时报》知道即将发酵的石油库案丑闻有多火爆；哈丁的内政部部长阿尔伯特·福尔最终因涉及联邦土地租赁的贿赂而入狱。哈丁与记者会面的时间并不长，而正是在那之后，《华尔街日报》报道称事情似乎不对劲。

或许《纽约时报》知道已婚的哈丁总统与至少两名女性有长期的婚外情，其中一段关系持续到他的总统任期期间，并生下了一个孩子。哈丁将这些情书安全地保存了起来，并告诉私人秘书在他去世时将其焚毁。然而，并非所有情书都被烧掉了。

无论如何，在高尔夫比赛之后，当个人和职业丑闻笼罩着哈丁总统时，他展开了一番努力，争取在媒体上营造快乐和慈善的氛围。

在《华尔街日报》记者揭露石油库案丑闻一年后，正值随着隐私权的概念在全国法庭上越发被接受之际，美国报纸编辑协会的成员们在华盛顿集会，共同起草了新闻工作者的全国行为准则。当然，他们邀请了曾经的记者哈丁总统加入他们。

到了20世纪20年代初，尽管这是美国新闻编辑协会的第一次会议，但涉及记者的专业会议已相当普遍了。回想一下，黑人记者首次在19世纪70年代组团"制定自己的政策"。到1882年，这些记者自称"有色人种新闻协会"，他们的年会在1887年就包括了"新闻业与新闻道德"等话题，而《华盛顿蜜蜂报》的W.卡尔文·切斯在19世纪90年代成为该组织的领导人——

就在一位法官因他报道一个政治任命者的真相而将他送进监狱，而克利夫兰总统又将他囚禁于此之前。

正如切斯的事迹所暗示的那样，黑人记者有时候确实很难吸引到政治演讲者，所以他们的会议在这方面与众不同。例如，弗吉尼亚州州长查尔斯·奥费勒尔拒绝了他们的发言邀请，因为成员伊达·B.韦尔斯说服同事们一致投票反对南方黑人遭到私刑处死。

"野蛮人"并不是指那些私刑者本身，奥费勒尔州长在写给切斯的信中愤愤不平地解释道，而是那些犯下了比死亡更严重的"某种罪行"的黑人，当然他们会"被迅速处理"。州长写道："我不会考虑接受任何支持韦尔斯诽谤南方人民和公权力机关的任何会议或集会的邀请。"

但是这已经是20世纪20年代了，美国报纸编辑协会的成员大多数是白人。（非成员莱斯特·沃尔顿是《纽约世界报》的黑人记者，他发来了一份电报请求成员们将"黑人"的"N"大写，并完全避免在标题中使用这个词，但他的请求被提交给了委员会。）此外，美国报纸编辑协会对哈丁总统的邀请也是有意的。编辑们告诉他们想要向一位被他们指定为特别成员的同行编辑"表示敬意"，并征求他对伦理计划的意见。

哈丁欣然接受了。他还有更多的游说工作要做。

哈丁的观众在另一方面与他在19世纪末所遇到的并不相同。聚集在华盛顿参加美国报纸编辑协会大会的记者们大多不再是老旧时代那种猫腻连连的印刷工人，有些甚至毕业于正规的新闻学专业。

这些课程开始时并不起眼。1875年，康奈尔大学开设了新闻学课程，旨在改善校长所称的这一行业令人遗憾且严重不足的情况，但该项目进展缓慢。1875年，华盛顿与李大学（Washington and Lee University）否认曾在其校园中开设过任何"规定的学习课程"，但这并不完全正确，因为罗伯特·E.李（Robert E. Lee）曾试图在南北战争结束后开设一门《实践印刷和新闻学》的课程，作为他对南方的复兴计划的一部分，但最终失败了。

到《隐私权》于1890年出版时，这种培训已经稍微有所发展。密苏里大学的学生开始学习新闻学课程，宾夕法尼亚大学的新闻学项目的学生开始学习"报纸实践"和"诽谤法和商业管理"。《为报纸报道》，这本书于1901年出版，其中包括了"新闻是什么"和"新闻报道分析"等章节。到了1914年，哥伦比亚大学新闻学院的教师们（该学院由约瑟夫·普利策捐赠设立，巧合的是他还在该学院设立了普利策奖）开始使用新闻影片教导学生如何以"真正的新闻价值"进行写作。在哈丁那次未能进洞的那年，费斯克大学的新闻学课程中包括了一门名为"新闻伦理"的课程，讲授如何"对公众肩负起适当的责任"。

建立一套正式的全国道德标准似乎是下一个合乎逻辑的步骤；据说记者们正在"争取一套行为规范"，以建立与医生和律师相同的"伦理标准化"。当时有几个地方和地区的伦理准则可以借鉴，除了哈丁信条外，几乎都是在世纪之交或之后制定的，并且几乎所有这些准则都涉及隐私问题。例如，1915年密苏里大学记者信条："作为一名新闻工作者，不应该写下自己作为一个绅士不会说出口的话"，新闻应该包含干净而"有益的真相"。俄勒冈州的准则称"怜悯和友善"很重要，新闻不应当引起轰动，"如果公众或社会利益看起来最好通过压制来维护"，记者应当受到压制。堪萨斯州的记者通过一项决议拒绝类似间谍行为，并批评发布"无论真实与否的闲言碎语和丑闻"。到了20世纪20年代初，《恩波里亚公报》拒绝发布离婚的细节，因为"任何家庭破裂的令人痛心的细节都不是新闻"，它们往往令人恶心，有时贬低人格，总是反常的。而底特律新闻则告诉记者要慷慨大度，特别是当一位女性陷入错误之中时，因为"刊登这样的报道可能会使她陷入绝望，而友善的对待可能会给她带来希望"，"没有任何报道值得毁掉一个女人或男人的生活"。在俄亥俄州，一份伦理准则似乎向《科德角居民》一案致敬，建议报纸永远不要通过无理取闹的宣传来使无辜的人遭受耻辱、嘲笑或蔑视。即使赫斯特的报纸也有一套伦理准则，但他们的"省略会冒犯有教养的人"的建议被"只要写得恰当，大部分耸人听闻的新闻都可以报道"所调和。

回到华盛顿，当记者们及其伦理准则聚集在美国报纸编辑协会的大会上时，特邀演讲嘉宾哈丁总统受到了《太阳报》和

《基督教科学箴言报》之前给予他的毫无保留的尊重。那些介绍他的人说，他是"世界上最杰出的记者，美利坚合众国的总编辑"，这句话引起了热烈的掌声，尽管在场的每个人肯定都听说过有关福尔和婚外恋的传闻。哈丁将他的演讲题目定为"新闻学"，他的最重要的观点是：对美国新闻界而言，伦理准则——"严格的"伦理准则——从未如此重要。

他说，他对报纸的不准确报道感到震惊，虽然关于他怒火中烧时试图打断高尔夫球杆的报道完全错误，但报纸也需要以更加得体的方式对该事件进行报告。他建议，舒缓的真相比丑闻更好，这意味着除了"作为公众警告所必需的"那些邪恶的内容应该被排除在报纸之外。逮捕新闻是一个特殊的问题，以及"过度报道耸人听闻的恶行"。他告诉他的编辑同行们，他从在《马里昂之星报》的经验中得到了这些启示，当一个人为了家庭的利益请求他不要在报纸上报道他的不端行为时，哈丁照这个人的要求做了，并且当这个人改过自新后，哈丁表示了感激之情。哈丁说，是时候让编辑们像他一样，通过起草一份省略那些容易破坏社会信任的报道的伦理准则，偿还对美国新闻自由的债务。他说，"有时候新闻应该被压制"。

当然，他没有说强调伦理和压制——实际上是对隐私的关注，可以帮助他个人。

美国记者的第一个全国性道德准则于那天通过投票而诞生。

美国报纸编辑协会的《新闻伦理准则》有七个独立的部分："责任""新闻自由""独立""真诚、真实、准确""公正""公平"和"适当"。最后两个部分与隐私有最直接的关系。"公平"中的一句话写道："报纸不应该在没有确凿理由的情况下侵犯私人权利或感情，不同于公众的好奇心。""适当"部分建议出于公众利益而省略"犯罪和堕落的细节"。起草人表示，他们使用这样的措词是为了响应政界人士和其他高层人士的抱怨，即记者们假定他们有权力用笔和相机侵犯个人的"宪法隐私"，特别是对那些卷入丑闻或灾难的人，并且在讨论这些规定时明确将隐私称为"权利"。

这些规定起了作用。许多人认为新的美国报纸编辑协会道德准则是"美国记者的圣经"。然而，与其他"圣经"一样，根据读者的解读，一段话可能会有不同的含义，隐私规定也和诸如"新闻自由是人类的重要权利"以及"除非明确被法律禁止，否则可以讨论任何事物"的表述相平衡。因此，在1934年，注重伦理准则的厄普顿·辛克莱成为首位报道报业大亨威廉·兰多夫·赫斯特与一位未具名的电影女演员——他的"电影情妇"——发生婚外情的人，后来被确认为好莱坞明星玛丽昂·戴维斯。

哈丁总统赞扬了新的美国报纸编辑协会准则，尤其是保护隐私的部分。他在大约三个月后去世。四年后，哈丁的一位情妇出版了《总统的女儿》，这是一本"关于作者与沃伦·G.哈丁的关系的适当而真实的记述"，包括她13岁时爱上哈丁（当时他40多岁）的事实。他们的初吻时间是在她18岁时，哈丁已经50岁出头，当时哈丁还是一位美国参议员，他邀请她到纽约一家酒店的"新婚套房"里，以便他们对可能的工作进行讨论，并且她对他的钦佩"可以继续……不受干扰或骚扰"。后来，他会在酒店登记时把她称为自己的侄女。根据一个称为"压制罪恶协会"的组织的指示，警方曾试图禁止发表《总统的女儿》；他们没收了书的印刷版和已经印刷好的页面，理由是书中包含"描述不当活动的淫秽、猥亵和不雅"的段落，这些段落涉及哈丁总统。但是这本书还是出版了，这些段落并不淫秽、猥亵或不雅，而读者们也从中了解到，在哈丁在华盛顿特区高尔夫球场上漏洞百出的推杆和与记者们的私下交谈之际，他曾告诉他的情妇，他希望让他们的新生婴儿成为"真正的哈丁"。如果他能够实现的话。

在《总统的女儿》出版两年后的1929年，一个陪审团判定国务卿福尔受贿成立。在更现代的时期，国会图书馆在2014年发布了一些哈丁总统曾希望保密的信件。"你能不能请你把它们销毁？"哈丁总统曾向他的一个女友提出这样的要求。"你对信件并不总是小心谨慎，如果你销毁了，就不需要再小心了。"

在20世纪30年代，美国报纸编辑协会通过其第一个准则仅过去十多年之后，就在接近尼尔案发生之时，新闻学者开始研究报纸如何严格遵守他们相对较新的伦理规定。尽管数量已大大减少，但一些耸人听闻的小报仍然存在，正如沃尔特·利普曼所预测的那样，而剩下的一些也已经有所变化。甚至那个臭名昭著的《警察公报》此时也向读者承诺"拳击新闻、观点和百老汇八卦"，并基本履行了这一承诺。学者们称之为"保守派"报纸的实践更加符合新闻伦理，他们的数量增加且仍在增长。《纽约时报》——一个多年来将自己宣传为"体面和庄重新闻模范"的报纸——在遵守伦理规定的报纸中名列前茅，仅稍逊于《基督教科学箴言报》，其他许多报纸也在遵守伦理的名单上紧随其后。学者们报告称，对于隐私及其与"报道所有新闻"的冲突的担忧是"保守派""半保守派"和"耸人听闻的报纸"之间的另一个区分因素；许多属于保守派阵营的报纸越来越关注"隐私权"和个人声誉的问题。

这一明显的伦理转变就是为什么弗兰克·莫特（Frank Mott）在他的著作《美国新闻业》（*American Journalism*）中称20世纪20年代为"'下流新闻业'最糟糕阶段的结束之始"，并发现到20世纪30年代，第一次世界大战的结束、大萧条的蹂躏以及新战争的隆隆声都影响了新闻敏感性。沃尔特·温切尔轻松诙谐、有时充满错误的名人八卦专栏并不是常态；在那个时候，许多报纸更多地推出稳定、负责任、屡获普利策奖的记者和专栏作家，他们代表并支持新闻责任的不断增长。

新闻界对职业化的转变如此彻底，其日益增长的可致敬性是如此之大，以至于在1937年，华特·迪士尼（Walt Disney）为儿童出版了一本名为《米老鼠经营自己的报纸》的系列图画书。米老鼠在《每日战鼓报》的核心策略是"报道真相"，揭露镇上的"恶棍和腐败政客"。你知道剩下的故事：米老鼠报道了腐败问题，坏人被送进监狱，米老鼠获得了市长的嘉奖。还有一则故事是关于《每日战鼓报》的一位记者偷拍的照片被米老鼠拒绝发表。紧接着的一年，超人首次扮演《每日星报》的记者克拉克·肯特，两年后，记者布伦达·斯塔尔作为漫画角色在《闪电侠》（The Flash）中首次登场。

就这样，新闻业整体开始变得收敛了，而更像爱德华·R.默罗，新闻业的专业化慢慢开始使最高法院谤论中的隐私权初现雏形以及普通法院判决转变成更加理念化的东西，不再是战场。从全国范围来看，在国家和联邦法院中使用"隐私权"或其衍生词汇的案件数量几乎没有增长，从20世纪20年代的约65个到30年代的约100个，再到40年代的约180个。如果没有人侵犯隐私，就没有人需要为此提起诉讼。

但不要被欺骗。从法律意义上说，隐私权从未面临过消亡的风险。

那个时候最好的例子无疑是性狂热、迷恋名人的记者弗兰克·哈里斯，他以为《皮尔逊杂志》工作而闻名。的确，名人新闻在温切尔臭名昭著的专栏出现之前就存在了一段时间——在1882年的《名人画册》之后，1911年，《电影故事杂志》

（*The Motion Picture Story Magazine*）开始运营，不久之后，狗仔队就开始"拿着新式闪光灯装置，准备抓拍难以捉摸的名人"了——但从未有人像弗兰克·哈里斯那样真实地写过。他说，他的目标是教导年轻人"如何使用他们的性机关枪"，在这样做的过程中，直接将新闻、表达和言论自由与隐私权进行对比。

这意味着读者们从哈里斯在20世纪20年代出版的多卷自传系列《我的生活和爱情》（*My Life and Loves*）中了解到，作家盖伊·德·莫泊桑（Guy de Maupassant）曾在一个小时内拜访了六名妓女；盖伊虽免疫力不错，但他患上了梅毒。诗人沃尔特·惠特曼（Walt Whitman）有"六个私生子，而且口味古怪"。

但哈里斯报告中最具冲击性的揭示涉及他自己的现实生活中的非名人征服者（如学生凯特、成年人劳拉、十几岁的格蕾丝等，都有明确的身份），以及她们对他身体追求的详细反应。其中一些小故事涉及女孩，一些则涉及我们肯定会认为是性侵犯的行为，包括他描述的他最有爱意的经历。连朋友也逃不过他的揭露；一位现实中的老师与哈里斯分享了一个非常私人的性问题，并同意一种奇特的疗法，哈里斯以可怕而极尴尬的细节描述了这一切（"我立即去找鞭绳，每晚为他绑起他不守规矩的家伙"能让你对这个故事有些了解）。

弗兰克·哈里斯辩称他有权揭示所有这些，作为一名记者，他一直在捍卫真理的圣灵，而在这里，他再次这样做。"我决心敢说我敢做的一切。"《我的生活和爱情》第二卷的前言写道。他已经将自己塑造成了《第一修正案》的战士，在《皮尔逊杂志》的一篇文章中批评最高法院"直接违反宪法"。

对于《我的生活和爱情》的禁令——法律对哈里斯的真理圣灵的拒绝——在尼尔案之后持续存在。在其首次出版的20年后，20世纪40年代的法官将美国的书店老板送入监狱，因为他们销售哈里斯的作品。到1959年，据报道，走私进来的副本在黑市上售价高达150美元。

哈里斯的自传的经过编辑和去除某些内容的版本最终在1963年以官方身份在美国出版。同年，一本名为《爱洛斯》（Eros）的杂志发表了"删节"摘录——"我与两个姐妹几乎没有性的兴奋感"对故事进行了精简——一位联邦法官认定这些摘录有助于支持对《爱洛斯》的犯罪淫秽指控，因为根据散文，法官"很容易"找到所有"必要的要素"。这里也没有"挽救之道"，没有像《查泰莱夫人的情人》（Lady Chatterley's Lover）那样声称作品对伟大文学的贡献。

美国最高法院在1966年把《爱洛斯》在法律上定性为淫秽物品，此前两年判决了具有里程碑意义的纽约时报诉沙利文案。沙利文案以《第一修正案》为依据强力保护出版物，建立了实际恶意的标准，使得名人很难在诽谤案件中获胜。法院在案件中写道，《第一修正案》的整个目的是"确保从不同和对立的来源传播尽可能广泛的信息"，并警告不应对言论自由加以限制。

但即使是沙利文案也无法拯救《爱洛斯》免于《我的生活和爱情》的影响。

鉴于这一切，难怪如今要想获得《我的生活和爱情》的原版实体副本需要在费一番周折的基础上加上一大笔现金。最近一本签名版的副本售价超过 1,000 美元，可能是因为一些卖家将这套作品宣传为"色情文学的里程碑"，因为其中包含了"哈里斯性行为的直接、生动描绘"。但这是美化现实，因为这些是关于人们最私密时刻的生动个人故事，这些人们根本没有想到他们会以这种方式被揭示。正如诗人罗伯特·勃朗宁（Robert Browning）在哈里斯询问他的性生活时所说，有些事情是"公众无权知道的"。

但是弗兰克·哈里斯是一个特例，他以不计人类情感代价的真理为重点，很快在新闻业向整体温和的转变的浪潮中安静下来。作为对伦理原则更加积极接受的回应，法院开始明确表达，他们会顺从记者的新闻判断和公众知情权的评估。一项判决认为，即使探险家不希望记者在场，拍摄北极探险也是可以的。"英勇的冒险"是一个极具公众利益的事情，法院写道，"与此相关的新闻或其进展都是公众应有的事项"。另一家法院写道，"在法院试图担任审查员并干涉新闻界打印所有可打印新闻的传统权利之前，当然应谨慎行事"。

然而，在接下来的一个世纪里，随着媒体在互联网时代的转型，根据弗兰克·哈里斯的讲述，类似弗兰克·哈里斯的事件将变得更加频繁、普遍。

在现代，伦理标准已经席卷主流新闻机构，现代记者明白，如果他们违反某些伦理规范，可能会失去工作。这意味着，今天，弗兰克·哈里斯对于性的机关枪发出第一声响，不管是不是出于言论自由，他都会被解雇。这些基于隐私的伦理规定是坚实且普遍的：

- 国家公共广播电台："在我们报道的所有主题中，我们都注意到他们的隐私，同时履行我们的新闻职责。"
- 《纽约时报》："我们不会毫无意义地追问某人的个人生活。"
- 无线电视数字新闻协会："新闻业虽有分享信息的权利并不意味着媒体总是有权去做这件事。"

如今，一个名为专业记者协会的组织负责监督记者的国家职业道德守则，该守则也包含与隐私相关的规定。例如，在"最小化伤害"部分，它提出了以下建议："在伦理上，新闻报道应当将线人、主体、同仁和公众视为值得尊重的人类。"其中部分内容如下：

——将公众对信息的需求与潜在的伤害或不适感进行

权衡。追求新闻不是傲慢或过度侵入的许可证。

——对那些可能受到新闻报道影响的人表达同情。

——认识到合法获得信息与道德上有理由发布或广播的不同。

——了解私人人士对自身信息的控制权大于公众人物和其他寻求权力、影响力或关注的人。权衡发布或广播个人信息的后果。

——不管别人怎么做，也要避免迎合恶俗的好奇心。

——在嫌犯享有公正审判权和公众知情权之间保持平衡。

——考虑发布信息的广泛传播和永久性的长期影响。根据需要提供更新和更完整的信息。

这个最新准则中也存在一些相应的平衡措施，告诉记者们要"追求真相并报道"，要"在收集、报道和解释信息时要有勇气"。这意味着，就像厄普顿·辛克莱的时代一样，这往往是一个解释的问题，在特定的事实基础上，一些新闻机构会倾向于保护隐私，而其他机构则会予以披露。在许多情况下，并没有百分之百正确的答案。

在20世纪与21世纪之交，互联网的新事物迅速崛起，我们用一个大写字母"I"称之为"互联网"，突然之间，只要将键盘和网络进行连接，任何人都能开展出版工作。当时，出现了一个基层运动，旨在为那些开始创办所谓的网络日志或博客的人起草类似的伦理准则。然而，这个运动失败了。许多博客作者非常高兴地冲破了适当行为的门槛，他们担心任何这样的准则都会束缚他们的手脚，剥夺他们表达自己的《第一修正案》的自由。

从《第一修正案》的角度来看，他们的担忧并不合理，因为隐私权的历史表明，法律经常对恶劣的披露行为进行惩罚，而不考虑是谁进行的发布；博客作者、脸书帖子发布者或在线评论者并没有特殊的权利去侵犯隐私或损害声誉，仅仅因为他们不是记者，也不太了解情况。

然而，从某种意义上说，他们担心统一准则是正确的，因为在21世纪的第一个十年，一些法官对现代媒体感到沮丧，并开始将专业记者协会的准则作为对抗新闻本身的武器。这些法官认为，如果记者违反了伦理规定，这有助于确立记者的责任。隐私权将会胜出，甚至得到被告的支持。

作为回应，专业记者协会在其伦理准则的最后一部分添加了一个全新的警告，解释道，该准则"不是一套可执行的'规则'，而是用于伦理决策的资源"。"它在《第一修正案》下不具备法律的强制力和执行性"，专业记者协会满怀希望地补充道。

但这有点抢在我们的故事之前了，因为在有叛逆的博客主愉快地侵犯无辜和天真者的隐私权之前，我们还有一则关于一位《纽约客》的作家和他的目标——神童威廉·西迪斯（William Sidis）的故事要讲。关于西迪斯，你可能听说过他的事迹。

第十二章
潘多拉的魔盒：一切罪恶之源

1804年在克罗斯威尔案中，当亚历山大·汉密尔顿为新闻自由争论之时，一位法官写道：当我们说新闻自由时，我们不可能以绝对的意义来理解，因为完全的新闻自由"无疑会是潘多拉的盒子，是一切邪恶的源泉"。

这听起来有些夸张，但发生在儿童天才威廉·西迪斯身上的故事就印证了上述言论。

西迪斯的故事实际上始于1910年，当时他只有11岁，但年少的他已经是哈佛大学的本科生。在他的第二学期，他受到邀请发表一则题为"四维空间体"的演讲，内容为概述第四维度和相关的数学知识。据说那个场面十分壮观，连备受尊敬的教授们都坐下来，聆听并"惊奇地凝视"演讲者。

新闻记者们大加赞赏。《纽约时报》刊登了一篇七栏的报道，配有年轻的西迪斯的素描；第一段将他与耶稣在圣殿的比较了起来。一些报纸暗示他是重生的希腊数学家欧几里得。《巴尔的摩太阳报》以"11岁的威廉·J.西迪斯，世界上最奇妙的男孩"为标题报道了这个故事。

"这很奇怪,"西迪斯在当天用一个被描述为11岁儿童清晰高亢的声音告诉太阳报的记者,"但你知道我是在愚人节那一天出生的"。

正如你可能猜到的,这个小家伙在面临压力的时候立刻就崩溃了。几小时后,西迪斯病倒在床上,生病的原因被诊断为"感冒"和"学习过度",报纸报道他正处于"崩溃"。《华盛顿邮报》在以"神童崩溃"为题的报道中提供了一种不协调的处理方式:撤下对其的新闻关注。《邮报》暗示,这种神秘的疾病可能是由于威廉的父母未能保护他免受来自"不明智观察者持续不断的赞叹和钦佩"的影响。

尽管如此,新闻报道仍在继续。1914年西迪斯从哈佛学院毕业时,沃伦·哈丁的《马里昂之星报》选择了"魔术师男孩现在成为一名毕业生"作为一段赞扬性的一段报道的标题,这也是大多数报纸的立场。但后来,你可以说,在大多数报纸尚未制定出类似《马里昂之星报》的道德准则的时候,西迪斯出现了一些问题。他告诉一位记者,他永远不会结婚,并且他已经发誓要守贞节,这是他给自己留下的一个奖章。那时他只有17岁。看到这些言辞后,一些报纸开始称他为怪物。

在那之后,记者们停止了夸张的报道。

西迪斯梦想成为一名律师,那年秋天,他进入了哈佛法学院。很有可能他在那里听到了克罗斯威尔将新闻自由与邪恶等同起来的那些话，因为罗斯科·庞德在哈佛任教并认识西迪斯，他在写关于隐私权的文章中引用了克罗斯威尔的先例。庞德在他引述尼尔案的法律评论文章中认为，在隐私案件中，禁令的使用是合适的。

也许西迪斯本可以成为一名出色的律师，但我们永远无法知道，因为他在第三年就退学了，而且还是在他即将毕业前，尽管他的成绩很好。

那才是定下了西迪斯命运的决定性事件。他正式成为了一个全国性的奇特人物，一个"奇怪的悲剧"，"一个婴儿神童兴衰的卓越例证"，他在纽约市做一名文员，穿着"廉价的、不合身的西装"，一边使用计算器，每周获得23美元的收入。仅在1924年，全国范围内有200多家报纸刊登了关于他在生活中的可悲失败的报道，标题如"悲惨案例威廉·J.西迪斯：有脑无心"。

如今，《纽约每日新闻报》报道，他只是要求不被打扰。

但这些都不是使得西迪斯最出名的原因。

就在威廉·西迪斯在曼哈顿大展拳脚的时候，隐私权逐渐在美国法院中获得认可，尽管这个过程相对缓慢，但却稳步进行。当然，虽然许多报纸已经接受了道德规范，但在某些情况下，法院仍然会发现对隐私的侵犯。

一些法官特别关注健康方面的隐私。例如，有一位法官裁定，如果一家报纸发表了一篇报道和相关照片，介绍了一个在出生时心脏在体外的已故儿童，那么该报纸可能要承担责任。原告的父母认为这篇报道侵犯了他们的隐私权，因为他们认为他们孩子的出生和死亡情况不适合公开，法院同意了这一观点。另一家法院支持了原告对一家刊登了她腹部X光片的报纸提起的诉讼；原告认为她对隐私权有合理的主张，尽管这张图像准确地显示医生在她体内留下的手术夹子，这使人震惊。还有一家法院认为，一家报纸因刊登了一张被煤气烟雾熏倒的妇女躺在外面的照片而应负有责任。该法院指出，隐私权源于个人的基本自由权，而且隐私对人类幸福至关重要。

在刑事问题上，一些法官也坚决保护隐私权。例如，有一家报纸因违背法官的命令而公开了一名刑事被告的照片，结果被认定负有责任。法院指出："新闻自由并不包括利用被指控犯罪的人被监禁的机会，违背他的意愿拍摄他的脸和身材的特权"，法院在某种意义上接受了多年前卡片诈骗案的主张。另一项裁决认定，一名前妓女对她过去的生活享有隐私权，并谴责了介绍她故事的犯罪重演节目。法院强调，"思想正确的社会成员"应该允许人们"继续向正道前进"，而不是把他们"推回羞耻或犯罪的生活"。

正因为这些情况，尽管法院的判决中较少提及"隐私权"这一词语，备受尊敬的美国法律协会在20世纪30年代末还是接受了这一概念。《重述》的作者们，包括那些受人尊敬的法官、法律教授和负责重述普通法的律师，起草并颁布了《干涉隐私法》。该《重述》条款承认存在对"不合理地严重干扰他人不被他人知道其事务的利益"的人的有效法律索赔；这种干扰包括当一个人的生活的"私密细节"被暴露在公众面前，或者当"一个人的尴尬姿势的照片被偷拍和发布"。

为了避免那些缺乏先例但却在裁决隐私案件时被误导到宪法中有关新闻自由的语言，美国法律协会提供了三个具体的例子来说明媒体将对侵犯隐私行为承担责任：

1. 跟踪一个人一周，然后发表详细报道；
2. 发表从手术室天窗偷拍的腹部手术影片；
3. 秘密拍摄一个"严重畸形"的人的照片，然后发表并在一篇关于农村社区需要更好医疗服务的文章中"真实地描述（他）的状况是由于出生时的不专业治疗所导致的"。

《重述》的作者指出，名人由于他们必须承受因不受欢迎的宣传而受到不同的对待，但当出版商对他们当前或过去的行为进行超出"公平评论"范畴的报道时，这些公众人物将会受到保护。

这在法学界是一个重大的进展。在某种程度上，隐私权已经成为官方认可的权利，被纳入了可以认为是全国最有影响力的法律书之一，是一个可以（并最终确实）席卷美国各地法院的定义，从而创造了一个全国标准。然而，外界很少从报纸或其他方面听到有关隐私权的信息。在对希特勒势力的担忧不断蔓延的同时，富兰克林·德拉诺·罗斯福（Franklin Delano Roosevelt）总统转而关注宪法自由如何促进国家实力的问题；他表示，美国已经变得强大，"言论自由、新闻自由或权利法案的其他部分不会受到任何影响"。[然而，就在几年前，他在大萧条时期推动制定了《国家复兴法》（National Recovery Act），试图规定报纸的行为准则，但没有成功。他还设想给符合要求的报纸贴上蓝鹰的图像，作为一种总统的批准印章。]

尽管如此，《重述》的认可表明，隐私权仍然具有持续的重要性。在20世纪40年代，美国各州和联邦法院在大约180个案件中提及了这项权利。其中一个案件与早期法院的观点一致，认为报纸在刑事报道中刊登一个人的照片很可能要承担责任（法院表示，隐私权"仍处于起步阶段"，但原告有理由认为，在杂志的犯罪报道中刊登他的照片，而不是作为新闻，侵犯了他的隐私权，并使他受到嘲弄）。另一家报纸因刊登了关于一个患有罕见病症的"饥饿的贪食者"的报道而被追究责任。当年的《小鹿斑比》（The Yearling）的作者玛乔丽·金南·罗林斯（Marjorie Kinnan Rawlings）在她的书《克罗斯湾》（Cross Creek）中加入了对一个邻居真实但"生动而亲密的性格描写"——"我爱说脏话的朋友杰尔玛，这个人口普查员，说：

'这些混蛋为了它们的羽毛猎杀白鹭，直到白鹭濒临灭绝。他们为了皮革猎杀鳄鱼，直到鳄鱼濒临灭绝。如果青蛙也灭绝了，这些混蛋就会饿死。'"——劳琳也发现自己可能要承担责任。她对自己那无知而信任的朋友使用脏话的详细描述，构成了侵犯隐私权的有力证据。

那些做出类似裁决的法院经常引用沃伦和布兰代斯、库利和庞德的话，并隐含表示这些信息并不是一个有鉴别力的读者无论如何都会想要阅读的内容。许多人开始认同，与几十年前的亚历山大·汉密尔顿一样，这些隐私案件只是决定公众关注的适宜程度的问题，即"无论场合或事件是否符合适宜的公共利益"。然而，只有少数法官敢于更大胆地进行新闻编辑，他们认为在《重述》的例子中，当事实看起来特别私密时，可以更自由地限制公众的知情权。1942年的一份法律出版物称，隐私意味着"对一个人人格的无端占有"，"公开一个人的私人事务，而公众对此并不关心"，并且是"以宪法对生命、自由和追求幸福的保障为前提"。

尽管有些超前，但此后，新闻自由受到隐私保护约束的概念已经渗透到美国国界之外，传播到全球各国。这在很大程度上要归功于美国法律协会的敏感性。随着第二次世界大战的爆发，美国法律协会提出了一个名为《国际权利法案》（International Bill of Rights）的新项目。在"个人权利"部分，它明确指出"意见和言论自由"是"每个人的权利"。通过使用

"意见自由"这一词语，而不是出版自由，强调了隐私权的重要性。该草案还包含了一个更为直接的隐私条款："每个人都有权保护自身的私人生活和活动不受干扰。"各国政府有责任确保人们得到这种保护。

美国法律协会从未颁布过自己的《国际权利法案》，但该草案为联合国于1948年通过的《世界人权宣言》（Universal Declaration of Human Rights）提供了基础。《世界人权宣言》是世界上最知名、被引用最多和最受关注的人权文件之一。宣言的发布方解释说，在起草之前阅读了许多关于人权的文件，而所依据的"最好的文本"是"美国法律研究所编写的文本"，因此"自由地借用了它"。

《世界人权宣言》第12条规定："任何人的私生活、家庭、住宅和通信不得受到任意干涉，他的荣誉和名誉也不得被侵犯。人人有权享受法律保护，以免受这种干涉或攻击。"第19条规定："人人有权享有主张和发表意见的自由；此项权利包括持有主张而不受干涉的自由，以及通过任何媒介和不论国界寻求、接受和传递消息和思想的自由。"

《世界人权宣言》中的这些条款反过来影响了于1953年通过的《欧洲人权公约》（European Convention on Human Rights）。该公约是欧洲最重要的人权文件，其中包括第8条保护隐私（"人人有权在自己的私人和家庭生活、住宅和通信方面受到尊重"）以及第10条保护言论自由（"人人有权享有表达自由"）。

由于隐私权和新闻权在这些文件中实际上被赋予了同等的分量，对人的保护——隐私权——很多时候占了上风。例如，2016年，英国最高法院告诉其报纸，他们不能发表在互联网上广泛传播的关于一个只被称为"PJS"的人的故事，这个人与一位大明星结婚，但却与另外两个人有染。法院裁定，这样的出版似乎是对隐私的明显不合理的侵犯，"无论它对那些对他人的私人性爱故事感兴趣的公众来说多么有吸引力"。在这里，第10条与未透露姓名的名人的隐私权的重要性几乎没有任何平衡。

报道中，第10条与未被提及的名人的隐私权的重要性并不相称。

因此，具有讽刺意味的是，当欧洲和世界转向对隐私的更大保护时，在最终由美国法律协会最初建议的那种隐私的帮助下，美国继续将其法律保护的重心更多地转向新闻和出版自由。例如，总部设在美国的《国家询问报》非常乐意将埃尔顿·约翰的丈夫大卫·弗尼什称为神秘的"PJS"（五角大楼联合参谋部）。

但在这一切之前，就在《国际权利法案》开始在其他国家得到支持的几年前，这位曾经的天才儿童威廉·西迪斯已接近40岁，住在南波士顿的一套公寓里，事实证明，他几乎没有隐私。而且，至少在许多圈子里也是如此，这就是他即将成为最有名的人的原因。

在1937年7月10日的《纽约客》杂志中，如果你仔细观察它的封面，就会发现某种不协调。封面上有一幅漫画，画的是一个年轻女子在摩天大楼的顶层上进行裸体日光浴。她以近乎胎儿的姿势蜷缩着，突然惊恐地抬起头，紧紧抓住手臂，用毛巾遮住胸部。

铺满顶层的是一架从头顶飞过的飞机的阴影。有人在看。

但对隐私的关注随着封面的出现而结束。就在杂志的内部，"镇上的谈话"一栏包含了对报业公会的咆哮，那是当时新成立的记者工会，有自己的道德准则。（报业公会认为，报业人员应该以"对个人权利的体面尊重"为准则。）某人曾在《纽约客》杂志上写道，制作新闻不像制作钢铁，因为钢铁是那种需要坚硬、冰冷的统一性的东西，而新闻的活力则需要人们自由地跟随自己的鼓手发出众多的声音。"除非新闻工作者在个人生活中的总体上是混乱的"，"镇上的谈话"中写道，"否则他们对社会来说是没有价值的"，是没有活力的。相反，新闻人的气质需要自由的个人主义，而不是极权主义，不是规范意义上的理想主义，不应强加任何团体规范来遏制新闻人个人的新闻判断。直截了当地说，一个具有严格标准的有组织的新闻界威胁着新闻工作者的自由。既然如此，"到底什么是新闻人？"

幽默大师和漫画家詹姆斯·瑟伯很可能与该专栏有关。瑟伯在刚加入《纽约客》时就被分配负责"镇上的谈话"的小组，他被认为是赋予了这个栏目一个声音，而且他对该专栏的贡献一直持续到1937年底。他还至少写了一篇额外的文章，幽默地诋毁了记者的职业道德，并暗示新闻准则导致了乏味的写作。

而对于曾经的天才儿童威廉·西迪斯来说，至少有人在关注，即一位与《纽约客》和瑟伯有关的女士。那时，她已经参加了西迪斯每周在他的寄宿房里举办的关于美国印第安人的课程，并且在没有表明自己是记者的情况下，记录了西迪斯在那里说了什么，他在那里做了什么，以及那里的情况如何。

然后这位女士回到杂志社，将这些信息提供给瑟伯，瑟伯在1937年8月发表了一篇题为"他们现在在哪里？愚人节快乐！"的文章，这是一篇对威廉·西迪斯现状的揭露，文中揭示了这个怪胎现在已经完全长大，而且越来越可怜。瑟伯后来说，这篇文章的重点是告诉父母错误养育孩子的方式方法。这一次，《纽约客》的封面是一幅漫画，画的是一位老妇人用手指在海滩上试水。

瑟伯用笔名贾里德·L.曼利写作，他带领读者了解西迪斯的悲惨生活，就在他发表《沃尔特·米蒂的秘密生活》之前几年，这篇短篇小说讲述了一个梦想成为一个不属于自己的人，最终面临被处决的命运。

对西迪斯的描述是尖刻的。瑟伯写道，即使在儿童时期，西迪斯也"有一些神经质成年人的偏激举止"，事实上，在1910年哈佛大学演讲之后，他在11岁时就"完全崩溃"了。一康复，西迪斯此后就出现了瑟伯所说的"对其不正常生活的普遍不适应"，患上了恐惧症。西迪斯说，他希望隐居；他声称自己只是讨厌人群，而显然他是讨厌人。他以"怪异的方式"步入成年，在华尔街的公司担任会计员，并通过虚荣的出版社出版了一本关于街车转让的书。他的一些工作给他带来了巨大的压力，以至于他在工作中哭泣，然后辞职。他的小房间——在"波士顿破旧的南端"的一个寄宿家庭的"大厅卧室"——摆放着变了色的粉红色的花和两张照片，一张是他小时候的，另一张可能是关于他无疾而终的失落爱情。他无法承受责任或复杂的思考。"我唯一想做的是操作一台加法器，"他在课堂上用"激烈但停顿的讲话"说，"但他们不放过我。"

而瑟伯的作品就是这样结束的："'这很奇怪，'威廉·詹姆斯·西迪斯笑着说，'但是，你知道，我是在愚人节出生的'。"

年近四十的威廉·西迪斯是否真的对这个班上的插班生说过与30年前他对《巴尔的摩太阳报》记者说的几乎相同的话，似乎不太可能，也许是抄袭的。无论如何，西迪斯以侵犯隐私为由提起诉讼，理由是瑟伯的文章和后续的"他们现在在哪里？"中的一句冷笑话：读者"可能记得最近在前一期中对（西迪斯）的成就的描述"。

《纽约客》是真正的成功典范，因为西迪斯的案子如今成为媒体法律传奇的一部分。专家们认为，这是美国法律第一次"以美国特色支持新闻界利益，几乎无视任何对隐私的要求"。

它开始于审判阶段，法官驳回了西迪斯的侵犯隐私索赔，解释说大多数成功的隐私案件涉及超出这种披露的特殊情况，如死亡儿童的照片或公布妓女的生活史。法官写道："我想我可以肯定地说，言论自由和新闻自由的权利在这个国家仍然得到保留，根据我们的法律，只要不违反公共道德或私人名誉，人们可以说出和发表他想要的东西。"

在上诉中，第二巡回法院的三名法官小组，一个在纽约非常有影响力的联邦法院，认同之前法院的审理结果。这一次，法院写道，西迪斯曾经是一个公众人物，人们对他寄予厚望，因此，他在生活中的失败是"一个公众关注的问题"。法院指出，这"是不明智的"，这基本上是对瑟伯的新闻判断的一个点头、法律禁止在报纸、书籍和杂志上进行这种表达是"不明智的"。

最高法院投票决定不审理西迪斯的上诉。不管是不是巧合，路易斯·布兰代斯在前一年已经从法院退休了。在这之间，大法官们写下了这样一段话："新闻自由是政府和人民之间的重要传声筒。容许新闻自由被束缚就是束缚我们自己。"

报纸大力报道了西迪斯案中支持新闻业的法庭裁决，并为其对新闻业权力的广泛性的描述而欢呼。

一些人嘲笑西迪斯，并顺便对他进行了新闻业务方面的教育。有人在《波士顿环球报》写道："昨天，生活再次嘲弄了威廉·詹姆斯·西迪斯的离奇努力。难道西迪斯没有意识到他的'对媒体的羞怯'本身已经成为'有价值的新闻'，他的抗议只是使他的生活更值得重述吗？"事实上，由于这场诉讼，北美和其他地方的报纸（现在）都会发表关于西迪斯的故事，如果他没有试图对媒体和其新闻判断进行如此"声势浩大的呼吁"，这些故事永远不会被发表。为了纪念它所称的西迪斯的"失败"，《环球报》嘲讽地将他命名为"本周美国模范职员"。

然而，《波士顿环球报》和其他报纸没有报道的是，威廉·西迪斯再次对《纽约客》提出索赔，其侵权行为听起来很像我们今天所说的故意造成精神痛苦，也许还有一点真实性诽谤。他争辩说，《纽约客》在"没有正当动机或公序良俗目的的情况下"发表了他的故事，使他"在心灵的宁静和尊严感方面受到极大的伤害"。1944年，他赢得了这场官司，实际上是以未披露的金额与该杂志达成和解。

"我觉得在我长期反对个人宣传原则的斗争中，这算是某种胜利了"，西迪斯在之后给一位朋友写信时这样说道。他担心其他年轻人，特别是当代的反战抗议者，那些早年就受到媒体关注的人，可能会成为整个成年时期被无意中曝光的公众人物，并在未来几十年里受到媒体的"责难"。

三个月后，威廉·西迪斯的女房东发现他在寄宿地的房间里身体不适，她将他送往医院，几天后他因脑出血去世，享年46岁。宣布他去世的报纸头版将他称为"放弃思考的精神天才"，一个"默默无闻""身无分文""穷困潦倒"的独行侠，"逃离自己思想的人"。

报纸将他的事业描述为《纽约客》所专注的对象。

随后，威廉·西迪斯的朋友们写信给这些报纸，认为记者们再次错误地报道了相关情况，西迪斯并非贫穷之人，也不是反社会人士，更不是一位隐士，而是一位性格良好、努力生活、有许多朋友、对历史非常关注的人。他们表示，他是与众不同的，而不是离经叛道之人。

《波士顿环球报》的一封编辑来信说："威廉·西迪斯有一份伟大的事业"，"在这个国家，个人有权按照自己选择的生活方式生活"。这位朋友解释说，每当他看到有人因失去"生命、自由和追求幸福的权利"而受苦时，他会以各种可能的方式进行斗争，包括争取隐私权。正是报纸将他描绘成为一个异常而又善变的人，这些报纸从他的童年时代就一直困扰着他，并对他进行了负面宣传。

《纽约客》记者詹姆斯·瑟伯虽非律师，却直言西迪斯案开创"即使在童年时期，一个人一旦成为公众人物，他将永远是公众人物"的先例，其文章"永远受赞扬"，因为它为"所有所谓隐私权案件奠定法律先河"。他在某些圈子里对此次"庆祝"的看法确有其道理。

与埃尔布里奇·亚当斯在罗切斯特折叠箱案取得胜利后的变化类似，莫里斯·恩斯特是西迪斯案中代表《纽约客》提交辩护状的律师。他曾为詹姆斯·乔伊斯（James Joyce）的《尤利西斯》（*Ulysses*）辩护，反对淫秽指控，并写了一本名为《隐私：不被打扰的权利》（*Privacy: The Right to Be Let Alone*）的书，对新闻界的侵犯行为表示遗憾，并将隐私视为一项"重要的法律权利"。

他还批评新闻界只报道自身的胜利，而对其在法庭或其他方面的失败保持沉默，并"拒绝报道可能鼓励读者行使其权利以抵制新闻界侵犯的事件"。他称这是一场沉默的阴谋。

虽然路易斯·布兰代斯在几年前已经去世，但他可能对恩斯特的转变产生了一定影响。两人的关系变得如此密切，以至于恩斯特会说他仰慕布兰代斯，每当他触摸布兰代斯从最高法院赠送给他的台灯时，他觉得也许布兰代斯的精神通过黄铜和闪烁的灯光传递到了他身上。

如今，在两个主要的法律研究数据库中，西迪斯案的第二巡回上诉裁决旁边都标有黄色的小图标。黄色表示谨慎，这个案件可能不再像以前那样是一个有力的先例，更多现代法院已经偏离了它的最终结果，并明确表达了这种观点。这是对今天隐私法现状的相当准确的评估。

但首先需要指出的是，几十年来对西迪斯案的附随态度——以几乎所有隐私权主张为代价而对新闻界偏袒——这些案件包括刊登死亡照片的杂志、刊登强奸受害者姓名的报纸以及刊登揭露英雄人物的八卦专栏等。

克罗斯威尔案的法官可能会说，潘多拉的盒子里的邪恶已经释放出来了。

第十三章
身体和呼吸空间

20世纪三四十年代，阿舍尔·费利格（Ascher Fellig）化名魏吉（Weegee），常常是第一个赶到纽约凶杀现场的新闻摄影师。他拍摄下的惊悚画面包括：遭枪击命丧黄泉的街头男子，血流成河的女尸，弹孔遍布其身。这类照片在大多数报纸上并不常见，《纽约每日新闻》的封面甚至出现了一张戴着皮面具的女谋杀犯死在电椅上的照片，这非常罕见。然而，在那个时代，杂志另当别论。魏吉和其模仿者想要捕捉的那个黑白定格的瞬间，被那个时代臭名昭著的真实犯罪刊物抢走了。

《总部侦探：来自警方记录的真实案例》就是一本这样的杂志。它的封面经常印着半裸、被绑缚的年轻女子，她惊恐地望着画面外劈头盖脸砍来的大弓刀。杂志内页四处散布着令人震惊的真实犯罪现场照：两具男尸被丢弃路边，一位女士被殴倒在血泊中的床垫上，另一位女子裸体，脸部因"六道刀口"而面目全非。仅1940年6月一期，就出现了如此多骇人照片。如今，主流刊物绝不会这么随意发布死亡画面，大多数报社出版物均视未经处理的尸体照为违反新闻道德伦理，只有战争、恐怖或灾害等极端情况才可能例外。然而，正是《总部侦探》对死亡的执着描摹，推动了这一敏感话题的进一步讨论。

该杂志也推动了法律的发展。20世纪40年代，纽约州法典规定，出版或销售"主要由犯罪新闻、流血事件或欲望组成的"杂志属于犯罪行为。这是立法努力的一部分，旨在阻止对暴力的美化，立法者认为这种美化会使年轻人走上犯罪之路。然而，在1948年，当美国最高法院的法官们翻阅《总部侦探》的页面时，他们发现了一个新的问题。

法官们翻阅了《总部侦探》的内容，并写下了这句令人难忘的话："尽管我们在这些杂志中看不到任何可能的社会价值，但它们与最好的文学作品一样，有权享受言论自由的保护。"

在温特斯诉纽约案中，布兰代斯法官的朋友费利克斯·法兰克福特提出了异议。最终以6比3的投票结果，该案帮助人们认识到所有真实信息都将永远受到宪法的保护，真实是至关重要的。温特斯是在一个私人团体名为哈钦斯新闻自由委员会（由男性学者组成，拥有法律、历史和政治学学位）宣布其调查结果一年后才提起诉讼的。该委员会认为新闻业仍然是一个拥有特权行业，拥有一种强大的公共力量，需要法律的一定指导。委员会警告说，如果记者不负责任，甚至《第一修正案》也不能保护他们的自由不受政府控制，修正案就有可能会被修改。温特斯似乎对哈钦斯委员会进行了尖锐的批评。

然而，在温斯特事件后几十年，令人难忘且有力的新闻保护性言论在最高法院中继续存在。大法官们写道，令人尴尬的言论也不会失去保护，冒犯性言论也不能在思想市场上被压制。他们强调，《第一修正案》要求留有足够的空间，新闻肩负的责任不能通过立法来实施，也不是宪法规定的。

　　这些案件包括有史以来最著名的促进新闻、言论和表达自由的案件。例如，1964年的传奇诽谤案，《纽约时报》诉沙利文案以措辞有力的判决保护了新闻业（《第一修正案》要求"保障言论和新闻自由……"，并且"关于公共问题的辩论应该不受限制、充满活力和广泛公开"）；1967年的《时代周刊》诉希尔案指出，在文明社会中，自我曝光在不同程度上是生活的伴随物，而在强调将自我曝光作为首要任务的社会中，这种风险是不可避免的（"于他人面前不同程度的自我暴露是文明社会生活的伴随物"，"在将言论和新闻自由置于首要地位的社会中，曝光的风险成为生活中不可回避的事件"）；还有1971年的五角大楼文件案，它是一个三段式的判决，之后许多大法官都对此发表了个别意见〔"人民说话、写作或表达意见的权利不应被剥夺或限制；新闻自由作为自由的重要堡垒之一，应该是不可侵犯的。"——引用了雨果·布莱克法官的话〕。

　　除此之外，还有许多其他案件。当时，来自民权斗争、越南战争和水门事件的勇敢报道揭示了日常仇恨、战争和总统不当行为的真相。作为回应，高达72%的美国人表示他们信任媒体。最高法院的判决与强有力而难忘的言辞似乎也与这一点相呼应。

这意味着，当隐私与新闻在最高法院中对立时，新闻业获得了胜利，即使在日益复杂的案件中也是如此。尽管在许多人看来，隐私权似乎是正确的选择，但最高法院巩固了新闻自由的首要地位，并在某种程度上肯定了真相和公众知情权的重要性。

1975年，法院裁定，一位悲痛欲绝的父亲的17岁女儿在一次轮奸后死亡。然而，他无法对一家电视台提出索赔，因为该电视台播放了他女儿的名字，这违反了州政府规定的保护强奸受害者身份的法规。在考克斯广播公司诉科恩案中，大法官写道，媒体有着巨大的责任，必须全面准确地报道政府的行为，包括审判。当受害者的姓名等信息出现在公共记录中时，隐私权利将会减弱。此外，这样的新闻报道具有社会价值，是追求真相的一步，对媒体进行惩罚会导致社会胆怯和自我审查，进而压制言论自由。

1977年，法院保护了媒体报道一名被逮捕的11岁男孩的姓名，不仅拍摄他的照片，而且还在他离开法庭时进行录像，所有这些行为都违反了下级法院的命令。在俄克拉何马州出版公司诉地方法院案中，最高法院解释称，新闻界的人员在主审法官完全知情的情况下出席了听证会，因此他们是合法获得信息的。因此，尽管涉及应受保护的儿童，但对他们报道真相进行惩罚会削弱《第一修正案》中关于新闻自由的保护。

几年后的1979年，法院在史密斯诉每日邮报出版公司案中裁定，媒体发布了枪杀同学的14岁男孩姓名和照片，并不违反州法未经法院许可便公开此类信息的规定。记者是在现场得知该男孩的姓名，因此，若让他们为这种准确的报道承担责任，将违反宪法。法院写道，如果信息是合法获得的，国家不能因其公开而进行惩罚，除非存在比本案更重要的利益。

随后，十几年后的1989年，法院在《佛罗里达之星》诉B.J.F.案中裁定，一家报纸不应因违反州法规和报纸自身政策而公布一名活着的强奸受害者的姓名而承担责任。一名实习生在一份警方报告中发现了这一信息，并在警方公告写下了受害者的名字，并以令人惊讶的细节描述了该事件。随后，该受害者接到骚扰电话，包括新的强奸威胁，并被迫搬家。然而，法院认为，要求新闻界对其准确报道承担责任，将违反宪法：第一，媒体是合法获取受害者姓名的；第二，政府本身提供了相关信息；第三，禁止此类信息的州法规只针对媒体，不具备公平性。

在这一时期，对真相获取的庆祝情绪也逐渐升温，即公众确实有权利了解某些信息。水门事件之后，国会通过修改1966年的《信息自由法》(Freedom of Information Act)，向公众和媒体全面敞开了联邦政府机构的档案，以使人们得以"揭开行政机密的面纱，让政府行为在阳光下受到公众的审视"。尽管《信息自由法》中有九种例外情况，包括个人隐私，国会还通过了

1974年的《隐私法》（the Privacy Act），以加强对政府持有的个人信息的保护，但《信息自由法》中关于知情权的规定要求每个机构应向公众提供大多数政府记录，以实现机构全面披露的目标。许多州的法规明确规定，任何由政府雇员创建的文件，包括某些情况下的电子邮件和文本消息，都被假定在创建时就对公众开放。

在《信息自由法》得到扩展后不久，美国法律协会意识到正在发生的变化，重新制定了《重述》中的隐私部分。尽管国会和最高法院采取了所有开放措施，尽管民意调查显示只有约33%的公众担心个人隐私问题，但隐私仍然是该研究所关注的问题。这并不奇怪，因为对于某些人来说，随着所有开放措施的实施，他们开始担心政府可能会分享和公开他们的某些信息，他们将其称为数据。此外，《重述》需要进行修改，因为最初只有少数下级法院的判决表明，隐私已经演变为四种不同的侵权行为或民事过失：盗用（如罗伯逊案中未经许可使用他人图像、姓名或身份的广告行为）；侵入隐私（如早期《重述》中描述的通过天窗偷窥处于隐蔽空间的人）；给当事人描绘虚假负面形象的行为（类似于传统的诽谤案，但对于有争议的虚假性只需具有高度攻击性）；以及对私人生活的宣传（公开具有高度攻击性且没有新闻价值的私人信息，这是沃伦和布兰代斯在《哈佛法律评论》中提到的核心侵权行为）。

然而，在这一点上，《重述》的发布方首次预测，鉴于最高法院对准确报道的保护以及对《第一修正案》和人民知情权的重视，即使在涉及强奸受害者和未成年被捕者的令人震惊的案件中，真相最终可能成为隐私索赔的最强辩护。

而且，这一次，《重述》的发布方援引的例子并不是那个可怕的畸形原告，他对一家报纸公开他的照片提出了有效的索赔，而是引用了西迪斯案的判决：A是一位神童，12岁时就向著名数学家讲授关于四维空间的知识。青春期后，他对公开场合产生了异常的厌恶，放弃了数学追求，担任了一份不起眼的书记员工作，过着非常隐蔽的生活。20年后，《B》杂志找到了他，并发表了一篇关于他生活历程的文章，披露了他现在的行踪、工作和生活方式，以及他对一个印第安部落传说的兴趣等。这并不属于对A隐私的侵犯。

到了1989年，《佛罗里达之星》案的判决时，时任华盛顿特区联邦上诉法院法官肯·斯塔尔忧心忡忡地表示，美国的文化和社会观念已经发生了巨大的变化。他指出，对沃伦和布兰代斯不被打扰的权利的支持已被水门事件引发的知情权所取代。他强调潜在的问题——他称之为对"隐私的攻击"——对于"人的礼节"和尊严至关重要。我们应该考虑到对他人的私生活了解应到何种程度，包括公职人员和公众人物，记者和其他人应该深入挖掘多少，以及他们应该披露多少信息。在这个十年内，他会用几乎与《我的生活和爱情》一书中同样露骨的语言，发布有关比尔·克林顿总统与白宫实习生绯闻的报告——"有一次，总统插入了一支雪茄"就是一个例子中的一部分——不仅曝光了一位总统，也曝光了一位曾经无人所知的22岁女孩。

与此同时，新闻业庆祝法律对真相的关注转变，庆祝知情权成为隐私保护的关键，庆祝《第一修正案》所赋予的新闻自由至高无上的地位。一本专为新闻专业学生撰写的关于最高法院判决的书解释说，法院中支持和反对新闻权益的法官的观点会更多地出现在书中，而无需解释或道歉，因为新闻记者对这种观点最为认同。另一篇文章指出，新闻界只受到两个限制：诽谤和淫秽。一位观察者表示："从法律角度来看，对于那些试图向我们报道世界发生的事情的记者和编辑们来说，隐私权并不是一个主要的障碍。"许多人引用了史密斯案作为支持。到了1970年，《新闻周刊》杂志在封面上宣称隐私已经消亡，封面上有窥探的照相机、麦克风和电脑；杂志内部写道，美国人已经放弃了"对自己隐私权的意义和现实"。同年，《展望》杂志激动地告诉读者，性隐私也正在消失：对私人性行为的保护在维多利亚时代就已经出现，现在已经不再需要了。几年后，《时代》杂志提到，在《第一修正案》的案件中，"很明显，新闻媒体占据了上风，至少在法庭上是这样"。到了1997年，《时代周刊》的记者在以"隐私的消亡"为标题的封面上确认了美国人的"隐私权已经消失"。

2001年，最高法院在巴特尼基诉沃珀案中作出一项有利于媒体的判决，似乎巩固了对隐私权的限制和对知情权的重视。

在该案中，一家广播电台播放了偷录的手机通话录音带，其中两名教师工会谈判者之间提到了使用暴力的建议。尽管联邦法律规定偷录手机通话是违法行为，且广播电台在播放录音带时明显知道这一点（录音带是由一名匿名人士录制的，并被送到广播电台），但法院以6比3的投票结果裁定，要求广播电台承担法律责任是违宪的。大法官们认为，工会官员关于谈判策略的言论是一个"公共问题"，这使得所发布的信息成为真正的新闻，而不仅仅是"个人私事或其他仅涉及私人关注的信息"。实际上，这正是沃伦和布兰代斯在"隐私权"中考虑的情况，他们认为隐私权并不禁止披露与公众利益有关的事项，法院表示，至少在这个案件中，在"个人隐私"和"充分自由传播与公共问题相关的信息"之间的冲突中，后者胜出。

然而，这种平衡测试表明，隐私权在最高法院仍然是一个可行的主张；只是在那个时候，随着互联网的崛起，在法院审理的重要案件中，天秤转向了更有利于真相和公众知情权的独特事实。正如阿瑟·戈德堡法官在法院对《纽约时报》诉沙利文案作出裁决几周后所说的那样："我们的《权利法案》确保了新闻界报道和评论的自由，但与此同时它也确保了每个人某种程度的隐私。"因此新闻界有责任不侵犯这种隐私。

事实上，在20世纪50年代至今的最高法院案件中，尽管新闻权利似乎在某些情况下占主导地位，并且有时候以激烈的言辞明确提到，但法院也承认隐私权的重要性。促进新闻和言论自由的论调可能更为人所熟知，因为我们常常读到和听到这些内容，但在过去70年中，即使在媒体似乎取得全面胜利的决定中，也有保护隐私权的声音存在。

以20世纪50年代的博翰奈诉伊利诺伊州案为例，这可能被视为早期的仇恨言论案件，法院维持了对发表某些种族主义材料的人的刑事定罪。"这些言论自由和出版自由的行使有其局限"，法院写道，暗示"人身攻击"在思想阐释中基本起不了什么作用，并区分了在情感上令人痛苦的公开嘲笑和乡村小镇的闲聊。在斯威齐诉新罕布什尔州案中，大法官裁定教授享有《第一修正案》中的学术自由，不必回应政府有关其社会主义活动的问题，包括被众议院非美活动委员会视为颠覆性的组织。法院认为，将他的私人生活公之于众与宪法保障的自由等同起来。在沃特金斯诉美国案中，法院写道，国会的调查权力不能"扩展为一种普遍的揭示权力，其主要结果只能是侵犯个人的私人权利"，包括"个人的隐私权"，"为了收集数据无情地揭示个人生活"会对"宪法保障的自由构成威胁"。随后的一年，在全国有色人种协会诉亚拉巴马州案中，法院认为"团体结社中的隐私权是不可侵犯的"，因此全国有色人种协会不需要向政府披露其成员身份。

在20世纪60年代的马普诉俄亥俄州案中，涉及警方查看一名妇女的个人"淫秽"书籍和图片的刑事案件，最高法院再次将"生活隐私"与"个人自由"联系在一起。法院强调"隐私权"的重要性，称其不亚于任何其他特定保留给人民的权利。在《纽约时报》诉沙利文案中，法院富有诗意地指出，对于那些愿意发表公开批评意见的人来说，被强加的恐惧和胆怯阴影使《第一修正案》所保障的自由无法存活，但同时也暗示，对于诽谤和其他形式的"压制表达"，没有豁免权可供使用，也不受宪法限制。在加里森诉路易斯安那州案中，一旦法院认定涉及诽谤案的"良好动机和合理目的"违宪，对其调查正式结束，但大法官们特别指出，该案并未涉及"一个人被肆意挖掘其被遗忘的不当行为或与他人的不当行为，并以其真实性为由向全世界公之于众"所引发的"憎恶感"。在格里斯沃德诉康涅狄格州案中，法院裁决认为州政府对避孕措施的限制违宪，并指出隐私权源自美国宪法《第一修正案》——"《第一修正案》有一个保护范围，隐私权在其中受到政府侵犯的保护"——并提到隐私权比权利法案还要古老。他们在下一年的一起自证其罪案件中写道，他们"尊重人格神圣不可侵犯的原则，以及每个个体享有私人天地的权利，在那里他可以过私密生活"。在山姆·谢帕德案中，媒体对一起谋杀案的审判进行了过度宣传，谢帕德声称一位披头散发的陌生人杀害了他的妻子，法院指责媒体的耸人听闻。最高法院写道，审判庭的法官本应警告记者不得发布未在诉讼中引入的材料，法院特别批评记者过于强调谢帕德的"不正当暧昧关系"，将其贬低为"八卦"。在《时代周刊》诉希尔案中，法院认为《时代周刊》对某些不实报道不承担责任。法院裁定《生活》杂志不对新闻照片中某些重新还原犯罪场景的演员图像的不准确之处负责。法官指出，到那时已有34个州以某种方式认可了隐私权；他们还将案件中的图像与威胁到社区文明准则的爆料进行了对比。为了证明某些事物超出了范畴，大法官们引用了《隐私权》原文中的一个例子，即一个被称为"可怕的畸形"的人向一家报纸提起了可行的隐私索赔，因为该报纸刊登了他的照片，并相当准确地描述了一篇关于农村糟糕医疗护理结果的文章。

20世纪70年代是"去他妈的征兵法"（Fuck the Draft）夹克的十年（是的，最高法院认为穿戴这种夹克的人可以在法庭大厅里行走），它对言论、新闻、真相和公众知情权保护带来了最重大转变，但同时隐私利益也在这些案件中找到了自己的立足点。在罗森布鲁姆诉都会传媒一案中，法院参考了沃伦和布兰代斯的《隐私权》，认为只有某些信息具有适当的"公共或一般利益"：包括关于科学和艺术的信息、大学橄榄球作弊丑闻、大学整合、警察因淫秽行为被捕等，以及所有与这些事件有关的人都具备新闻价值。但法院也指出，我们不应落入认为一个人在各个领域的活动就在公共或一般利益之外这样的理解范畴。

在这十年间，还出现了五角大楼文件案。在这一案件中，法院通过三个不同的意见认为，禁止报纸发布题为"美国越南政策决策过程的历史"的秘密政府报告是违宪的（布莱克法官："不幸的是，我的一些同僚似乎认为，在其他类型的案件中有时可以禁止此类新闻的发布。"）。在布兰茨堡诉海耶斯案中，法院最终认定宪法不支持允许记者对消息来源保密的特权［怀特法官代表多数派："确实，如果没有对新闻报道进行一定程度的保护，新闻自由可能会受到剥夺，但新闻界不能自由地发布所有想发布的内容。"］。在杜诉麦克米兰案中，最高法院认为国会在发表一份关于不合格学校的报告时享有豁免权，该报告包含了华盛顿特区特定学童的真实信息，包括他们的姓名、缺勤情况、阅读水平低下、成绩不合格、纪律问题、性行为和犯罪行为。然而，大法官们表示，其他人并不因此类出版物而获得豁免权，考虑到儿童的"声誉、名誉和未来事业的潜在危险"，似乎需要满足宪法、普通法和法定权利——隐私的要求。即使对《第一修正案》敏感的大法官威廉·O.道格拉斯、威廉·布伦南和瑟古德·马歇尔也同意该申诉是可行的；他们写道，他们特别关注"技术时代产生的数据库"，其中包括社会安全号码、逮捕信息、青少年犯罪行为以及其他不当和轻率行为，所有这些都可能对成年后的人产生影响。

同年，法院作出了罗伊诉韦德案的判决，认为宪法保护妇女选择堕胎的权利，并暗示隐私权早在1891年格雷法官的裁决中就已在宪法层面被赋予，该裁决涉及一名铁路乘客的人身伤害以及她拒绝被告方聘请的医生对其身体进行检查的"不被打扰的权利"。大法官们写道，他们承认"个人隐私权，或对某些领域或区域的隐私的保障，在宪法下确实存在"。法院表示，这一权利源于《第一修正案》(引用了一起认定人们有权保留某些淫秽材料供私人阅读的案例)、《第四修正案》(引用了奥姆斯特德案中的布兰代斯)和《第五修正案》(引用了涉及"不被打扰的权利"的铁路裁决,其中涉及自证其罪的可能性)。他们写道,这一权利还体现在《第十四修正案》的"个人自由概念"中,并且更多地"体现在权利法案的序言中",以创造一种"个人隐私的保障"。

就在第二年,也就是在理查德·尼克松辞去总统职务的前几天,法院在美国诉尼克松一案中决定,他必须向下级法院公开被传唤的白宫录音带,作为"寻找真相"的一部分。然而,大法官们也指出,通信隐私对于所有人都非常重要。几年后,在相关的尼克松诉总务署署长案中,大法官们决定,尼克松白宫录音带中固有的公共利益超过了其中的隐私权利,因此,政府档案管理员有权获得这些录音带,这与联邦法规的规定相一致,以保护其历史价值。然而,他们也提出,包括总统在内的公职人员,在与他们以公共身份无关的个人生活事务中,仍然享有某种程度的宪法保护的隐私权。他们特别提到了与家庭或个人财务相关的事务、总统图书馆中被屏蔽的材料以及包含"合法隐私期望"的材料。此后,法院在尼克松诉华纳通讯案中裁定,广播媒体和音频公司当时无权录制白宫录音带。对于准确的语音音频,公众的知情权并没有压倒尼克松的隐私利益,因为其中可能包含被剪辑成刺激性片段的可能性,这可能会让他感到尴尬。法院还奇怪地提到，"离婚案中痛苦的、有时令人厌恶的细节"，那些会"助长公共丑闻"的细节，法院也不应公开披露。（最终，这些未受个人隐私保护的磁带在2013年向公众公开。）

1976年是美国建国200周年，这一年最高法院的几项判决中涉及更加突出的隐私问题。在《时代周刊》诉弗莱斯通案中，法院推翻了詹姆斯·瑟伯的论断，裁定一个嫁入弗莱斯通家族、婚后成为公众人物的女子，从法律意义上可以再次成为私人，因此在诽谤案中无需证明真实恶意。大法官们写道，关于离婚程序的信息对于推动关于公共问题的不受约束的辩论没有任何作用。在保罗诉戴维斯案中，最高法院拒绝了一名男子对警方的宪法隐私权诉讼请求，警方在活跃的商店扒手名单上公布了该男子的大头照片。但在空军诉罗斯案中，大法官们决定，空军学院学员的道德和荣誉案件档案在发布前应将一些内容隐去，因为这涉及隐私利益，即使这些信息之前已经公开。

同年，法院在内布拉斯加新闻协会诉斯图尔特案中认为，法官不能阻止媒体公开刑事案件中被告的供词。然而，法院也警告说，《第一修正案》带有出版的信任责任。法院表示，这一概念通常被编辑和出版商所认同，"但并不总是被遵守"。在第二年的一个案件中，涉及新闻广播的15秒人体炮弹表演，法院认为媒体有可能承担责任。法院写道："无论在特定情况下，受保护的媒体报道和不受保护的媒体报道之间的界限在哪里"，可以肯定的是，"当媒体在未经表演者同意的情况下播放他的整个表演时，《第一修正案》并不保护他们。"同年，法院在威伦诉罗伊案中写道，"大量个人信息的积累隐含着对隐私的威胁"，其中一些信息如果被披露就会很尴尬，而对这些信息保密的责任和"避免披露个人事务的个人利益""可以说在宪法中有着根基"。1978年，他们决定新闻媒体没有自动的第一修正案权利来采访囚犯和以其他方式调查县监狱的自杀事件，以找出真相，这表明囚犯"不像是动物园里的动物，可以被公众或媒体记者随意拍摄和拍照，无论这个过程对其他人有多大的'教育意义'"；此后他们决定媒体可以进入普通刑事审判，但后来仍然认为，受害者或潜在陪审员的隐私利益可以阻止媒体进入。在兰德马克通讯诉弗吉尼亚州一案中，法院决定新闻媒体不会因为报道机密的司法审查程序而受到惩罚，尽管它拒绝了媒体提出的采取绝对主义做法以保护所有真实信息报道的要求。（就在同一年，法院决定联邦通信委员会可以惩罚播放乔治·卡林"污言秽语"独白的广播电台；《第一修正案》不保护这种描述性和排泄活动的言论的发表。）1979年，在赫伯特诉兰多一案中，法院认为诽谤罪原告有权调查导致某些文章的新闻编辑室决定，但法院写道，它也担心媒体的"不适当的自我审查和对真实材料的压制"。

在20世纪80年代，一个似乎从更强大的《第一修正案》驱动的决定过渡到尊重某些隐私的决定的时期（也是一个突然有68%的美国人对他们的个人隐私表示关注的时期，也许在很大程度上是由数据隐私问题引发的），法院认为亨利·基辛格在白宫任职时在其官方业务和个人电话交谈中拥有隐私。几年后，在《西雅图时报》诉莱恩哈特一案中，大法官维持了下级法院的命令，该命令以隐私为由保护了一个由自称"第十二世兄弟"的神秘主义者发起的名为水瓶座基金会的成员和捐助者的名字，尽管媒体对该组织很感兴趣。第二年，他们发现个人的信用报告中"没有公共问题"，这样的报告不属于公众关注的问题。1988年，大法官们裁定，一位高中校长在阻止校报发表两篇文章时没有违反《第一修正案》；大法官们在黑泽伍德诉库尔迈尔案案中推断，文章的内容（一篇关于少女怀孕，另一篇关于离婚）引起了"保护那些最私密的事情将要在报纸上揭露的个人的隐私权的必要性"。同年，大法官在《哈斯特勒》杂志诉法尔威尔一案中决定，《哈斯特勒》杂志因刊登了一则模仿广告，暗示杰瑞·法尔威尔有不正当的关系而受到《第一修正案》的保护，但法院警告说："这并不意味着任何有关公众人物的言论都可以免于受到损害赔偿的制裁。"同样在1988年，大法官们在一个涉及在住宅外设置纠察队的案件中写道："所有公民在自己的墙壁内享有的隐私的一个特殊好处……是能够避免被侵扰"，国家可以保护这些利益。诚然，法院在加州诉格林伍德案中裁定，警察可以在没有搜查令的情况下搜查留在外面的垃圾袋，这表明任何投放垃圾的人都应该预料到可能出现的"窥探者"，但就在第二年，法院认为所谓的犯罪履历表中，即个人犯罪历史的汇编中存在着隐私。法院写道："首先，普通法和对隐私的字面理解都包括个人对有关他或她个人的信息的控制，这种隐私利益甚至延伸到过去作为公共记录的一部分向公众披露的罪行，即使在有争议的个人犯下对社会有重大影响的罪行时也是如此。"

尽管有点超前，但自20世纪90年代以来，法院对一系列案件的判决似乎更倾向于保护隐私。法院认为，即使根据《第一修正案》的规定，也可以起诉违约记者，这些记者在保证消息来源保密的同时，却在后来准确披露了消息来源的姓名；宪法对新闻自由的承诺并不意味着新闻界享有无限制的保护，使其免受限制真实信息发布的法律的影响。法院指出，《佛罗里达之星》案并不适用于这种真相的发布，因为新闻界通过非法手段获得了消息来源的姓名，而没有其应履行的保密承诺。此外，法院还决定警方对媒体参与所谓的"搭便车"（记者陪同警察进行逮捕）负有责任。在威尔逊诉莱恩案中，法院认为，警察协助下的媒体对住宅内被逮捕人的报道侵犯了隐私权，拒绝了媒体声称这种报道可以确保准确报道警察行为是否存在问题的论点。在劳伦斯诉得克萨斯州案中，大法官以隐私为由保护了亲密的性行为，并指出人们在决定进行与性有关的私人生活时，享有自由的实质性保护，有权尊重自己的私人生活。在国家档案局诉法维什案中，法官们也保护了文斯·福斯特的尸检照片，暗示至少就《信息自由法》而言，家属对亲人死亡图片拥有隐私权利，应当允许"避开那种追求刺激的文化，为了自己的宁静与安详"，特别要受到防止这类图片随机出现在互联网上造成的痛苦和隐私侵犯的保护。法院在法维什案中写道："我们在判例法和传统中很容易发现……家庭成员有权利限制……利用已故成员遗体图片满足公众目的的企图。"并援引了一则法律《重述》中的例子：当一名死去儿童的照片在未经父母同意的情况下公开发表时，父母对此提出的隐私权诉讼请求得以成立。

在斯奈德诉费尔普斯的葬礼纠察案中，法院裁定西伯罗浸信会成员有权利根据《第一修正案》举起写有"上帝憎恨同性恋者"等令人憎恶的标牌，因为这种言论最终涉及公众关注的问题，包括军队中的同性恋。但法院指出，对私人事务的类似攻击，包括个人的信用报告或性爱视频，可能会导致不同的结果。法院还在一个脚注中提到，针对像斯奈德夫妇这样悲痛家庭的攻击在互联网上的发布可能会受到特殊对待。同年，在美国国家航空航天局诉尼尔森一案中，法院承认早些时候已广泛提到了"避免披露个人事务的利益"的宪法规定，并假设宪法保护这种隐私权。在2018年的一个刑事案件，卡本特诉美国案中，法官们拒绝了在没有令状的情况下通过手机信号塔跟踪，他们解释说虽然人们最终都是在公开场所活动，但如果不这样做，生活中的"隐私"包括家庭和性关系都有可能会被发现，这延续了2014年赖利诉加州案中关于手机中隐私的论述，其中大部分是平淡无奇的事项，但偶尔也包括更多"私密"的信息，包括"私生活"的照片、健康问题、成瘾等"私人信息"，这些同样与"生活的隐私"有关。

尽管我们认为这些案件在很大程度上支持新闻自由和言论自由，但其中贯穿着一个一致的主线：提及并保护隐私权的语言，拒绝将其牺牲给其他自由。

事实是这样的：即使在那些相当令人震惊的最高法院案件中，强奸受害者和少年犯的隐私也要让位于公布真相的自由，大法官们也因此写下了一些不那么显眼的言语，比如："每个人都有一个隐私区，在这个区域内，国家可以保护他免受新闻界的侵扰，以及随之而来的所有宣传。"在《佛罗里达之星》强奸案中，法院写道："我们不认为真实的出版物会自动受到宪法保护，也不认为不存在国家可以保护个人免受新闻界侵扰的个人隐私区，甚至不认为国家可以永远惩罚公布性犯罪受害者姓名的行为，因为隐私利益中存在着与新闻利益中固有的'敏感性和重要性'相关的权衡。"

最后，在涉及公开手机通话内容的巴特尼基案中，记得有三名大法官持不同意见，意味着他们本会裁定电台对其广播负有责任。在投票支持多数意见的六名法官中，有两名法官分别撰文指出，不仅不存在公开真相事实的绝对权利，而且特定的一些真相本质上是"非常私密的"，因此应完全禁止公开，包括两位名人之间的"性关系录像"，以及关于一个人"私密个人特征"的描绘，甚至可能是某富豪的离婚信息。

将这两位法官加入到三位持反对意见的法官中，意味着在2001年，如果巴特尼基案中所涉及的信息被认为既是隐私又不具有新闻价值——涉及性或其他私密信息，正如同意书所解释的那样，最高法院至少会以5比4的投票结果支持隐私，反对知情权。这也表明，至少在那一年，如果大法官审理了浩克·霍根起诉高客网发布其性爱录像带的案件，他就会在最高法院取得胜利。

然而，从20世纪50年代到互联网出现之前，所有这些与隐私有关的判例和语言中最重要的部分是，几乎没有人真正注意到这一点。人们的注意力几乎完全集中在媒体似乎越来越自由，《第一修正案》的利益如何在西迪斯案和其他案件中取得胜利，以及最高法院如何保护那些暴露了强奸受害者的人。结果是，公众对其隐私权了解甚少。这远非一个完美的实验，但有趣的是，在一个流行的报纸数据库中搜索"新闻自由"，截至2021年产生了951,000次点击量，而"隐私权"和"隐私"这两个词在报纸上出现的频率只有一半左右。

《纽约时报》的执行编辑詹姆斯·雷斯顿曾投票决定出版五角大楼文件，他曾说，20世纪是记者的时代。这确实是一个时代：文学、沉浸式和长篇小说发展，记者们似乎受到了《第一修正案》所承诺的自由新闻的坚实保护。有人说，在这一时期的新闻工作中，事实真相在"跳舞"。然而，在1969年，一个关键的案件，使一个记者和他的新闻之路走向了终结。

在这个属于记者的时代，事实真相纷至沓来，而隐私权胜出。

我们很难认定1967年的纪录片《泰蒂卡特疯狂秀》中哪一幕最令人不忍目睹，因为这正是其重点所在：该电影揭示了被囚禁在布里奇沃特州立医院的许多人所面临的可怕困境。这座位于波士顿以南40分钟车程的石砌建筑监狱关押着我们过去称之为犯罪精神病患者的人。

其中最糟糕的一幕可能是一个被强行喂食的病人，一根橡胶管一寸一寸慢慢地伸进他的鼻子，而他的医生的香烟，几乎已经燃到一半，危险地悬挂在旁边。也许这是一具被强迫喂食的囚犯的尸体，或者是一个无名的人？他们被放进抽屉里，大多数人被单独埋葬，棉球巧妙地放置在他们的眼眶里。或许是那个被扔进浴缸的人，当肮脏的洗澡水涌入他的口中时，他却感到高兴；或者是那个向对他感兴趣的精神病医生透露了他虐待儿童的人。然而，最令人不忍目睹的可能是这样一幕：吉姆，一名前教师，赤身裸体地站在一个空荡荡的牢房中，一圈又一圈地跺脚，声音越来越大，当狱警反复问他为什么不能保持牢房的清洁时，他用咆哮回应。

"泰蒂卡特疯狂秀"这个标题并不是为了博眼球。泰蒂卡特是当地人对监狱周围土地的称呼，而疯狂秀指的是由吸毒的囚

241

犯和打针的狱警每年为公众表演的综艺节目。这个综艺节目实际上是个赚钱的工具：第一场表演就赚了1,500美元，用来帮助满足囚犯们的物质需求，比如他们想要但国家不会提供的电视和音响设备。这成为一年一度的传统。

谁也不知道为什么马萨诸塞州政府允许弗雷德里克·怀斯曼从律师转行成为电影制片人，并在监狱围墙内拍摄了八个星期的综艺节目和其他许多场景。或许州政府官员真的了解事态有多糟糕，并希望在选举期间引起社区的关注，以改善这个机构。或者，正如电影中一些人的滑稽行为所示，狱警们可能希望成为电影明星。无论如何，怀斯曼花了近两个月的时间和35,000美元来记录监狱的日常场景，包括精神科门诊、囚犯转移听证会、药物分发以及裸体或近乎裸体、衣衫不整的囚犯在院子里徘徊、胡言乱语或挖鼻子。许多人注意到了摄像机的存在，但由于麻木或无能为力，无法顾及。怀斯曼没有拍摄波士顿勒索者阿尔伯特·德萨尔沃，因为看守要求他不要拍摄，但他拍摄了其他几十名囚犯，并获得约100名囚犯的签名许可。

1967年，怀斯曼在纽约电影节上首次放映了他的纪录片《泰蒂卡特疯狂秀》，立即成为票房最受欢迎的纪录片之一。谁不想一睹精神病罪犯监狱的内部情况呢？这些人是谁？他们是什么样子？他们有什么样的行为？马萨诸塞州又是如何对待他们的？这听起来可能有些令人毛骨悚然，但许多关注监狱生活的现代电视连续剧表明，人们希望了解这类问题的答案。在这部纪录片中，答案非常令人心痛：有些人似乎太过理智，大多数人行动都麻木了，很明显，马萨诸塞州的医生和狱警没有尽到关心他们的责任。这似乎是公众事务。正如怀斯曼所说，"一个民主国家的公共机构应该是透明的，向公众开放的，而改变只有在公众知情的情况下才能发生"。

然而，弗雷德里克·怀斯曼对于在布里奇沃特展示的调查，却没有机会在阳光下享受它的布莱克威尔岛时刻。首映当天，马萨诸塞州总检察长埃利奥特·理查森提起诉讼，声称该片展示了囚犯处于"极其私密和保密的情景下"。理查森聘请了莫里斯·恩斯特律师事务所，部分原因是为了提出有利于囚犯隐私权的论点。尽管尼尔诉明尼苏达州案的措辞强烈反对在涉及重要新闻的情况下进行事先限制（这是第一个建议人民应该了解政府照顾的人的权利的案件），但理查森赢得了临时禁令，阻止了该影片的放映。

《波士顿环球报》认识到双方权益，并提出了一个折中的方案。他们写道："囚犯的隐私权当然应受到保护，但是公众观看电影的权利也应受到保护。"马萨诸塞州资助的国家机构的立法者以压倒性优势支持囚犯的隐私权。一个人问："自由主义者和民权倡导者到底在哪里？他们现在到底在哪里？"起初，美国公民自由联盟马萨诸塞州分会的律师代表了弗雷德里克·怀斯曼，但很快退出并放弃了这个案子。他们解释说，美国公民自由联盟无法表态，因为双方的公民自由存在相互冲突。

在《泰蒂卡特疯狂秀》案中，马萨诸塞州的一位法官最终听取了一个月的证词，包括电影制片人反对禁令和支持知情权的论点，以及州政府官员支持禁令和支持隐私权的论点。随后，他永久禁止了这部电影的放映。法官称其为"令人毛骨悚然的淫秽恶梦"，指出囚犯的照片未经他们的许可出现在影片中。法官强调："再多的言辞，再多的言论自由和公众知情权的信条都无法掩盖这场图片表演。"他下令怀斯曼交出所有电影拷贝和花絮，以便销毁它们。

1969年，马萨诸塞州最高司法法院基本上支持了这个禁令。法院援引沃伦和布兰代斯在《隐私权》中的观点，认为这些囚犯中没有一个具有新闻价值，而且这部纪录片对囚犯生活中最私密的方面构成了"集体的、粗鲁的侵犯"。因此，禁令在法院中得到了三个星号的支持。首先，该影片可以在"立法者、法官、律师、社会学家、社会工作者、医生和精神病学家"以及相关领域的学生和组织中播放，因为他们是能够对影片中令人不安的信息做最好处理的人。其次，怀斯曼可以保留其花絮，但永远不能出版。再次，怀斯曼必须修改他的影片，包括做一个简短的解释，说明自1966年以来该机构已经发生了变化和改进。这条信息仍然出现在纪录片的结尾，在少数字幕滚动之后：

画面一：马萨诸塞州最高法院下令，要求影片简要说明自1966年以来马萨诸塞州布里奇沃特惩教所的变化和改进。

画面二：自1966年以来，马萨诸塞州布里奇沃特惩教所已经发生了变化和改进。

同年夏天，玛丽·乔·科佩奇内在马萨诸塞州查帕奎迪克发生了一场车祸。有人认为，也许即使是泰德·肯尼迪，以及当晚与他在一起的人，也享有马萨诸塞州最高司法法院刚刚授予囚犯的隐私权。

你可能会认为，美国最高法院的法官对州法院禁止一部揭示州机构渎职行为的纪录片的裁决会感兴趣。然而，尽管哈佛法学教授艾伦·德肖维茨代表弗雷德里克·怀斯曼提出了有关知情权和思想市场的请求，大法官们投票决定不审理《泰蒂卡特民谣》的上诉。他们表示："无论是书面的还是口头的'自由辩论'都不能有效地取代一部向公众展示他们应该关注的情况的纪录片。"威廉·布伦南、约翰·马歇尔·哈兰二世和威廉·O.道格拉斯法官希望法院受理此案，因为他们认识到该案涉及隐私权和人民知情权之间的冲突。他们写道，这是一个不容易解决的《第一修正案》问题。但是，他们未能说服其他法官支持诉讼请求。

与此同时，《泰蒂卡特疯狂秀》在美国仍然被禁止。20年过去了。1987年，怀斯曼和他的律师辩称，鉴于时间的流逝以及许多囚犯已经死亡或被释放，禁令应该被解除。法官在权衡新闻权利和隐私权后同意了这一观点，但前提是怀斯曼必须模

245

糊那些从未签署过放映许可的人的面孔。德肖维茨认为这个裁决是荒谬的，并称其为联邦的耻辱。他认为《泰蒂卡特疯狂秀》"不是一部关于默默无闻之人的电影"。因此，怀斯曼拒绝了这一要求，禁令继续生效。

最后，在1991年，经过近四分之一个世纪的时间，马萨诸塞州法官决定新闻自由和知情权最终超过了隐私权。于是，《泰蒂卡特疯狂秀》可以公开展映，没有任何模糊处理和剪辑。此时已经过去了更久的时间，最初反对这部电影的一位在其中担任"主演"的囚犯正在撰写一本书，并改变了他对电影被污名化的看法。不管怎样，这部电影所传达的信息仍然强有力。在这一年，监狱长认为《泰蒂卡特疯狂秀》对马萨诸塞州的精神健康改革作出了贡献；仅仅是对其恐怖内容的示意，就促使纳税人向立法者施压，进行持久性的变革。但监狱长同时也应注意到他对囚犯隐私的持续关注。

最终，怀斯曼坦言他对隐私问题有一些担忧。他在影片第二次放映前告诉记者："我并非完全否定隐私权，但在法律上，隐私权并非绝对的权利。"

作为一名律师，怀斯曼很清楚这一点。到了1991年，在最高法院那些令人难忘的裁决和支持《第一修正案》的新闻和言论自由引文的支持下，以及对保护隐私权的语言的限制下，美国各地的法院主要裁定反对个人的隐私权遭到披露。学者们对此更加自信地发表法律评论文章，认为沃伦和布兰代斯关于隐私侵权的判例已经失效，宪法成为在隐私案件中"几乎无法逾越的"障碍。

媒体律师弗洛伊德·艾布拉姆斯对此表示欣慰。他写道："美国新闻界从未像现在这样自由，从未像现在这样没有束缚，而且——最重要的是——从未像现在这样受到法律的保护。整个《泰蒂卡特疯狂秀》的惨败看似反常，但最终证明是一次胜利；法律意义上的隐私确实已经消亡。"

同年9月，《泰蒂卡特疯狂秀》在美国各地的电影院上映。该片的广告承诺，它是"对布里奇沃特州立精神病院生存条件的严酷和生动描述"。广告称这是"一次重要的电影活动"，是"弗雷德里克·怀斯曼备受争议的杰作，被禁止公开放映长达24年的最后一次公开展映"，是对"社会对待最底层公民的审视"。

其中一些广告以一张醒目的图片为特色，周围留有足够的空白来吸引读者的目光：那是一张囚犯死在棺材里的照片。

或许可以说，为了回应所有自由，媒体有点自大了。

第十四章
真正的厚颜无耻，真正的家庭主妇

到20世纪90年代初，当法院解除了对《泰蒂卡特疯狂秀》的禁令时，纪录片不再是唯一涉足真实性的行业；电视节目也开始走向真实。1973年，公共广播公司在其系列节目《美国家庭》中展示了卢德夫妇的真实故事，"与观众分享他们最私密的时刻"，从而开启了这一趋势。电视屏幕上开始出现摄像机跟随警察潜入毒品窝点、设立酒驾检查点以及开具违章罚单的《警察》节目。《完全隐藏的视频》《美国最有趣的家庭录像》以及《实话实说》的重播争相展示真实生活中最令人作呕的片段。《未解之谜》（*Unsolved Mysteries*）则将观众的注意力引向令人头痛的犯罪案件，如"俄亥俄州妇女的失踪"和"田纳西州三名摩托车手的死亡"。这类节目如雨后春笋般涌现，被称为真人秀的新类型节目逐渐形成。

1990年，47岁的露丝·舒尔曼与丈夫及两个十几岁的孩子坐车在加利福尼亚州河边附近的十号州际公路上直插进了排水沟。鲁思看起来情况不妙，第一批救援人员发现她被困在残骸中，她的膝盖从倒转的车外露出。鲁思说她以为自己在做梦，一直在询问其他人的情况。其他人大多没有大碍，但是她需要氧气，而且无法移动双脚。

"我只想死掉。"她最终对着通过救援直升机赶到并爬到车下帮助她的护士说道。

我们知道这一切，是因为那名飞行护士戴着一个微型麦克风，用于捕捉户外对话。一部名为《现场：紧急响应》的系列电视片，通过训练摄像师以及让护士在身上的配上麦克风，让他们与飞行护士一样可以密切关注事故现场，用视频和音频捕捉"动作片"般的"惊险的，有时会出现致命情况的车祸"，从赶到现场一直记录到受害者被送进医院大门关闭。这部电视剧被形容为"观察真实生活中的紧急情况和拯救生命的人们"。

露丝·舒尔曼完全不知道她当天被录像了，她称之为可怕、创伤性和极为私人的时刻。直到她和她的家人在他们自己的《现场：紧急响应》节目中看到，该节目在电视清单上被标注为"车祸"或"头部受伤、神志不清、拒绝治疗的病人"。这次车祸导致露丝高位截瘫，当她看着"生命之手"将她皱巴巴的身体从撞毁的车辆中救出时，在现场和救援直升机内听到她自己的遗望时，她还在医院里。

"我当时所想的、所说的和所展示的都不是我最好的状态，"露丝后来说，"公众不应该看到我经历这种创伤的那一面。"

然而，事实上，公众确实对此感兴趣；在20世纪90年代初的150多个联合电视节目中,《现场：紧急响应》排名第34位。制片人声称该节目具有教育意义,经常以图像的形式提醒人们注意驾驶和其他行为的危险性,但他们也承认观众的动机并不那么高尚。这些制片人解释道:"使用摄像机的媒体都是偷窥的",并声称:"只要发生悲剧,人们就会想看,我们就会制作它。"

因此,露丝·舒尔曼提起诉讼,称《现场：紧急响应》侵犯了她的隐私,公开了她的私人情况:她说了什么,她的容貌以及她当天的医疗报告内容。她承认,事故本身可能具有一定的公共利益,但她在现场和救援直升机内的痛苦特写镜头和清晰音频则没有。她的律师表示:"听到一个人对脊髓断裂的情绪反应并没有任何社会价值。"

媒体律师则反驳说,露丝要求经济赔偿的对象错了,是这起事故本身导致了她的伤害,而不是媒体。《第一修正案》保障了即使在最让人不舒服的情况下,新闻自由也该得到坚决维护。

关于此类发布的情况,有一个简单的解释,类似于《泰蒂卡特疯狂秀》制片人收集的那些合同。即使有人提出解除合同的建议,露丝也无法签署。但是,如果她没有受伤,而且她签字了,那么任何解约书都有可能消除她的起诉权。如今,那些参与真人秀节目的人广泛承认,"(他们)所遭受的任何伤害都有可能被拍摄并被制片人利用",并且可能会被公开披露、私人、亲密、惊人、诽谤、尴尬、诋毁、不利或无吸引力的内容。

这些声明表明，所有这些都可能导致他们受到"公众的嘲笑、羞辱或谴责"，尽管如此，他们放弃了所有的侵权索赔，包括对"任何形式的侵犯隐私权"提起诉讼的可能性。在舒尔曼案发生时，许多律师仍然认为，当事情发生在公共场合时，这样的声明是不必要的，媒体可以自由地捕捉和发布在外拍摄的图像和录制的声音，无论多么令人不安。

在舒尔曼案中，这些律师在某种程度上是正确的。

加州最高法院在舒尔曼案的判决中，首次引用了沃伦和布兰代斯的《隐私权》一文。这两位作者于1890年就表达了对新兴的"即时照片"超越明显礼仪和体面界限的担忧，并预测了其他设备可能传播秘密私事。他们认为，私人信息在报纸上的"传播"发生得相当突然。加州最高法院的法官们在裁决中指出，现代情况更加糟糕，因为不同类型的媒体如雨后春笋般涌现，以满足公众对八卦、对他人私生活的好奇心以及对邻居不幸故事的兴趣。

然而，尽管存在这些观点，露丝·舒尔曼在1998年对节目组公开她私人事实的索赔请求败诉。法院裁定，《第一修正案》的利益以及她的灾难对公众的公共利益超过了她的个人创伤。法院写道："尽管个人隐私面临日益增加的压力，但长期以来，我们渴望的隐私必须在许多时候让位于对我们时代事件和个人权利的理解……"这其中包括露丝·舒尔曼和她的事故。法院呼吁对这种尊重进行鼓励。大法官解释说："通常情况下，如何最好地报道某个特定事件不应由法院或陪审团来决定，因为法院既不是新闻界的高级编辑，也不能在宪法上充当此角色。"

《现场：紧急响应》的律师们在法庭和其他场合争辩，认为《第一修正案》的原则和对此类案件的保护是"公认的"。同样报道这一案件的报纸也认为，舒尔曼案的判决只是"维护了许多长期以来确立的保护媒体报道新闻事件的原则"。

但是其他人在露丝·舒尔曼的故事中看到了更多细节。"法律正在我们眼前逐步展开和发展"，媒体律师李·莱文在舒尔曼案判决作出几个月前对《洛杉矶时报》表示。他说，至少在关于隐私以及可以公开一个人多少信息的问题上，还没有"法律规定"，或者说还没有确定的规定。他觉察到这个故事还蕴含更多内容。

事实证明，他的感觉是准确的，因为加州最高法院对舒尔曼案的裁决的另一部分走向了不同的方向。

难怪舒尔曼案的法院在20世纪90年代做出了公开私人事实的决定。在那个时候，不仅《泰蒂卡特疯狂秀》的禁令被解除，媒体还在一系列尊重隐私的裁决中成功击退了侵犯隐私的索赔。这些裁决与舒尔曼案一样，为《第一修正案》喝彩，赞扬真实信息，并强调公众知情权的重要性超过隐私权。

然而，这些裁决并不总是引人注目。其中最著名的可能是一家杂志有权刊登一名男子在不知情的情况下拉裤子拉链的照片，这是70年代的一项裁决。在80年代，一家报纸有权刊登一名只披着洗碗巾逃离绑架的妇女的照片。

在那个时期，媒体在披露一些人的非自愿绝育、精神病史、秘密收养等私事时，也在与隐私有关的案件中取得了胜利。一位新闻摄影师闯入精神病院，拍摄了一名声名狼藉的病人的照片，该病人被指与一名儿童的死亡有关。然而，在发布的照片中却包括了另一名病人。法院认为这是有特权的行为。新闻报道涉及点名的大学篮球运动员糟糕的表现以及由此引发的严重学术问题也受到保护，因为公众对大学体育感兴趣。

一家上诉法院裁定，奥利弗·西普尔是一名残疾海军陆战队队员，他在一次刺杀行动中救下了杰拉尔德·福特（Gerald Ford）总统。尽管他没有与大多数人分享，尽管他的家人在八卦专栏中揭露他是同性恋后抛弃了他，但他没有权利保护自己的性取向不被公开。法院写道，这一新闻片段有助于加深公众对同性恋的理解，因为它有助于"消除公众认为同性恋者胆小、软弱和不英勇的错误观念"。西普尔辩称，他的性取向是他私人生活的一部分，与他对试图夺取他人生命的行为无关。他说，一个人的价值取决于他如何回应所处的世界，而不是他如何或与谁分享私人生活。而知道男同性恋者也可以勇敢地维护自己的权利更为重要。

最终，知情权也将有助于媒体处理一名受害者的案件，该受害者的强奸被攻击者录像下来。她将录像带作为证据交给警方，警方与一名电视新闻记者分享了录像带。该记者在新闻报道中使用了40秒的受害者"裸露的脚和小腿"以及"（攻击者）的部分裸体"，他的"上身、手臂和手"在攻击期间在受害者的身体上方和周围移动。联邦上诉法院在驳回受害者的隐私要求时写道："通过播放录像带，媒体被告提高了报道的影响和可信度，表明这些指控有坚实的证据基础，记者可以获得可靠的信息。"

与此同时，法官们经常解释说，他们不敢推翻新闻界的新闻决定。法院写道，认为绝育手术有新闻价值的案件，法院没有资格充当审查员，不应干涉"报纸为公共利益发布新闻的特权"。在强奸录像案中，法院解释说，它拒绝"从事事后的司法'删节'，以确定什么是合法的公共关注事项，因为这可能对新闻自由产生负面影响"。

在众多支持媒体的法律之后，20世纪后半期的法律和新闻专业学生继续学习有关保护出版商的法律。新闻组织对在职记者建议，当一个人自愿或不自愿地参与到新闻事件中时，他就失去了隐私权。那些对媒体有权发表某些私人物品提出质疑的人们遭到《第一修正案》的打击。这项修正案的目的是保护社会免受政治或社会不正确言论的影响，尽管与那些建议公立学校停止教授进化论的人进行比较是令人遗憾的。

此后，自信的记者们辩称他们有权出售印有车祸受害者照片的T恤和咖啡杯，因为这些图片具有新闻价值。他们还主张记者的特权保护他们不被强迫透露新闻报道中匿名评论者的名字，将互联网巨头比作水门事件的深喉。他们认为，他们有权从州立大学的本科申请中获取申请人的某些信息，例如父母的姓名、父母的地址和申请人的推荐人。他们认为州立学校的大学申请是公共文件，联邦学生隐私法不适用于纯粹的申请人。

21世纪初，一些媒体开始从警方收集因各种罪行被捕的普通人的指纹照片，然后予以公开发布，很少考虑这些照片的新闻价值或相关指控随后可能被撤销的情况。一些类似"看照片，猜犯罪"的嘲弄游戏出现了，即使在一些较高雅的出版物上也能看到：这个化妆过度、被点名的女子是因"反人类罪、过于性感、对男友过度拥抱或偷眼影"而被捕的吗？这个身穿深色衬衫的年轻人是因"装扮成忍者偷窃性用品、非法入室、在沃尔玛对一件毛绒玩具进行不当性行为或在教堂进行性行为"而被捕的吗？请明智选择以获取最高分数，只有一个正确答案。

与此同时，《纽约邮报》的小报在封面上整版刊登了一张58岁的基·索克·韩引人注目的照片。韩被一个情绪紊乱的男人推到地铁轨道上，面对逼近的地铁列车，他无助地靠在一边。韩照片下方以粗体字写着"被推到地铁轨道，这个男人即将死去"。大约一秒钟后，韩确实被地铁列车压死了，他的幸存者们将永远被韩生命最后一刻的画面所困扰。

与此同时，《泰蒂卡特疯狂秀》时代后的真人秀节目已经发展到包括《禁闭》《真实世界》《老大哥》和各个城市的《比弗利娇妻》等节目，其中一些是有剧本的真人秀。类似于《死亡面孔》这样的录像带产品也出现了，其中包括各种内容。还有围绕真实的9·11电话音频（通过信息自由法获取）和真实的急诊室访问视频（通过与一些医院的协议获取）的电视节目。谁能说公众想知道什么，他们有权知道什么，他们应该知道什么呢？但有一件事是清楚的，《时代周刊》在21世纪初宣布，窥视类节目现在已成为电视上最受欢迎的节目类型，这证明了国家对"窥视的狂热"。

水门事件中的鲍勃·伍德沃德和卡尔·伯恩斯坦开始感到担忧。在美国，似乎已经形成了一个"丑闻记者团"，将"奇怪、愚蠢、粗俗、耸人听闻"作为我们的文化规范，甚至是我们的文化理想。普利策奖得主安东尼·刘易斯认为，法律需要改变，他写道："《第一修正案》对言论自由和新闻自由的保障是我们自由的基础，但如果它们成功地完全压倒了隐私的利益，那将是一个可怕的胜利。"

快速前进到《朋克》和《惊吓战术》，甚至可能是《波拉特：为使光荣的哈萨克斯坦国受益而学习美国的文化》，（法院："毋庸置疑，《波拉特》完全符合新闻价值的例外情况"，因为它"挑战其观众面对"普通美国人对假冒的哈萨克斯坦记者的反应。）在这一切中，并不奇怪，这些人在视频和其他场合被恶作剧、被惊吓、被揭发，这些视觉效果尽管数十年来尊重着那些发表戴着浴巾的女人和拉着拉链的男人的出版物，但一些法官已经开始对法律如何看待隐私权进行了反思，这些反思类似于沃伦和布兰代斯的思考。

也许数字最能说明问题。在短短几年内，新闻业已经成为媒体的一部分，人们对其的信任度从水门事件后的72%的高点下降到32%，而与此相对看重隐私权利益已经上升到79%。法院判决中提到隐私权的次数，在20世纪50年代约为400次，到60年代增加到1150次，然后在70年代增加到4000多次，80年代增加到6100次，90年代增加到7500次，在21世纪的前20年里一直增加到25600次。

新闻几乎在各个方面都处于下风。令人惊讶的是，《现场：紧急响应》将成为首批正式受害者之一。

诚然，1998年露丝·舒尔曼在真人秀节目《现场：紧急响应》中提起的隐私权案件中，最重要的成果是，对公众有权知道真相的利益战胜了她个人形象和言论的任何隐私权。在这个案件中，法院解释称，视频纪录片作为其意见中既有利于媒体又对她的隐私不利的部分，使用了一定程度的真实细节，这些细节不仅相关，而且是事故新闻叙述的关键。

但随后，大法官们改变了态度。公开私人事实并不是当时法院所接受的唯一隐私权：还存在侵入隐私的侵权行为。因此，在那份赞扬公众知情权高于个人隐私的意见中，露丝·舒尔曼以不同的方式取得了胜利。法院裁定，发表她的图像和文字是受保护的，但制作视频本身的侵扰性手段却不受保护。

那个安装在救援直升机护士身上的微型麦克风，使隐秘的窃窃私语有可能被技术捕捉，这正是沃伦和布兰代斯所担心的。该装置使电视观众得以从自己的沙发上进入舒尔曼残破的汽车，然后踏上她的救生飞机。法院表示："我们不知道有什么法律或习俗允许媒体在未经病人同意的情况下搭乘救护车或进入医院病房，而且病人在治疗过程中与医务人员的交流存在重要的隐私预期。"所有这些似乎都支持一个有效的侵权赔偿请求，《重述》中规定，以电子或其他方式窥视他人的隐私空间，都是错误的。

这意味着《现场：紧急响应》的播放必然受到保护，因为媒体有权播放具有新闻价值的事故现场细节，但制作背后使用的侵扰性手段，尤其是通过实际上是隐藏的麦克风来录音事故受害者最脆弱的一面，则不受保护。这并不是露丝·舒尔曼的完全胜利，也许这一切都发生在公共公路上，在他人耳边，她甚至在侵犯的意义上都没有隐私权。但这种不同的情况将由不同的法院在不同的时间里处理，露丝可以声称取得了部分胜利。她的律师认为不仅仅是这样；他称这一结果是"媒体公司的一次重大失败，这些公司披着《第一修正案》的外衣来践踏隐私权"。

媒体律师们大多对舒尔曼案裁决中对新闻业产生广泛影响的说法持怀疑态度，因为有《第一修正案》的保护。一位律师说:"对于合法的新闻媒体来说,我不认为这在任何意义上改变了游戏规则。"

事实上,在舒尔曼案判决仅仅四个月后,真人秀电视节目的情况似乎恢复了正常:一支制作团队进驻爱达荷州的一个小镇,拍摄了一档名为《世界上最恶劣的邻居》的电视节目,通过隐藏摄像头展示现实生活中的人如何应对假冒的粗鲁行为者(所谓的脑损伤人群,在街上跳舞、用扩音器宣布公共集会、在前院泥浆摔跤)。这里也是技术使得制作成为可能。"一个摄制组秘密地使用更大的隐藏摄像头在行为者的房子里以及包括一个伪装成太阳镜的小摄像头来录制邻居们的反应。"忧心忡忡的邻居最终向警察报案,警方发现了这个计划,但节目仍然在电视上播出。一位电视网络高管向《纽约时报》解释说,隐藏摄像节目"可能对一些人造成冒犯,但在收视率上表现良好"。

在出版商日益大胆、某些法院开始对媒体有时越界的隐私问题表示不满,以及公众对个人隐私日益关注的背景下,国会引入了《通信规范法》(Communications Decency Act)第230条款。

结果证明这是一个大错误。

余声
它并未随之而来

一个多世纪前，有人对互联网的未来进行了预测，预测显示它的前景并不那么美好。

一位记者在1875年写道，在路易斯·布兰代斯和山姆·沃伦进入法学院时，他感到震惊，看到一位真正有权势的人发布了一份低俗的报纸，不择手段地满足公众需求。这位预言家认为，美国人总是充满希望，总是相信每一次变革都会带来更好的结果，新的出版物类型总是从之前的发展中产生。

他是知道的。因为在那个时候，他已经发表了一份宣扬种族间关系的虚假小册子，这是早期政治信息误导的一个版本，意在使读者感到不安。

快进到20世纪90年代中期。互联网在其发展阶段来说在当时还算是崭新的，但色情内容（令人惊讶！）似乎已经在其上泛滥成灾，1995年《时代周刊》网络色情专题的封面上，一个震惊的孩子形象就记录了这一切。国会议员希望确保孩子们不再遭受这种情况的困扰。作为加利福尼亚州国会议员和两个孩子的父亲，克里斯托弗·考克斯警告说："在这个庞大的计算机信息世界中……如果你愿意，你就可以在书店找到一些我们的孩子不应该看到的东西。"因此，他们开始着手制定法律，以"阻止网络色情商人向儿童销售"和"禁止在全球计算机网络和服务上进行淫秽和不雅的交流"。

《第一修正案》对猥亵禁令提出了强烈抗议，但正如你想象的，这一部分法律最终也无疾而终。然而，国会也担心，如果一个网站尽力而为但未能删除令人反感的内容，谁应该为此负责。有传言称，最近一个法院要求互联网服务公司普罗迪吉对其网络公告板上的诽谤性评论负责。普罗迪吉公司主要为家庭友好型互联网接入提供便利。它如何检查每一条信息呢？它如何评估并删除每天60000个帖子中可能令人反感的帖子呢？这不仅会像《我爱露西》那样成为一个文字传送带，而且速度还会越来越快。然而，责任问题将迫使任何创新的互联网公司直接停业。互联网可能会在萌芽阶段就夭折。

因此，为了保护普罗迪吉公司和互联网本身，两位国会议员，共和党的考克斯和民主党的罗恩·怀登，起草了一项修正案作为回应。该修正案规定："交互式计算机服务的提供者或用户不得视为发布或表达提供的任何信息的发布者或发言人。"这意味着，尽管网站仍对其员工发布的信息负责（因为这些出版物是由公司发布的），但如果他们邀请公众在公告板上发帖或进行其他互动，他们将不对用户生成的内容负责。考克斯和怀登议员表示，这个想法是为了督促互联网公司保持警觉，从他们的域名中删除所有肮脏的东西，这样在自我管理时无需担心因此等同于出版商，也无需承担出版商的责任。免责意味着，即使不良内容继续存在，互联网公司和网站也不会因此受到起诉。

国会议员考克斯在向其他议员介绍该法案时表示："我们希望确保每个美国人都受到公开邀请，并欢迎他们参与互联网。"其他国会议员也表示同意，认为这是一种"周到的"方法，旨在"保护我们的孩子免受互联网上的淫秽和不雅材料的影响"，通过鼓励网络公司自我整改来"帮助遏制网络上的污秽"。

《通信规范法》第230条很快通过了国会，并于1996年2月8日由克林顿总统签署成为法律，被称为"私人领域和公共利益服务"的重要法案。

然而，这听起来可能有些天真。如今，第230条已经成为讨论互联网错误的核心议题，这也是为什么两党中许多人推动加强互联网监管、加强网站责任，并修订第230条（甚至废除）的原因。

然而，回顾第230条诞生的时代，我们会发现那是一个电子化程度有限的时代。当时只有约20%的家庭拥有电脑，只有不到10%的美国人曾经访问过互联网。新闻报道将互联网描述为一个巨大的电子文件柜，通过使用浏览器软件访问存储在世界各地计算机中的信息，使计算机能够从远程站点检索图片、视频、声音和文本等有用的内容。即使国会议员考克斯也承认，他和他的同僚们对这一切只是"最近"才开始熟悉。

当时的新闻报道充斥着对新生网站的激动报道，雅虎（"http：//www.yahoo.com/"）帮助上网者找到"很酷的东西"，例如博卡·拉顿的大娱乐（"http：//scifi.com/pulp/teknation/tnation.html"）和哈特福德消防局（"http：//www.tiac.net/users/ellfire"）。电子邮件也刚刚开始出现，有两家公司承诺在1996年底之前提供免费的电子邮件服务：自由传媒通信（Freemark Communications）和朱诺。正是在克林顿总统签署第230条成为法律的当天，报纸报道了越来越多的"有声音的网站"开始出现。

所有这些事实证明，互联网并不仅仅是一种时尚，而是一种被公认为"边缘媒体"的力量，逐渐吸引了企业和消费者的关注。有些人认为互联网很可能是自尼龙搭扣以来最重要的发明。

毫无疑问，第230条对互联网的发展起到了积极的推动作用；它促进了从nytimes.com上的读者评论到yelp.com上的餐馆评论，再到reddit.com上的闲聊胡思乱想，以及其他可疑网站上的帖子等一系列内容的出现。第230条不仅保护了所有这些网站，而且如果没有该条款的存在，可能就没有一个网站能够获得同等的发展。根据该条款，无论评论、点评、批评、照片或视频的内容多么可怕、具有诽谤性或侵犯隐私，只要是由该组织之外的个人发布的，如《纽约时报》、点评网（Yelp）、红迪网（Reddit）以及那些道德标准不高的网站，都不需承担责任。

再加上公众对《第一修正案》所保障的言论自由有着广泛的理解，而对隐私权则漠视或不理解——一个涉及参与性网站的自信的法律建议正是这样表述的：《第一修正案》保证了你的言论自由权，只要是事实，你就不会有麻烦，也不会因为任何类型的诽谤而被追究责任。"互联网似乎真正成为一个思想市场，一个充满真实信息的档案柜，其中固然存在一些虚假信息，但它们将和最好的文学作品一样受到保护。

"网络之所以如此伟大，其中一个原因就是你可以做任何你想做的事情，"一位网络专家当时说道，"真的这其中没有任何规则。"因此，正如那位种族主义预言家在1875年所警告的那样，卑鄙和不择手段的人不仅关注到了互联网，也关注到了第230条。尽管数字世界似乎带来了一种有希望的变化，但这并没有让事情变得更加高尚或更加优秀，至少在涉及隐私问题时如此。

在第230条通过几年后，一些在互联网上寻找很酷的东西的网络冲浪者会遇到一个自称肮脏网（The Dirty）的网站，这绝对是一种暗示。

在那里，在数百个类似的帖子中，他们会看到两张年轻女子的照片，可能是十几岁或二十出头。她躺在一个名为"城市"的小卧室的地板上，茫然地盯着镜头，双臂举过头顶，显然完全失去知觉，也许无法移动。地毯上到处是呕吐物。

"没有人邀请她来此处"，她照片上方的标题写道。随后是这样的解释："这个婊子在我们的房间里吐了一地，还尿了一身。……然后她早上醒来，还敢要求穿上新衣服，并要求洗个澡。你在跟我开玩笑吧！"

肮脏网的创始人尼克·里奇在回应中这样补充道："我不相信她吐了那么多之后，依然还是那么胖。从数学的角度讲，这简直说不通。"

2011年的原始帖子上有72条评论，10年后，这些评论仍然存在，就像原始帖子一样，都可以搜索到，都可以在网上找到，尽管那个可能喝多了的年轻女子当时可能已经30多岁了。有两个评论者给她起了名字；其他人则称她为一只猪和一头牛。最令人不安的是，有人建议原发帖者应该强奸她。

具有讽刺意味的是，美国国会试图为所有人建立一个更受欢迎的互联网，该法的发起人说是为了消除网络空间无所顾忌的文化的不正当诱因，是为公众利益服务的，但却导致了肮脏网这样网站的诞生。尼克·里奇就在他的第一个经常被问到的问题中提到了国会："我可以起诉发布虚假信息的肮脏网吗？"答案是："一句话，不可以。""根据一项被称为《通信规范法》或'CDA'（上述法律首字母的简称）的联邦法律，像肮脏网这样的网站运营商通常不对'发布'第三方用户的内容负责。"

这对侵犯隐私来说也是如此。今天，根据第230条，2011

年那个卧室地板上的不幸的年轻女子不会赢得对肮脏网的索赔，无论该帖子的准确性或不准确性。她唯一的追索权是针对发帖人的，而且，如果可以追踪，发帖人的收入可能远远低于肮脏网，在那时，一个横幅广告每月要花费一万美元。

我们知道，尽管从别人的不幸中赚了那么多钱，但肮脏网并不承担责任，因为有人在那里发布了大量关于一个名叫萨拉·琼斯的女人的下流内容，她是一名职业拉拉队队长和高中教师：她和每一个辛辛那提孟加拉队的橄榄球运动员都发生过关系，而且她在教室里和其中一个运动员发生了关系，等等。她要求尼克·里奇把这一切都记下来，里奇对此表示拒绝，接着琼斯针对里奇的拒绝进行了起诉。（这是在她因与学生上床而失宠之前，但这肯定是里奇选择对抗这一特殊要求的原因之一。）

"你在这里自掘坟墓，萨拉"是里奇在他的网站上发表的一封公开信。"在所有媒体的关注下，这对你来说只会越来越糟。"

他是对的。新闻界和媒体支持里奇和肮脏网。新闻自由记者委员会、美国有线电视新闻网和高客网等在他们的联合非当事人陈述中认为，第230条已成为在线出版商的新的总体保护法，它"以《第一修正案》的核心标准为基础"，并且它代表了"互联网上言论自由的扩展"。美国公民自由联盟也加入了一份法庭之友简报，认为对肮脏网的判"威胁到了受保护言论的广泛多样性"。脸书、谷歌、微软和其他互联网巨头在自己的辩护状中也提出了同样的论点：第230条"对互联网的发展和稳健性仍然至关重要"，它作为"自由表达的媒介"的增长也是如此。

这些论点起了作用；莎拉·琼斯输了。联邦上诉法院写道："国会制定第230条是为了保护自由的互联网，这一规定解决了本案。"当然，里奇选择了张贴的帖子，并经常在别人的帖子中加入自己的评论，但第230条是明确的；如果冒犯性的话语不是由里奇本人写的，而是由一个假名写的，就不会有任何责任，而且"肮脏"这个暗示性的名字也一点都不重要。

因此，在对琼斯案作出裁决的同一年，网上冲浪者也可以在肮脏网上找到19岁的布兰妮，这个年轻的女人，海报上说，是一个"破坏家庭的不检点女人"，"比大多数30岁的女人更为放荡"，她还患有衣原体。该网站公布了她的裸体照片，关键部位用星星遮挡，并配以一个思想气泡。你可以看到她的脸部轮廓。

第230条也为报复性色情网站提供了便利，如myex.com，该网站建议愤怒的人通过发送伤害他们的前男友的裸体照片来"报复"。愤怒的人这样做了，而那些具有破坏性的淫秽照片——通常是女性的，通常被命名并可按城市搜索（"找到你认识的人"，该网站建议）——在2015年以短语为标题，如给"让你看看我的前任婊子"和"荡妇"，多个可点击的裸照，专为一次性使用放在一边。有些人表示通过上传照片在该网站使其月收入达到20,000美元。今天，myex.com已经消失了，但类似的网站仍然存在，其中一个网站上，人们发布了对"女大学生"裸体照片的请求，这些女大学生都是被点名的大学学生。有时他们的请求似乎得到了可下载文件的回应。"有人有K-D-的照片吗？"一个发帖人最近问道，指名道姓地说是某大学的女学生。答案似乎是没有，但另一个发帖人提供了一个不同名字的女人的照片。"有K-B-的照片吗？"该回复反而提出，并包括一张年轻女子的微笑照片和一个文件附件。

第230条也保护被指控贩卖人口的人；一家联邦上诉法院因该法规而授予网站backpage.com以未成年性贩运受害者为主题的性广告豁免权。法院写道："这是一个艰难的案件——艰难不是指法律问题无法解决，而是指法律要求我们像下面的法院一样，拒绝向那些情况令人愤怒的原告提供救济。"此后，国会对第230条进行了修订，把贩卖人口的行为划出了这种豁免权，但第230条的核心内容依然存在。

一个巨大的悲剧是，一些人在经历互联网曝光后选择了自杀。其中之一是罗格斯大学新生泰勒·克莱门蒂，在2010年，他的室友发布了一段克莱门蒂亲密时刻的秘密录像后，他从乔治·华盛顿桥上跳了下去。几年后，《美国医学会杂志》上的一篇文章将"社交媒体时代"与年轻人的自杀率、抑郁症和焦虑症联系起来。这种媒体批评式的评估与一个多世纪前发表在《美国神经杂志》上的评估非常相似，也与脸书自己的严格内部评估结果一致。

那些发布"没有人邀请她"的人肯定意识到了其中的联系；他们表示，如果躺在地板上的年轻女子"看到这个帖子并自杀了"，他们会感到"有点糟糕"。第一个报复性色情网站的创建者也看到了同样的可能性。他在2012年接受《乡村之声》采访时说："让我们保持真实一点，"他说，"如果有人因此而自杀，你知道我可以赚多少钱吗？在一天结束时，我不希望任何人伤害自己。但如果他们这样做？谢谢你的钱。"

此外，可以说第230条也帮助了更多现代类型的预言家，比如政治假消息：例如，社交媒体网站没有什么理由去调查谁在关键的选举期间发布了某些旨在操纵选民的虚假材料，或者那些在危险的大流行病期间考虑接种疫苗的人，如果他们不对此负责的话。

当然，最终，新闻自由记者委员会、美国有线新闻网络、美国公民自由联盟、脸书和谷歌对大多数法院如何描述第230条的观点是正确的。该法规被视为网络领域的《第一修正案》，是一项"鼓励互联网上不受约束和不受管制的自由言论发展"的法律。正如一家法院在2003年所言，该法规的目的是"促进互联网的持续发展"，以符合美国的政策，并"维护（其）充满活力和竞争力的自由市场"。这些是人们对第230条关注的主要内容。

然而，就像最初的《第一修正案》一样，第230条也存在一个不常被强调的微小差别。最初，该法规的内容直接契合了发起人对互联网的更高追求和更美好愿景，表明他们确实对互联网有着更广阔和更优秀的期望："为真实的政治多样性提供一个论坛，为文化发展提供独特机会，并为智力活动提供无数途径。"第230条的重点是扩大"教育和信息资源"的范畴，让其惠及于……所有美国人。国会甚至提出，"通过计算机进行的骚扰"不受《通信规范法》的保护。

然而，在琼斯案判决之后，尼克·里奇称自己是"拯救互联网的美国英雄"。但到那时，由于像他这样的网站造成了情感伤害，其他法院已经开始比舒尔曼法院更加努力地加倍写明他们对互联网和其他媒体上发生的事情感到厌倦，并得出结论，隐私权需要得到更严肃的尊重。尽管尼克·里奇和他的支持者可能已经在这场战斗中取得了胜利，但一场战争仍在酝酿之中，现代法官似乎正为某一方做好准备。

自由自在的互联网继续做着它想做的事情。

第三篇

当心了！

第十五章
佛蒙特州小姐、米克瓦法官和摔跤手

据塔克·麦克斯的说法，他在博卡拉顿的健身房遇到了前佛蒙特小姐，几个小时内，他们就在一辆福特探险者的后排上干柴烈火了。塔克·麦克斯评论道，这在很大程度上揭示了"一个缺乏经验的女孩对她的第一次真正性经历的反应"。他使用了她的真名。

据称佛蒙特州小姐在他们分手前曾说："在你之前，我不知道什么是性，"这是在2003年，塔克·麦克斯在他的网站上发表了一篇名为"佛蒙特州小姐的故事"的文章其中包含了所有这些内容，甚至他自己也将其描述为超出"所有社会规范"界限的泄露名人私情式的文章。这或许是现代性的一部分，就像人们将自己的生活记录在所谓的网络日志上一样，有点像传统日记，专家们会解释说，这是"在网上向全世界发布的"。这种感觉有些污秽，但这是塔克·麦克斯自己讲述的故事，因此不受第230条的豁免权限制。

与此相反，塔克·麦克斯认为，《第一修正案》将保护他的权利，他享有"宪法保障的言论自由"，可以在关于他们关系的"自传式叙述"中表达他的观点。

塔克·麦克斯的故事与《我的生活和爱情》中的痛苦细节或《泰蒂卡特疯狂秀》的视觉效果不同，但它足够生动、不受约束，对某些人来说可能会说足够震撼。其中一个区别是，作者强调的重点不是扭曲的性教育或仅仅是裸体，而是呼吁佛蒙特州小姐在她的选美平台上支持性禁欲。塔克·麦克斯向也浏览过他的"侏儒故事"的读者保证，但他厌倦了"忍受巨大的虚伪"。

他从未使用过"公众知情权"这个短语，也许他的新闻决定不应该受到尊重，尽管当时的书名是《我们现在都是记者》，但他确实使用了"真实"和"自传"这样的形容词，并且由于他曾上过法学院，他可能知道一个关于故事是真实的、符合公众利益的论点可以对任何侵犯隐私的主张进行有力制衡。毕竟，这涉及一位州级选美皇后向年轻女孩传授关于禁欲的一课，却自己做了另一件事！总之，他在"佛蒙特州小姐的故事"结尾，并没有以高尚的情操结束，而是以另一种挖苦的方式："感谢上帝，她很有魅力，否则她会饿死的。"

佛蒙特小姐提起诉讼，起诉塔克·麦克斯在互联网上分享了他们所谓的性关系的私人故事侵犯了她的合法权益。而塔克·麦克斯则认为佛蒙特州小姐是一个伪君子，她把自己伪装成克制、有责任心和禁欲的化身，行为却不符合这些美德，并应该对公众负责。

佛罗里达州的一位法官支持了佛蒙特小姐的观点，下令塔克·麦克斯将"佛蒙特州小姐的故事"撤下。

根据肮脏网的时间线，我们可以想象接下来会发生什么：那些感到自由受到威胁的记者们立即反击。一篇充满激情的报纸社论写道："不要削弱《第一修正案》"；另一篇社论的标题是"法官的裁决损害了我们发表观点的自由"。有人将塔克·麦克斯与那些在尼尔诉明尼苏达案中被阻止报道政府腐败的记者们相提并论，认为同样的原则适用，毫无疑问，法官的命令与《第一修正案》完全相悖。他们认为，即使是不光彩的人也有言论自由的权利，法官的裁决只是一种剥夺自由的借口，而这些自由是这个国家历史上伟大的组成部分。有人指责佛蒙特州小姐胆大妄为，就像几十年前他们指责威廉·西迪斯一样，为什么一个想不被打扰的人要通过提起这样的诉讼来为自己做宣传？佛蒙特州小姐可能重视她的隐私，但我们更重视《第一修正案》。还有人表示，像塔克·麦克斯那样的做法去泄露名人隐私是不礼貌的，但同时他的做法又是权利法案所保障的。

最终，佛蒙特州小姐心灰意冷地放弃了她的诉讼，而塔克·麦克斯则立即重新发布了他的性关系故事，并感谢那些支持他，捍卫了他们和我们的宪法自由。他写道："我为能够以这种微小的方式为我的国家服务而感到自豪，我最终击败了对《第一修正案》的恶意攻击。"如果你阅读过简报并对美国法律有丝毫了解，你就会知道她在开始之前就已经完蛋了。这里的"完蛋"既是字面意义上的，也是象征性的。

此时，美国公民自由联盟已加入反对佛蒙特州小姐的行列，作为支持塔克·麦克斯的表示，该联盟向法院提交了一份声明支持塔克·麦克斯的法律文件，认为互联网是最接近真正的自由思想市场的东西，是令人惊叹的实用性、开放性和无限沟通的堡垒。

虽然很多人唾沫横飞，但塔克·麦克斯是否会在佛蒙特州小姐的诉讼中获胜还是未知数。实际上，这个问题令人怀疑。

在塔克·麦克斯涉案之前的几年，一位受人尊敬的法官米瓦克（Justice Mikva）从华盛顿特区巡回上诉法院退休了。他曾在该法院任职多年，自吉米·卡特总统任命以来一直担任职位。在他退休时，他发出了对媒体的警告，称之为"可怕的信息"，并预言变革即将到来。

"当心！"他写道，"对《第一修正案》的学说将会有一场反击。"

这个不祥的警告来自司法界的内部。米克瓦表示，越来越多的美国法官认为，在20世纪60年代、70年代和80年代，最高法院在保护媒体方面过度发展了《第一修正案》的裁决。在过去几年中，法官们过于积极地捍卫了"有害"报道，他们不再相信《第一修正案》应该如此保护。米克瓦批评了"新闻业的现状"，包括道德标准的下降，这引发了一场反击。米克瓦法官没有详细说明最高法院案例中语言的微妙差别，但他也无需如此。他和他的同事们知道这些差别的存在，他们有坚实的基础。

米克瓦法官的判断是正确的。在随后的几年里，随着电视节目日渐真实，互联网的影响力日益增强，以及新闻业向媒体业的转变，涌现出一系列法院拒绝像舒尔曼案那样默认公众知情权的隐私权案例，这些案例中的侵犯程度都比塔克·麦克斯键盘上的性故事要轻得多。一些学者习惯了对《第一修正案》中权利更"浪漫"的解释，相信绝对主义或类似绝对主义，现在也意识到了局限性的存在。

《体育画报》就是其中之一。加利福尼亚州的一家法院指责该杂志，因为他们刊登了一张典型的少儿棒球队的照片，照片中有成年人站在后面，孩子们围绕在周围。这张照片讲述了一位教练虐待球员的故事，而其中一小部分男孩曾是这些教练的受害者。因此，他们起诉该杂志，认为这样的报道侵犯了他们的隐私。法院认为该杂志不仅应该模糊孩子们的面部，州法律也保护这些孩子的全部信息不被曝光，"公共政策有利于这种保护"。该杂志认为典型的球队照片有助于说明这种悲剧可能发生在任何球队和任何球员身上。

《芝加哥论坛报》也是如此。伊利诺伊州法院维持了对该报的隐私权诉讼，因为报纸发表了一个母亲在医院病房对她死去的儿子尸体所说的爱语，这些话是记者无意中听到的，并作为报道帮派暴力升级的故事的一部分发表，该报道还配有一张死者尸体躺在担架上的照片。"陪审团可能会认定，对一个哀伤的母亲对她死去的儿子说的话，或者他死在医院里的样子，公众没有什么兴趣，即使他是死于帮派枪击。"法院写道。在这起案件中，报纸辩称母亲的话引用——"我爱你，卡尔文……我一直在告诉你要远离这些街头的事情"——帮助一个由数据驱动的新闻故事增加了人性化的元素。

接下来，华盛顿特区的一家联邦审判法院对《华盛顿观察者》的无害八卦新闻做出了裁决，即一名电视新闻制作人与一些知名人士有染，其中包括一位受欢迎的篮球教练。法院写道："一个30多岁的未婚职业女性不太可能希望自己的私生活在一份广泛发行的报纸的八卦专栏中被揭露，包括她曾与谁约会并发生过性关系。该女性的个人爱情生活（是）不属于公众关注的问题。"

也许，这些法官似乎在暗示，随着新媒体的推动，这个有益、开放、无限制的思想市场会变得更加活跃，也需要一些监管。

然后，在21世纪初这个关键时刻，他们开始保护公职人员。

那些看过20世纪90年代播出的电视杂志式节目《新闻揭秘》的人，对制片人称为《抓捕捕食者》的部分非常熟悉。该节目介绍了大部分男人被那些在社交媒体上抱怨无聊的青少年吸引到郊区房屋的故事。

到头来，发帖的青少年实际上是成年的网络义警，而这个节目所叙述的内容几乎都是一样的：该男子发送了一些关于他想和青少年做什么的肮脏描述的信息，他出现在房子里希望寻找机会，但房子里的孩子很快就消失不见了，随之而来的是节目主持人克里斯·汉森突然出现，与该男子对质他的邪恶计划，该男子试图逃跑，警察在外面的草坪上逮捕了他。隐藏的摄像机记录下了这一切，包括室内和室外，这为全国各地大为震惊的父母看到了令人不可思议的常见的和其他隐藏的网络捕食行为提供了可视窗口。

《抓捕捕食者》是如此受欢迎，以至于它最终成为一个独立的节目。

然后是50多岁的比尔·康拉德的故事，他是达拉斯郊外一个县的首席重罪检察官和地方检察官。我们永远不会知道康拉德为什么会这样，也不会知道这一切是如何发生的，但出于某种原因，他回应了一个自称13岁男孩发的"我觉得无聊，父母不在家"的帖子。康拉德告诉这个青少年他有19岁，喜欢和小男孩发生性关系，两人就这样交流了几天。

然而，《抓捕捕食者》的主播克里斯·汉森一直没有机会向地方检察官康拉德提供这些淫秽的记录，因为康拉德没有出现在郊区的房子里。诱饵演员发短信、打电话、恳求，当康拉德一直没有到来时，沮丧的警察决定还是要逮捕他，因为以这种方式与儿童（或被认为是儿童的人）交流是一种犯罪。他们拿到了搜查令和逮捕令，带着记者和相机，他们去了康拉德的家，将他拘留。康拉德一定知道即将发生的事情，因为就在警察进入时，他开枪自杀了。

康拉德的姐姐在他自杀后说："当这些人为了一个新闻节目来找他时，这就结束了他的生命。"2007年，她以康拉德的名义起诉了美国全国广播公司。

现在，你可能会认为，如果媒体可以在不承担责任的情况下确认强奸的受害者并播放犯罪视频，如果媒体可以公布精神病院病人的照片，如果公众有权知道车祸受害者的长相以及她在被夹住时准确地说什么，美国全国广播公司可能有权调查和报道一个公职人员的这种行为，而他的工作就是起诉此类犯罪。

但你错了；这一次，隐私会获胜，而《新闻揭秘》不会得到任何尊重，因为联邦法官裁定，当美国全国广播公司出现报道他被捕时，康拉德的姐姐确实应该有机会向陪审团讲述他在美国全国广播公司手中遭受的精神伤害。法官在2008年写道："陪审团可以发现，美国全国广播公司说服警察采取的策略主要是为了达到戏剧性的效果，使电视节目更加轰动"，同时知道这样的报道会"公开羞辱一个一直是社区正直成员的公务员"。

记者们最心寒的莫过于法官利用职业记者协会的道德准则来对付他们，暗示陪审团可以认定记者的行为非法，因为克里斯·汉森和他的团队没有"认识到收集和报道信息可能造成伤害或不适"，没有"表现出良好的品位"，也没有"避免迎合肮脏的好奇心"。这导致了职业记者协会在其准则末尾迅速添加了一些寄语，以明确规定根据《第一修正案》，这些准则在法律上是不可强制执行的。

这个案件在几周内得到解决。到了2019年，备受尊敬的法官丹尼·秦已被巴拉克·奥巴马总统提升至极具影响力的联邦第二巡回上诉法院工作，该法院负责纽约州、康涅狄格州和佛蒙特州。秦法官最初是由克林顿总统任命的，并且正是这个法院在几十年前对西迪斯案作出了裁决。秦法官再次证明了米克瓦法官的正确性，他是当年裁决前副总统候选人萨拉·佩林对《纽约时报》提出的有效诽谤索赔的三位法官之一，因为该社论错误地将佩林政治行动委员会的一份出版物与针对政治家的暴力联系起来。秦法官和他的同事们不仅告诉下级法院陪审团应该裁决这起案件，而且明确列出了在他们看来可以帮助证明存在真正恶意所需的证据。

同年，最高法院法官克拉伦斯·托马斯在同意意见中认为，《纽约时报》诉沙利文案的主要裁判理由应该被推翻。托马斯法官写道，对出版商的保护是一个"政策驱动"的决定，它"伪装成了宪法"。

记者们感到震惊，尊重的底线发生了什么？然而，秦法官对此不为所动。他在同年的一篇法律评论文章中写道："我确实认为，媒体和新闻业已经发展到某个阶段，以至于记者过去享有的那种尊重和推崇可能不再是理所应当的。"他指出，社会对隐私问题的敏感性增加是因为互联网上出版权的下放，"很难消除已经存在的信息"，以及不断增加的数据收集。

换句话说，我们已经到达了一个尊重的终点，秦法官显然不是唯一一个这样想的人。在康拉德案发生的第二年，亚特兰大的一家联邦上诉法院裁定，《哈斯特勒》杂志可能要为追溯被丈夫谋杀的职业摔跤手南希·贝努瓦的一系列裸体照片而承担责任。该法院解释说，隐私权，即使贝努瓦以具有新闻价值的方式死亡，也源自宪法，这些照片"没有达到'传播新闻的合法目的……并且不必要地将原告私人生活的各个方面暴露给公众'"。法院指出，《哈斯特勒》杂志没有权利"让我们相信，某人臭名昭著的死亡构成了发表该人生前的任何和所有图像的全权委托书"，不论这些图像是否意在保护隐私，以及这些图像是否与当前公众关注的事件有关。《哈斯特勒》杂志没有这个权利。

这就是一些媒体辩护律师所说的裁决，它帮助为成为反击媒体支持隐私的最突出例子之一铺平了道路：职业摔跤手霍克·霍根对自称高客的小报网站提出索赔。

这就是高客网的故事，因此也是霍克·霍根和高客网之间隐私纠纷的开始。

互联网让我们所有人都更容易成为无耻的窥视者和变态，我们喜欢看名人的隐私。我们之所以观看这些镜头中的影片，因为这是我们不应该看到的东西。

高客网在其新闻报道中的标题"即使只是一分钟，在工作时观看霍克·霍根在床帐上发生性行为也不适宜，但还是看看吧"，并在2012年发表了这篇报道，并附有一段置于卧室天花板摄像头偷拍的视频，显示这位著名的职业摔跤手和电视真人秀明星全裸着，与一位乐于助人的朋友的妻子在同一张床上。整个视频要素齐全，包括音频和谈话的字幕。

随后，霍克·霍根要求高客网撤下这段视频，当高客网拒绝后，他以侵犯隐私为由提起诉讼。

对于这种威胁，高客网并不陌生。它的声誉建立在藐视新闻业的道德准则，发布主流媒体不会发布的东西之上，该网站还有一个名为"高客跟随者"的功能，实时报道名人的行踪。但它的报道范围比这更广。就在它发表霍克·霍根性爱录像带的同一年，它在一篇标题为"女高中生被指控在年鉴照片中露出隐私部位"的文章中，将全世界的注意力引向了北卡罗来纳州的一名青少年。高客网写道，学校官方人员指责这名18岁的女孩在学校年鉴上发表的照片中"掀起了她的毕业礼服"，高客网称其为"裆部手册"，并在报道中加入了这名高中生身穿帽子和礼服的照片，她的脸部和盆腔部位被黑色条状物覆盖。在一场报道相对较少的诉讼中，这名青少年起诉高客网对其造成的精神伤害进行赔偿，而高客网则辩称，它拥有《第一修正案》的权利来发表它的内容。

法院支持了这位青少年的观点。法院指出，这不是一篇关于真正公众争议的新闻报道，而是一篇迎合淫秽和窥探欲望的报道。高客网的论点，即它受到《纽约时报》诉沙利文案原则的保护，被法院驳斥了。

在霍克·霍根的案件中，高客网也坚持了同样的立场。高客网的编辑们在支持他们发布霍根性爱录像带的新闻报道时写道："根据宪法，我们确实有权利发布关于公众人物真实情况的报道。"他们表示，任何针对他们的司法命令都是对"《第一修正案》一直以来积累了数个世纪判例的蔑视"。

许多评论家认为法律站在高客网一边。在2016年的审判中，高客网的一名编辑作证说，他认为自己有权发布几乎所有的性爱录像带。然而，霍根的律师问道，是否存在某些限制？他回答说，除非涉及未满四岁的孩子，否则没有限制。

随后，佛罗里达州的陪审团对此案进行了裁决，判给霍根1.4亿美元的赔偿，并将高客网推向了破产的边缘。报纸上震惊的标题写道："《第一修正案》被破坏，即使是令人厌恶的人也享有权利保障"，有人说，高客网案中的法官"侵犯了编辑的判断"，从而让整个新闻界感到寒心。一位作家提醒读者说："美国享有无与伦比的言论自由保护，在这个新时代，我们需要维持这种状态。"的确，霍克·霍根案的原告是由亿万富翁彼得·蒂尔资助的，他在几年前被高客网曝光为同性恋。但就像之前涉及妓女和哈斯特勒等所有案件一样，这个结果符合主流的判决。隐私权已经觉醒，并以全力反击。

随后，霍克·霍根的陪审团裁决本身被证明是有说服力的，尽管该案最终以3,100万美元和解，没有上诉，也没有对支持霍根隐私权的先例性上诉法院裁决。《华盛顿邮报》报道说，在高客网案之后，全国各地的原告都患上了所谓的"霍克·霍根综合症"，并突然"大获全胜"。

然而，即使是由亿万富翁支持的原告在隐私案件中也不能完全获胜，除非法律和司法机构双双支持他们。而现在，头条新闻清楚地表明，两者都不支持了，"《第一修正案》不能再作为安全的庇护所，以对抗被认为是侵犯隐私的行为，即使是由新闻界进行。一些法官对互联网的影响有着清楚的认识"。俄亥俄州最高法院在多年来一直拒绝隐私侵权行为，认为其与没有诽谤保护的诽谤行为过于相似之后，首次接受了隐私侵权行为。随着对个人造成伤害力的不断增强，法律保护无辜者的能力也必须增强。

此后，局势逐渐改变。2016年，一家法院认定美国全球体育电视网（ESPN）有可能因公开一名国家橄榄球联盟明星球员的病历，揭露他被截去一根手指的情况而承担责任。法院指出，截肢本身是公众关注的话题，因为这会影响运动员的比赛能力。然而，考虑到历史上医疗信息的隐私性，以及在《医疗保健信息可携带性与责任法案》（HIPAA）中的规定，陪审团可以认定发布医疗信息属于私人范畴。另外一家法院在同一时期发现，《芝加哥太阳时报》的记者使用伊利诺伊州驾驶执照数据库的数据来报道警察的身体特征，可能构成侵犯隐私的行为。法院表示："如果新闻工作者非法获取敏感信息，并且这些信息在背景中没有明显的公共价值，比如报道参与办公人员的头发颜色、眼睛颜色和体重等个人标识符，似乎是为了服务于某个有政治关系的被捕者，那么根据《第一修正案》，他们并没有公开这些信息的权利。"第三家法院在2018年裁定，一名撰写了一本关于校园性侵犯投诉的书籍的作者，因公开了一名学生发给教授的"非常私密"的短信，可能要承担潜在责任，因为这些短信与故事并不相关，没有公众关注。同年，第四家法院裁定，警方允许真人秀节目《前48小时》的摄制组在未经被捕者同意的情况下记录其画面，应当承担法律责任。这种拍摄和广播侵犯了该男子肖像权，侵犯了他的隐私权；展示他在警察走廊上接受审讯的画面没有合法目的，侵犯了他的宪法权利。

与俄亥俄州大法官的言辞一致，其他法院似乎特别关注基于互联网通信的谴责。其中一家法院裁定，一个网站可能因公开包括受害者在生命最后时刻的视频在内的现场死亡事故视频而承担责任，尽管该视频并非通过违法手段获取。法院表示："并非所有言论都具有同等重要性，《第一修正案》对纯私人事务并不那么严格。"拳击手弗洛伊德·梅威瑟在社交媒体上公开了他前女友的声波照片和相关的医疗报告，为了揭示其前女友堕胎导致他们分手，为此他可能要承担责任。法院表示，这些信息"不属于新闻报道受到保护的范围"，因为"这些肖像没有达到合法的公共目的"。尽管美国公民自由联盟早期的观点是，州高等法院开始裁定那些故意公开报复性色情图片的人会因侵犯隐私而受到惩罚。伊利诺伊州最高法院表示："这是一种由技术驱动的独特犯罪"，这是一个深度令人震惊的问题，隐私在历史上的发展支持了"未经同意传播个人性图像"的观点，这些观点被"断然排除在《第一修正案》全面保护的范围之外"。

从某种程度上看，鉴于美国隐私权的发展历程，这些结果并不令人意外，甚至包括霍克·霍根案本身。它们都可以在美国的普通法和成文法中找到坚实的依据，涉及性和裸露、医疗信息以及家庭悲剧等隐私方面的历史悠久。一些法官急于借鉴1890年的沃伦和布兰代斯的《隐私权》一文，并引用更早的先例。

因此，或许不应感到意外的是，当今社会，警察安置的摄像头经常在城市街道上扫视，我们在机场举起双手以接受身体扫描，邻居的无人机在空中记录我们的室内外活动，无处不在的数据跟踪器记录我们在网上阅读并与他人分享的内容，法律在扩大保护隐私方面的冲劲甚至超过了沃伦和布兰代斯的设想。

一个人能在完全公开的地方保证隐私吗？当然可以。那么，在数据方面的隐私，包括在公开的公共记录中发现的信息方面的隐私呢？同样可以。在美国，已经存在"被遗忘的权利"，允许抑制已经公开的信息。

而尽管在这个隐秘侵入盛行的时代，所有这些似乎都是早该得到的解脱，现在有超过80%的人担心隐私的丧失，但有一个关于其成本的合理问题。也许在我们热情捍卫隐私权的时候，正如霍姆斯大法官所说，我们在山姆·沃伦的方向上走得太远了，过度限制了其他同等重要且相互竞争的权利。

也许今天最重要的问题是这个：知情权怎么了？

第十六章
狂野女孩（公共场合的隐私）

放眼全美，这里有数千万个神奇的门铃，人们通过这些门铃无论在白天还是黑夜都能够清晰地进行观察。只要有人经过，无论是在大约160度的视野下还是从半个城市街区的距离，它们就会开始录制音频和视频。

这些门铃记录下的视频包括邻居早晨遛狗时的闲聊、午后一个喝醉的年轻女人摔倒的情景、黑暗中的送餐快递以及一位母亲训斥她的小女儿不是合格的家庭成员的场面。这些例子都来自新奥尔良的住宅区，它们会立即上传到门铃主人的手机上。只需按下应用程序上的按钮，门铃就会打开，随时允许观察、监听和记录。这些录音随后可以发送给任何人，包括警察、邻里监督网站和社交媒体上的粉丝们。

就隐私而言最相关的一点是，许多在白天黑夜里行走谈话的人显然（从他们的所作所为来看）并不知道门铃在他们经过时会自动进行监视和监听。《华盛顿邮报》在2021年对这种尴尬情景进行了描述，称这是"数百万个毫无戒心的人——包括摄像头主人的邻居、和平抗议者和任何在住宅区行走的人——在他们毫无察觉或未经同意的情况下被记录下来的"。尽管一些门铃被触发时会出现小红灯，但它们并不引人注意，即使在黑暗中。这与戴夫·埃格斯在《圆圈》一书中描绘的世界相似，那里的摄像机隐藏在杂草和树枝中，可以拍摄到不知情的人，使得玛丽恩·马诺拉对剧院里的隐秘拍摄像机感到非常古板。

有趣的是，一些相当私密的事件发生在黑暗中。一家报纸披露，如果你曾经在新奥尔良的某家酒吧外面小便，那些实际上在那里小便、接吻或从事其他可疑活动的人可能已经被摄像头记录下来，并出现在门铃的照片墙（Instagram）账户上。

或许你会想，在公共场所没有隐私，在公共场合行走和交谈时，法律对此并无多少约束。这在某种程度上是事实。传统上，行人在公共街道上没有有效的隐私权。例如，最新的《重述》法案指出："A在公共街道上喝醉了，倘若B在这种情况下给他拍照，B的行为不会被视为侵犯A的隐私。"

回顾《隐私权》中关于壁橱里的窃窃私语被从房顶广播的那句话，再考虑到以下两点：第一，这些门铃非常隐蔽；第二，黑暗可能为在公共场合行走和交谈的人提供了安全和隐秘的错觉——如果没有人看见或听见，就好像没有人在观察。《重述》指出，通过"使用望远镜观察楼上的窗户"或使用其他技术辅助工具（如望远镜），可能会侵犯隐私。即使在公共场所，一些事情仍然可能是属于隐私的范畴，比如一个人的内衣或不穿内衣。

这就是为什么露丝·舒尔曼能够提出有效的"侵犯隐私"索赔，而制作团队记录她在公共道路上的言行并不重要。法院指出，在任何情况下，对人类尊严的基本尊重都是问题的关键。露丝·舒尔曼的律师得到了更具体的肯定，他说："现在已经确认，即使在公共场合，我们也享有隐私权。"

这种观点越来越正确；现代法院越来越多次地表明，正如一个联邦上诉法院在2020年写道的那样，我们即使在公共场合享有的隐私权也是太重要而不能被视为理所当然的。这种敏感性保护了那些在公共活动中被自称恋童癖的人拍摄和录像的穿着完整的年轻女孩，例如，这些照片随后被上传到他的"女孩之爱"网站。法院在支持对该男子行为的永久禁令时写道："即使照片是准确的并且是在公共场所拍摄的，也可以提起侵犯隐私的诉讼。"法院认为，儿童和他们的父母应该能够在公共场合去公园、商店、保龄球馆和溜冰场，并不必担心邪恶陌生人的相机可能在那里拍到他们。

21世纪初的《狂野女孩》视频系列加剧了这种公共隐私问题，正如一家法院所描述的，该系列的特点是"各种年轻女性在公共场所展示其隐私部位"。法院例行公事地裁定，那些裸露并随后起诉制作人的人对隐私权的诉求是有效的。一家法院裁定，多个陌生人参加的狂欢节派对可以被视为私人场所，从而参与者的隐私应该受到保护。另一家法院裁定，公共湖泊的水域也可以被视为私人场所，可以保护一位在船上脱掉泳衣被《狂野女孩》摄影师看到的女性。

然而，这种隐私问题还有更加棘手的一面。直到最近，当局没收摄像机并逮捕那些试图在公共场所记录警察行动的人，这些行动也是出于对隐私的考虑。直到2021年，一家联邦上诉法院拒绝认定警察对拘留一名记录他们在公共场所使用武力的公民摄影师负有责任；法院解释说，至于记录公共警察行动是否受到宪法保护，当时还不清楚。

这些法律决定引发了多个额外的知情权问题。公开记录警察的权利是否意味着我们也有权利获取警察的监控录像？或者，正如一家法院最近建议的，我们应该认真考虑那些反对发布随身摄像头视频的个人的隐私利益？如果体恤是重要的，那么如果在悲剧中幸存的家庭成员不希望任何视频被公开呢？或许这并不奇怪，现代法院已经发现，分享在事故现场外拍摄的可怕图像会给分享者带来法律责任，因为这种照片涉及"纯粹的病态和八卦"，没有"任何官方执法目的或真正的公共利益"。但是谁能断言什么是真正的公共利益，什么不是？特别是当这一切发生在公共场所时。

考虑到公共空间中所有这些潜在的隐私利益以及可能导致不明确结果的微妙差别，考虑以下情况：一个男人邀请另一个男人共进午餐；尽管他们在涉及商业事务的纠纷中处于对立的立场，但他们仍然是朋友。餐厅环境非常舒适，桌子之间的距离很近，两人坐在其中一张桌子旁边。之后，他们花了五个小时来讨论这起诉讼，其他人在附近用餐，服务员在附近忙碌。

午餐结束，午餐伙伴们各自道别，不久之后，油管（YouTube）上就出现了一个他们之间的对话视频。事实证明，邀请者使用了某种秘密的录音设备——法院表示，摄像机似乎藏在他的衬衫口袋里，现在午餐时间的对话可以供全世界观看和收听。

2016年，一家联邦上诉法院裁定，被无意中记录的男子被他的老朋友侵犯了隐私。法院指出，尽管谈话是在公共餐厅进行的，周围还有其他人，但拿着摄像机的人"蒙蔽"了对方，让他相信谈话只是他们两个人之间的私事。法院补充说，任何认为在公共场所进行的谈话没有隐私的观点都是错误的。

十多年前，在《狂野女孩》最为热门的时候，专栏作家威廉·萨菲尔告诉他的众多读者："按照现行法律，人们在公共场所是没有隐私的"；他说，这意味着"在前廊对配偶说的私语也可以被划到公众事务的范畴"。这篇专栏是在2001年9月11日发生恐怖袭击后不久写的，当时萨菲尔认为公众对隐私的热情已经不安地消失，关于不被打扰的权益和权利已经被"生存权益"所取代。确实，在那个时刻，当恐怖主义成为大多数人的头等大事时，有44%的美国人表示，他们认为在公共场所进行监控不会侵犯个人隐私，或者只是"稍微"侵犯个人隐私。

但是，20年后，我们面临着各种各样的监视者，智能手机无处不在，监控门铃和空中摄像无人机也广泛存在。现在，我们有了能够在衬衫口袋里装着的16小时语音记录器，能够在45英尺外进行清晰录音，并能通过点击上传这些录音。一个情报网站建议说："把记录器放在口袋里，或者干脆放在外面，让人们一目了然。"尽管人们不会过多关注，因为将记录器放在身边已经变得很自然。还有以岩石形状设计的隐蔽摄像机供室外使用，商业上可用的面部识别技术供室内使用，甚至可能很快能够解读面部表情、检测汗水……或者识别心率的增加。人们还在讨论着"智能隐形眼镜"，专家表示，这肯定会带来"法律和礼仪问题……包括对何时何地进行录音和录像的规范"。

对于那些处于公众视野中的人来说，摄像头并不是唯一的担忧；无意中的技术侵犯也是一个问题。现在，商业上可用的地理位置跟踪数据可以与特定的手机相关联。就像一位牧师在2021年发现的那样，一个天主教新闻组织报道称，通过对应用程序数据信号的分析，他的移动设备与他在使用基于位置的约会应用时访问同性恋酒吧和私人住宅的情况相关联。《纽约时报》的一位评论员将当前技术的描述称为"一种系统性的法律失败，允许美国人的实时行动数据存在，而我们对此毫不知情或未经真正同意"。即使这些美国人在某些时候是在公共场所，对其他人来说是可见的。

这意味着，如今萨菲尔对于外界缺乏隐私的担忧只是恐怖主义时代的一小部分插曲。最近得克萨斯州法院的一项裁决更明确地表明，居民的前廊确实可以被视为"私人领域"。这样一来，熟悉神奇门铃的人会想知道，门廊的黑暗以及其隐蔽性会与结果有很大的关系。有趣的是，对隐私的保护在全球范围内也存在差异。例如，在欧洲，如果房主的摄像头监视公共场所，包括通向住宅的人行道，将被视为侵犯他人的隐私权。因此，威廉王子和凯特·米德尔顿理所应当地赢得了他们的隐私权诉讼，起因是法国狗仔队从他们别墅阳台约半英里外拍摄了他们的照片；米德尔顿虽是裸体的，但的确是她是在户外。当然，遵循《重述》原则的美国法院也会保护他们，因为该原则将使用放大镜和望远镜来侵犯隐私联系在一起。

最重要的是，在美国，公共空间的隐私概念似乎必然会随着对其构成威胁的技术的发展而扩大。20年前，美国最高法院甚至从《第一修正案》敏感的宪法角度对此进行了解释，暗示"即使没有这种活动的现实，害怕或怀疑自己的言论被陌生人监视，也会对表达关键和建设性想法的意愿产生严重抑制效果"。

这些法官在个人层面上对公共场所隐私的重视是相似的。艾莲娜·卡根法官暗示她在公共场合谨言慎行，不会当众透露她的全部想法，并且鉴于现代技术，她预测隐私纠纷将成为"法院的增长产业"。美国法警会在安东宁·斯卡利亚法官的公开演讲中没收录音设备，他暗示，在这种情况下，当他不希望这样做时，他有"不在电台和电视上发言的《第一修正案》权利"。索尼娅·索托马约尔法官写道，生活在公众视线中会带来

"深刻的不安"和"压倒性的心理危险",并且她对法院保持的"隐私面纱"感到满意。她提到,她故意不邀请媒体参加一个有800人参加的公开活动,以确保她与一位女演员在舞台上的谈话能够更加私密,他们可以在传统媒体的摄像机面前像闺蜜一样交谈。

她后来称隐私为"个人自由的标志"。她在美国笔会（PEN America）主办的阿瑟·米勒写作自由讲座上发表了这番话,该组织致力于捍卫自由表达。

第十七章
回顾凯特·纳什（数据隐私）

如果有人想像我想了解格罗弗·克利夫兰的女友凯特·纳什那样了解一个人在现代的生活，他们会有一个信息宝库，其信息量远远超过凯特不经意间留下的零星的人口普查报告、出生和死亡记录以及偶尔的剪报。他们只需要简单地敲几下键盘，就能获取大量的信息。

然而，并非所有的调查都是善意的。

在2020年夏天，新泽西州一名联邦法官埃丝特·萨拉斯目睹了她的孩子死于一名种族主义、厌恶女性的律师之手。这位律师对萨拉斯法官法庭上的案件拖延感到莫名其妙的愤怒。对于这位律师来说，想要获取萨拉斯一家的住址、常去的教堂以及更多信息是非常容易的。于是他带着一把枪来到了萨拉斯家并对其子痛下杀手。

萨拉斯法官在她儿子遇害后情绪激动地请求保护隐私时说："有一些公司会出售你的个人详细资料"，并利用这些信息来达到邪恶的目的。她表示，枪手手中有一份关于她的"完整档案"，其中部分内容还是通过互联网上的自由信息流汇编而成。她甚至要求对她的家庭住址进行保密。

如果你曾经经历过官方意义上的档案编制，你会明白"档案"这个词听起来非常恰当。如果不该进入正确数据库的人涉入了，他们就可以购买到关于任何人的数据驱动档案。这就是为什么据说一家英国小报得知女演员梅根·马克尔（哈里王子的妻子）及其家人的"家庭住址、手机号码、社会保险号码等"，因为一名美国私人调查员编制了这些数据，并将其卖给一名编辑，后者随后联系了一些亲戚，并报道了马克尔家庭内部矛盾的情况。

为了了解在这两种情况下可能被披露的信息类型，让我分享一下我自己的档案资料，也就是我的背景调查结果。尽管我的生活相对平静，没有犯罪记录、破产、取消抵押品赎回权或驱逐的情况，如果有人真的想了解我的情况，他们不会发现什么引人注目的东西。我雇用了一名私人侦探，看看他能找到什么，调查结果给了我一份200多页的数据。

这些资料包括一些基本信息，大部分是公众所知道的，比如我的现住地址。传统上，这类信息并不受到保护，因为它是公共信息，一般来说很多人都知道。

但随后我档案的内容却拐到了令人不安的方向。它包括了我从小到大住过的几乎每个地址，许多房子都有购买价格和面积，有些还附有内部照片和平面图。对于我们现在拥有的房产，有抵押贷款的信息；对于我们已经出售的房产，有当前业主的姓名，有时还有他们的抵押贷款利率和出售时的欠款。

资料中还包括我的出生日期、社会保险号码以及十年前的选民登记记录。还有我一生中所用过的电话号码的记录。驾驶记录和驾驶执照照片也在其中。还有一张从网上搜集的我的照片。这里还有我们现在的车辆（包括车牌号码）以及我们十多年前报废的车辆，还有它们的新车主、新地址以及最近的车牌号码。

我的姓氏经常被拼错，所以有一个列出我别名的列表。还有一个列出我亲戚的名单，包括我的直系亲属和他们的出生日期（按月和年），还包括侄女、侄子和其他亲戚（比如，我嫂子的弟弟，虽然我可能只在婚礼上见过他一次），以及他们社会保险号码的前五位数字、目前的电子邮件地址、目前和过去的电话号码，以及目前和过去的地址。对于我"可能的""很有可能的"同事名单上的人也是如此，其中许多人都是邻居，否则我可能根本不认识他们。

对于他们来说，最麻烦的是——尤其是那些相对友好的家庭成员和邻居——报告还包括他们自己的破产、留置权、判决和犯罪历史等信息。甚至我的所谓"可能的"同事也会被这样揭露出来。

我还有关于其他名叫艾米·盖达的人的关键信息（根据我的报告，在美国有三个人使用这个名字），以及他们的直系亲属。这包括一个人的最后已知互联网协议地址，这是与她的个人电脑或家庭相关的一系列数字，即使她使用假名，也可以用来追踪她的在线活动。

最后，我还有社交媒体报告，尽管我从一开始就避免使用社交媒体，考虑到隐私利益的重要性，但这似乎无济于事。调查我的存在于脸书和其他平台的公司向那些对了解目标人物的帖子感兴趣的人承诺："通过一次搜索，您可以发现关于对象的更多数字身份信息，这些信息在其他形式的公共记录数据中很难获取，我这边可以帮助您更有效地收集信息和评估风险。"

所有这些并不需要太多费用。最近我进行了一次背景调查，包括以上所有内容，价格为150美元。与我和美国大多数人类似的数据，包括出生日期、亲属、当前和过去的地址、据称的年薪和净资产、据称的就业情况、据称的种族和宗教信仰，都可以在互联网上找到，只需要调查者承诺"不会利用这些信息跟踪任何人"，"不会公开他们的信息或传播流言"。其中一些信息可能是错误的，但其中许多是正确的。

更令人不安的是，一些调查公司承诺，如果价格合适，他们可以获取更多的数据。据说医疗记录的价格为450美元；处方信息为400美元；学校成绩单为450美元。信用卡活动费用为每月150美元；银行账户活动也是如此。最昂贵的搜索费用为600美元及以上，其中包括国际银行记录、保险信息和带有工资的就业历史。据说，从登机口密码到酒店账单再到普通旅客账户数据，几乎所有信息都可以通过支付费用获得。

如果这让人感到不安，请考虑一个更现代的转变：亚马逊知道我有一只斗牛犬，尽管我从未告诉过亚马逊我有一只斗牛犬，但是不知怎么的亚马逊就是知道关于我的这一情况。如果亚马逊知道这些，想象一下还有什么其他信息与我们中的任何一个联系在一起，在某种程度上。阅读亚马逊多年来收集的关于我的数据后，我开始意识到亚马逊对我们的个人信息有多感兴趣。（这得归功于《加州消费者隐私法》，这是一项2020年的法律，赋予加州消费者要求企业收集他们的"个人信息的类别和具体内容"的权利。考虑到这种法律被认为将成为全球趋势，一些公司会向任何提出请求的人提供这些数据。此外，对于许多公司来说，这些数据请求是家常便饭；自2018年起，根据《通用数据保护条例》，欧洲人已拥有这一权利。）

当人们向亚马逊请求他们的数据时，该公司发送了大约80个文件夹，每个文件夹都有自己的子文件夹，其中许多都有着专业的标题，比如"Retail.CustomerAttributes.zip""Digital.PrimeVideo.Viewinghistory.zip"和"PaymentOptions.1.AmazonPayBrowserBehaviorData.zip"。在这些文件夹中，就像我的数据文件中的俄罗斯套娃一样，出现了"HomeServices.HomeInnovationTechnology.Pets.1.zip"。在该文件夹中有一个被标记为"宠物"的子文件夹，其中包含一个同样被标记为"宠物"的Excel电子表格。在该文件中，有四个词："斗牛犬""你的宠物""狗""活跃"。上述这些内容都是真实的。

亚马逊如何得知这些信息仍然是一个谜。我联系了该公司，但从未成功与任何知情人士取得联系。也许亚马逊是从我的互联网浏览器的Cookie中得知我有一只狗（回想起来，我想我可能在某个时候在一个宠物网站上购买药物或注册她的微芯片时提供了有关她品种的信息；我朋友是一位网站隐私官员，她通过网络跟踪器获得了免费婴儿配方奶粉样品的到期日期，尽管她从未告诉该公司她怀孕了），或者也许我的斗牛犬信息来自一家数据收集公司，他们以某种方式了解到这些信息。

其中一家数据收集公司就是益百利，它自称为"全球领先的消费者和企业信用报告及营销服务提供商"。益百利维护着超过两亿美国人以及全球更多人的档案，并根据《加州消费者隐私法》向要求其提供个人数据副本的人提供这些数据。在我收到的数据文件中，只是在我确认了该公司已经知道的事实后才发送的：我们目前的银行信息、我近30年前的雇主名称以及我们曾经拥有一辆小货车的事实，这一切都令人耐人寻味。益百利认为我是一个"极有可能"是"奢侈品女装购物者"，"有点可能"是"中低档家具购物者"，以及"不太可能"是"纪念日购物者"，所有这些信息似乎都是从它所谓的我的"地理位置数据"中获得的，也许与最近的那位牧师的数据类似。我在近40个购物偏好和假期相关类别中的大多数都相当准确，对某些商店来说肯定是准确的，对大型商场则是否定的，对暑假旅行肯定的，但益百利还将我与"管理人"和"某个学府"联系在一起，有点可能参观主题公园，这些都是不准确的，但我想这可能是另一个与艾米·盖达有关的事情。

益百利收集了关于我们的信息，根据它所称的"来源"，包括"汽车公司、企业对企业公司、消费者包装品公司、消费者调查公司、消费者、授权数据编译者、电子公司、父母产品公司"以及其他13家公司。它表示，它与"第三方"共享所收集到的信息，例如"公共机构、健康产品公司、媒体和出版公司"，以及其他17家公司，包括"监管机构或执法部门"和"保险公司"。

而益百利很可能比它所披露的更了解我。益百利在我的数据报告中解释说："我们还保留着被认为是个人信息的消费者数据，"但这些数据受到其他联邦和州法律的保护，其中包括《公平信用报告法》（Fair Credit Reporting Act）、《驾驶员隐私保护法》（Driver's Privacy Protection Act），以及保护医疗记录的《医疗保健信息可携带性和责任法案》（Health and Insurance Portability and Accountability Act）。益百利还隐藏了（甚至对我来说）它所谓的"敏感信息"，其中包括令人耐人寻味的是我的家庭地址。

想象一下，如果某些实体可以获取更多数据，比如来自可穿戴健身追踪器、汽车黑匣子、超市会员卡、新闻消费（一些新闻网站确实跟踪和分享）以及DNA检测结果等方面的信息，他们可以在个人数据报告中添加这些信息。这将构建一个非常全面的个人画像，没有任何一项要素会被遗漏。

这不仅是广告商、雇主和保险公司所希望获得的数据，也是潜在敲诈者甚至似杀手所需的数据。而且，至少在传统上，我们与他人分享的关于自己的信息越多，无论是线上还是线下，我们对信息隐私的要求就越低。

这也难怪萨拉斯法官对数据隐私的追求引起了如此多人的关注。目前有93%的美国人表示他们愿意选择优先考虑会对数据做隐私化处理的公司，65%的人希望能够准确管控公司收集各种数据的能力（另外35%的人可能对这个问题还有误解）。民调公司解释说，对数据隐私的关注是一种"非常强烈且根深蒂固的感觉"，任何认为这种关注会消失的人都在做出否定的判断。

但数据隐私并不仅仅是现代人的关注，法官和其他关键人物早已认识到在信息数据汇编中侵犯隐私的危险。在20世纪50年代，在第一台真正的计算机问世大约十年后，美国最高法院曾对"为了收集数据而无情地暴露个人生活"而表示担忧，并暗示这种行为会使"宪法自由处于危机之中"。20世纪60年代初，计算机科学家开始意识到他们"获得大量新信息存储"的能力可能会呈现出"几乎令个人尴尬的隐私画面"。作为回应，一些书籍出现了，例如《入侵隐私者》（甚至在你阅读此文的时候，你生活中最私密的细节也正在被记录、购买和出售）和

《春光乍泄的社会》（这本书描述了大政府、大企业和大教育如何使用窥探设备侵犯你的隐私）。到了1966年，国会开始举行听证会，调查"计算机和隐私侵犯"之间的关系。

那是在20世纪70年代，在哈佛大学法律教授阿瑟·米勒（Arthur Miller）的著作《对隐私的攻击：计算机、数据存储和档案》（Assault on Privacy: Computers, Data Banks, and Dossiers）出版之后，以及在《新闻周刊》发表了一篇以一台隐约可见的计算机作为封面的文章"隐私不存在了吗？"之后，最高法院提出了保护公立学校编制的有关特定学生数据的建议。一些法官特别担心技术已经产生了数据库，其中关键信息将被存储，使一个人永远成为犯罪嫌疑人。随后的一年，国会采纳了沃伦和布兰代斯在《隐私权》中的思想以及他们对"个人和家庭生活的神圣领域"保护的理念，并通过了《隐私法》，该法主要是基于对"计算机数据库对个体隐私影响"的关注，限制政府收集和发布个人信息的能力。此后，最高法院作出了裁决，承认"计算机数据库中积累的大量个人信息对隐私构成威胁"。在20世纪80年代，大法官们还保护了逮捕记录的整合，指出"计算机化数据库对个人隐私的影响"。

正是在那个时候，《新媒体》杂志预测，由个人与计算机互动所创建的数据库将很快被证明为"数字黄金"，对于那些可能想要获取特定用户或一般信息的公司来说，这将是一个数据驱动的宝库。《麦客世界》杂志警示说，从事这种数据收集的计算机很可能使个人隐私成为过去。这意味着当国会在20世纪90年代中期开始考虑如何通过第230条限制网站和互联网服务提供商的责任时，已有68%的美国人对与计算机和他们的数据收集有关的隐私入侵表示越来越多的关注。这也意味着当一位太阳微系统公司的高管在1999年告诉他们："你们已经没有隐私了——接受它吧"时，他们并没有。

如今，在数据隐私方面，对此关注的美国人已经增长到98%。人肉搜索已经成为一个常见词汇，它是"Dropping Documents"（放下文件）的缩写，指的是在互联网上公开披露个人的身份信息（例如，家庭地址），以对"被曝光"的人进行报复和骚扰。国会的听证会议题也转向了脸书、社交媒体隐私以及数据的使用和滥用。此外，美国法律协会推出了一个名为"数据隐私的法律原则"的新法律改革项目。

对数据的担忧已经渗透到现代法院的裁决中，尤其是在最近几年，大数据引发了涉及隐私问题和对隐私有重大影响的案例。一家法院审理了剑桥分析公司在2016年总统选举前利用脸书数据投放政治广告引发的隐私案件，指出个人照片和视频、所观看的视频、宗教信仰、政治观点和社交关系信息，即使在社交媒体上与朋友的分享，也应被视为私人信息。法院表示："当您与有限的受众分享敏感信息时（尤其是明确声明您的受众是有限的情况下），您保留了隐私权，可以起诉某人侵犯这些权利。"另一家法院指出，社交媒体公司可能会受到限制，不能仅仅为了识别目的而扫描照片中的人脸，因为这种使用可能侵犯隐私权。该法院强调，普通法和"对隐私的字面理解"都包括对个人"信息的控制"，甚至包括个人的面部外貌。出生日期已受到某些法院的保护，手机号码、社会保险号码以及互联网浏览记录也都受到法律的保护。

最近，一家联邦法院决定允许一项诉讼继续进行，原因是出版商被告将原告的"个人阅读信息"（包括他的期刊订阅信息）发布给"数据挖掘公司"，后者随后将其与包括姓名、年龄、性别、收入、雇主和"家庭住址"在内的"私密且高度详细的人口统计和个人信息"进行汇总。同样，在2021年，一位联邦法官也允许继续进行一起涉及"从摇篮到坟墓的详细档案"以及个人助理中的语音激活和语音拦截数据隐私权的诉讼。早在2004年，一家联邦上诉法院就认定在编辑过的堕胎记录中的个人隐私应受到保护。法院指出：即使无法从编辑过的医疗报告中了解病人的身份，一旦公开将构成隐私侵犯。

其中一些法院的裁决基于生物识别隐私的利益，例如视网膜或虹膜扫描、指纹、声纹、手或脸部几何形状扫描等生物特征的隐私。这些内容在《2008年伊利诺伊州生物识别信息隐私法案》中得到明确列出，这是第一个保护此类信息的法规。当时的立法者担心，社会保险号码等受损数据可以更改，但生物识别技术对个人在生物学上是唯一的，因此一旦受损就无法挽回。基于伊利诺伊州法律的效力，用户最近获得了针对脸书

"标签建议"功能涉及6.5亿美元的和解方案，该功能在照片中寻找并识别人脸。监督该案的联邦法庭法官称这是"一个具有里程碑意义的结果"，在激烈竞争的数字隐私领域为消费者赢得了重大胜利。

伊利诺伊州是这方面的一个案例，而其他一些州，包括特拉华州、纽约州、得克萨斯州和华盛顿州，已经颁布了某种生物识别隐私法规，或正在制定相关立法，可能会在生物识别数据和其他类型数据的保护方面提供某种程度的隐私保障。在加利福尼亚州，立法者对生物识别信息的定义包括视网膜、虹膜、指纹、面部、掌纹、静脉模式和语音记录的图像，还包括个人的生理、生物或行为特征、击键模式或节奏、步态模式或节奏，以及睡眠、健康或运动数据。国会也曾试图制定国家生物统计学隐私法。

这些法律的存在可能会限制某些涉及隐私的人工智能工作。最近的一起诉讼声称，在网络上抓取个人照片并提取某些生物识别信息以识别个人，"侵犯了隐私并影响言论自由"。据称，涉及的人工智能公司拥有一个数据库，其中包含超过30亿张从社交媒体和其他网站上获取并识别的个人照片，据说该公司与有意识别某些人身份的执法机构分享这些信息。一位知名媒体辩护律师在代表该人工智能公司时，以一种引人深思的平行方式辩称，该公司的行为完全受到《第一修正案》的保护。与此同时，另一家公司为所有用户提供了免费扫描互联网上某个人脸部的能力，到2021年，这一工具"在希望在网络上基本追踪妇女的陌生人中广泛流行"。一位技术研究员告诉《华盛顿邮报》："这些妇女和其他人，这些将他们的照片放在互联网上的人——他们的孩子、他们的父母、他们生活中可能是脆弱的人，他们这样做不是为了给公司提供可以获利的数据库。"

这带来了一种迂回的方式，即深度伪造技术。在涉及视频的案件中，双方很可能能就隐私和言论自由展开争论。这些视频看起来像是他们本人，实际上是由"深度学习"人工智能生成的逼真视频。这种未经授权使用他人面孔和身份的做法曾引起克利夫兰和艾比·罗伯逊的关注。

也许，所有关于生物识别器、互联网扫描照片和深度伪造的讨论能够让名人更容易理解对未经授权照片中隐私的需求。电视真人秀明星科勒·卡戴珊（Khloé Kardashian）曾提出这样的论点："当有人在光线不好的情况下给你拍了一张不讨喜的照片，或者没有拍到你的身体……你应该有权利要求不与他人分享这种照片。"她在这种情况下是指一张未经她允许的比基尼照片被发布到照片墙上。"我的身体、我的形象，我有权选择如何呈现，我有权选择分享什么内容是属于我的选择。"

这也适用于生活的其他方面，甚至是对死亡的担忧。正如益百利数据共享语言所指出的，一些保险公司现在使用大数据来决定是否以及向客户提供何种人寿保险政策。他们通过借鉴成千上万个数据点来提供更个性化的分析，而不仅仅依靠过时的精算表。换句话说，申请人可能被归类为"快餐店常客"或"健身房常客"，这告诉了他们一些有用的信息。

因此，是的，萨拉斯法官实现了她对隐私的令人心碎的愿望，即使涉及她居住地的数据点。新泽西州通过一项法律，在她儿子被谋杀后的四个月内，规定在互联网上或以其他方式披露"现任、前任和退休的司法官员、检察官和执法人员"及其某些家庭成员的家庭住址和电话号码是非法的。尽管面临与第230条的某些冲突，该法律还要求出版商在收到删除请求后的72小时内删除这些信息。

所有这些法院裁决和立法机构通过的法规令人信服地表明，那些希望在某些数据点上保护隐私的人最终将获得保护，甚至可能在家庭地址上也享有某种程度的隐私。实际上，2021年，美国最高法院注意到了这种广泛可获取的数据中的"隐私问题"，并在一起税务案件中表达了担忧，即"任何有计算机能力的人都可以编制关于他人的大量信息，包括家庭地址等敏感细节"。大法官们认为，这种数据汇编为慈善机构的捐赠者带来了"更大的风险"，包括来自"恐吓和淫秽电子邮件"以及"威胁和骚扰"，如"抗议、跟踪和身体暴力"。大法官们决定，这些担忧是如此重要，以至于慈善捐赠者的姓名和地址甚至可以对政府保密。

类似的担忧导致谷歌地图在收到请求时对个人住宅的照片进行模糊处理。脸书也有类似的程序，涉及新闻业务：如果一篇新闻文章"揭示了你的住所所在城市，并显示了你的家或公寓，而你不喜欢这种情况，你可以向脸书投诉"最近的一份报告解释道，此后"脸书将确保没有人可以分享这篇文章"。所有这一切开始听起来非常像欧洲，那里的"数据保护是神圣不可侵犯的"，即使是最微不足道的细节，如地址、工作和年龄，也不允许在未经同意的情况下透露给第三方。

这再次涉及那些可以在网上或可以购买到的冗长档案，其中包括当前的家庭地址和许多其他内容。对于曾被逮捕的人来说，相关数据包括脸部照片将在这200多页中呈现。这将包括成年人的犯罪历史，甚至可能是十年或更久以前的记录，即使此人已经改过自新。

而这引出了美国的被遗忘权这一新兴隐私权利的问题，令人惊讶地在美国崛起。

第十八章
被遗忘的权利（过去的隐私）

2013年，这一消息成为底特律的头条新闻：经过长达一个月的多机构重大调查后，联邦当局逮捕了四名郊区警察。

对这些警官的指控令人震惊。《底特律自由报》的报道开头以"殴打并收受贿赂，帮助一名面临审判的男子分发可卡因"来形容这起不法行为。记者写道，这听起来就像直接出自好莱坞电影的情节，一个关于腐败警察的剧本。

然而，尽管有六张人物照片出现在《底特律自由报》报道的同一页上，但却没有一张照片显示被联邦当局拘留的警察。这是因为联邦法警向记者提供了警官的姓名，但拒绝提供他们的脸部照片。法警表示，这些被捕者有权保护他们的照片隐私，而且这些被指控的重罪犯的脸部照片只会增加他们的羞辱感，因此也涉及警察的隐私利益。

这是一个引人深思的论点，因为密歇根州的联邦上诉法院在20年前就裁定，考虑到执法人员的典型公共背景和公众对此类事件的知情权，个人对其照片的隐私利益完全为零。甚至如果存在某种隐私利益，法院在1996年写道，"披露待审个人的脸部照片具有重大的公共利益"，这种知情权显然更为重要。

因此，《底特律自由报》和其他数十家支持的媒体组织在联邦法院主张，底特律美国法警局拒绝公开他们关押的官员的照片是对法律的不敬。他们的论点是，公众不仅应该有更多途径获得关于嫌犯的照片，而且法院此前也做出过同样的决定。

但是在那起上诉法院判决后的20年里，一些重大变故发生了；到了2016年，互联网已经无处不在。现在，大多数美国人都可以在新闻报道和网站上阅读和分享以被捕者照片为特色的内容，这似乎已见怪不怪。这意味着上诉法院的法官们认为是时候重新考虑早前关于嫌犯照片没有隐私权的裁决了。

正如你可能已经猜到的，法官们的态度改变了。

法院认为，这主要涉及被遗忘的权利，尽管没有使用这个确切的术语，但表达了对这些被捕者过去的隐私利益的担忧。早在1996年，也就是"逮捕照片零隐私"裁决时，法院写道："逮捕照片出现在电视或报纸上，然后，其中实际目的就消失了。"然而，现在这些照片都在互联网上存在，即使被逮捕的人已经服刑并改过自新，这些照片仍可长期被使用。法官写道："今天，在互联网上随便搜索一下，就能找到曾经需要亲自去图书馆的微缩胶片收藏室才能找到的同样的逮捕照片，否则就会被遗忘。这些老式的照片，一个永远停滞不前的瞬间，妨碍了个人的职业和个人前景，可能会困扰被描述的人几十年。"

因此，公众将无法看到因受贿和参与分发可卡因而被捕的那些底特律郊区警察的任何照片。他们也无法看到在另一起案件中被拍摄的旧金山49人国家橄榄球联盟球队前老板的脸部照片。法院认为，脸部照片作为具有独特视觉效果的形象，应受到保护。

审理一起案件后，法院表示："一张面部照片以其独特而视觉上强有力的方式，将受审者与法律的联系传承给子孙后代。"类似于子孙后代的概念意味着竞争对手可以在几年后发布这些照片，使得被捕者的犯罪关系永久存在。

其他法院迅速接纳了这种推论，特别是涉及过去犯罪的情况。一家法院最初下令从被告创建的网站上删除某人犯罪历史的一些信息；法院表示，这些信息的发布不是为了告知公众，而是为了骚扰个人。此外，"关于他过去的细节在事实发生25年后可能不再具有新闻价值"。另一起案件支持被捕者对几十年前监禁信息的隐私权，包括作为可搜索的政府数据库一部分公布的脸部照片和犯罪细节。

对个人被遗忘的过去的担忧可能听起来有些熟悉。2014年，欧洲法院下令将一篇关于一名男子的过去债务诉讼的报纸文章从索引中删除，以使其在互联网搜索中更难找到。法院表示，这些信息目前对于他试图改变生活轨迹是有害的，而且与时间已经过去相比较，已经"不充分""不再相关"和"过度"。一些人称该判决创造了被遗忘的权利，而新闻界对该法律在美国的适用性进行了评估：纽约的一家报纸表示，在欧洲"个人的隐私权往往与言论自由相提并论"，而"在美国则恰好相反"；费城的另一家报纸认为，美国人根本没有被遗忘的权利，任何欧洲的权利肯定不会跨越大西洋。关于个人整理过去和抑制曾经公开的信息的权利的观点与新闻自由和公众知情权根本不相容。

然而，这些简略的评估并不完全正确。毕竟，美国法律在七年后从信用报告中删除某些破产信息，并且最高法院也做出了相关决定，个人信用报告不属于公众关注的事项。当然，这与欧洲法院的决定并不完全相同，但相似之处也很明显。

更有趣的是，最近美国法院对过去隐私权的裁决已经超越了过去的犯罪和金钱问题。在一起揭示一名自2008年以来一直被认定为男性的男子在出生时被赋予女性身份的案件中，一家法院发现了侵犯隐私的有效诉求，与早先一家法院在一名个体多年的性别确认手术中发现的类似隐私利益一致。另一家法院的裁决听起来很像19世纪80年代霍姆斯法官的观点，他写道，披露20年前一名政府检察官的"不称职和不服从命令"的旧信息不适合，因为随着时间的推移，公众的知情权"显著降低"，使得这些信息的重要性远低于个人"避免几十年前披露的强烈利益"。还记得涉及《哈斯特勒》杂志的案件吗？该案件认为谋杀受害者的裸体照片具有隐私利益。法院写道，时间限制了可以在没有责任的情况下公开的信息量，因为对于任何知情权来说，旧信息根本不具有与当前信息同等的重要性。

　　不仅仅是法官对过去的隐私有这样的感觉。到2020年，几乎90%的美国人表示他们在某些方面支持被遗忘的权利，并告诉民意调查者，他们特别重视某些信息的隐私（如尴尬的照片和个人医疗记录等），以及使这些信息在最初发布后无法访问的重要性。在加利福尼亚，对这种保护的推动非常强烈，以至于该州的法律现在赋予未成年人有消除过去信息的权利，允许他们删除他们在任何网站或社交媒体平台上发布的以往的"内容或信息"。

　　这一切与美国令人惊讶的丰富被遗忘权的历史相一致：虽然互联网可能是新的，能够凸显这些问题，但过去关于隐私的概念却是相当古老的。甚至在1890年正式出版《隐私权》之前，法院已经写道，允许"心怀不轨"的人通过"揭露早已被遗忘的愚蠢、过失或罪行"来自由侵犯他人的生活是"野蛮的"。其他人担心，如果没有适当的保护，非常古老的丑闻性报纸文章可能会被随意转载，从而"破坏光荣的晚年"。我们可能认为在互联网时代，通过父母在网上分享关于他们孩子健康等信息，肯定会激怒甚至伤害他们的孩子，这是全新的概念，然而早在1895年，出版商就建议一个女孩可以起诉她的母亲，因为她同意将孩子的裸体照片发表在医学杂志上。如果这个女孩后来因照片而感到羞耻，这个建议说，"她之后就有理由起诉她的母亲，因为母亲在她还是一个无法说话、无助的婴儿时就猥亵了

316

她的身体"。

因此，1931年加利福尼亚法院裁定一个前妓女对她的生活史享有隐私权，公布她过去的"不光彩事件"是对她宪法上的幸福权的侵犯。社会的目标是"提升和维护不幸的人，而不是拆毁他们"，这并不奇怪。即使是普利策臭名昭著的《世界报》也拒绝报道这类新闻：在19世纪80年代末，一位年轻人向编辑提供了一个关于一个曾有不良记录，但现在已焕然一新、循规蹈矩的年轻女人的故事。这个故事被拒绝了，理由是这个女人没有做任何事情来放弃她的隐私权，"她完全有不被打扰的权利"，《世界报》的编辑们解释说。

这种感觉如此强烈、如此普遍，以至于到20世纪70年代末，美国法律协会的专家在他们最新的隐私《重述》中写道，时间的流逝确实可以使曾经公开的信息再次成为隐私。他们举了维克多·雨果《悲惨世界》中主角冉·阿让及其犯罪历史作为例子："冉·阿让，一个因抢劫被定罪并服刑的前科犯，改名换姓，隐瞒身份，过了20年……在遥远的另一个城市过着默默无闻、受人尊敬的有益生活"，《重述》中写道。"《B》杂志在警察督察沙威的帮助下，揭露了冉·阿让过去的历史，公布了他现在的身份。"《重述》作者解释说，在这种情况下，冉·阿让有可能提出有效的隐私侵权诉讼，因为"一个改过自新的罪犯的现在的名字和身份被公开了"，导致"他的新生活被彻底摧毁，因为他已经把过去的事情抛在脑后"。

同时，一个联邦上诉法院已经裁定，如果被采访者改变了接受采访的想法，采访实际上就会被重置，过去就会被抹去，记者就无权公布所了解的信息。而宾夕法尼亚州的一家法院更明确地决定，"25年前发生的令人反感的事实"可以随着时间的推移再次成为隐私，而对过去事实的关注"与有社会价值的新闻报道完全不同"。

因此，作者在最新的《重述》中也这样写道：隐私存在于"性关系""不愉快、不光彩或羞辱性的疾病"以及"最亲密的个人信件"中，当然，也包括"一个人过去宁愿忘记的某些历史"。考虑到法院对那名前妓女的判决，他们当然也打算将女性包括在内。

现代法院继续引用个人过去隐私的这一方面，似乎不担心《第一修正案》对言论自由的影响。这可能解释了为什么到了2015年，媒体辩护律师提出，支持被遗忘权的"法律发展趋势"对美国的出版商构成了严重威胁。

他们可能也担心美国最高法院判决中的支持性言论。例如，在同一年对《纽约时报》诉沙利文案的裁决中，大法官们提出，"一个人被遗忘的不当行为"很可能享有隐私权，仅凭事实并不一定有足够理由进行披露。在1973年保护学生数据的决定中，部分原因是担心对学生的"未来事业"造成"严重损害"，那些"青春期的过失"本应在"以后的岁月"中被抛到脑后。在1976年，大法官们决定，随着时间的推移，一个曾经有名的女性可能再次享有隐私权。同年，最高法院也决定，之前发布的关于空军学院学员纪律信息应保密，因为即使是内部人士也会忘记这些细节。

然而，在1989年，大法官们对被遗忘权的感觉更加强烈。确实，在美国司法部诉记者自由委员会一案中，对《信息自由法》的裁决主要关注的不是数据的公开，而是数据的发布——政府从公共逮捕信息中创建的犯罪记录表应该对记者保密。但大法官们更广泛地指出，个人对个人信息的"普通法隐私权"在很大程度上取决于"时间的流逝使其成为隐私的程度"。作为一个例子，法院写道，"普通公民"在"他或她的犯罪历史中可能已经被完全遗忘的方面"具有隐私利益。在此背景下，大法官们还引用了沃伦和布兰代斯的《隐私权》来提供支持，即普通公民在某个时间节点上表达情绪和情感时，仍然有"权力来决定宣传应该受到的限制"。

如今，新闻编辑室正在发生这种修正的变化。在沃伦和布兰代斯写下个人有权利限制有关过去真实信息的120多年后，主流记者普遍回应要求撤下那些尴尬的旧新闻报道。比如，艾奥瓦州锡达拉皮兹市的一家报纸解释了他们的新政策：在互联网时代，一个简单的错误、糟糕的决定或轻微的犯罪都会出现在搜索结果中，并在很长一段时间内影响个人生活。

《公报》收到越来越多人的请求，他们表示即使在指控被撤销或法庭案件结束后很久，他们仍然受到影响。无论是寻找工作、住房还是孩子们在谷歌上搜索父母的名字时，都很难完全将事件抛之脑后。

我们书写关于公共安全和逮捕的故事有很多原因。虽然许多故事的细节来自公开的记录，但随着时间的推移，这些故事的新闻价值会发生变化。

基于某些标准，包括事件的性质和可能的删除，我们将考虑删除非重罪和非暴力刑事犯罪的请求。其他案件将根据个人情况处理。

正如这种指导所显示的，一些新闻编辑室里，脸部照片正在成为一种历史遗留物：某些州禁止发布脸部照片，特别是涉及较低级别犯罪的情况下，新闻机构也越来越多地以道德为由拒绝使用这些照片，就像底特律联邦法院所做的那样，意识到这些照片在互联网上"永远存在"。

《芝加哥论坛报》就是一个例子。过去，他们每天发布一个名为"新闻中的大头照"的专题，展示前一天因犯罪被捕的人的大头照片，这些照片中既有臭名昭著的人也有普通的人。然而，2021年，《芝加哥论坛报》宣布他们不再发布大多数大头照片，还开始一个艰巨的任务，从他们档案中的旧文章中删除大部分照片。该报表示，他们对进入刑事司法系统的人做出了新的承诺，因为这些照片经常强化种族偏见，惩罚弱势群体，并在很可能在审判前发现他们无罪的情况下暗示有罪。

有趣的是，这种转变超越了新闻编辑室和犯罪记录的范围。根据《纽约时报》提出的一个鲜为人知的做法，谷歌现在更广泛地"从个人的搜索结果中删除有害内容"。一位记者尝试了这样的请求，基于他写的一个假名实验性帖子，声称自己是"一个不合格的失败者"，在他提交删除请求的一周内，"它就消失了"。

你可能想知道这些来自媒体的例子与法律有何关系。社会规范在隐私权方面发挥着作用；法院通常会参考社会本身对这些信息的普遍看法来决定什么是具有隐私价值、应受保护的信息。如《重述》中所述，"对原告隐私利益的保护必须与当时和当地的习俗相适应"，这就解释了《华盛顿邮报》最近的头条新闻——"被遗忘的权利：青少年的社交媒体帖子是否应随着年龄增长而消失"——不仅仅是一个头条新闻，特别是当答案似乎是肯定的时候。

这可能都听起来不错，但是这种对于特定类型的历史隐私保护如果发挥到极致，显然有能力影响公众对其政府领导人的知情权。毕竟，正如格罗弗·克利夫兰和沃伦·哈丁可以告诉你的那样，那些处于政治最顶端的人有努力从公众视野中隐藏的过去生活的权利。

那么，请看俄勒冈州《威拉米特周刊》的一篇文章，题为"30年的秘密"。在那里，记者奈吉尔·贾奎斯披露，30年前，波特兰市长尼尔·戈德施密特，一个也曾担任俄勒冈州州长的人，曾与一个14岁的女孩发生过性关系，这种关系持续了三年。

戈德施密特雇用她作为他孩子的保姆，但"经常带她到她父母的地下室、酒店和其他私人场所与她发生性关系"。此后，随着女孩的逐渐长大，她陷入了困境；戈德施密特最终同意支付她25万美元以保持沉默，这笔款项被拆分成多个月来进行结算，以防女方不再保持沉默。然而，流言四起，贾奎斯听说了此事，他进行了调查，并揭露了尼尔·戈德施密特的不耻行为。这一调查结果的公布对于贾奎斯赢得普利策奖具有重大作用。

确实，戈尔德施密特从未对《威拉米特周刊》提起侵犯隐私的诉讼，如果他提起诉讼，他肯定会失败。但有迹象表明，他可能会提起诉讼。在与记者会面之前，戈德施密特的律师警告称，市长与14岁的保姆的关系属于"私人问题"，部分原因是这种关系发生在近30年前。

这种法律论据可能听起来很可笑，特别是对一个公职人员来说。但请记住，《悲惨世界》和《重述》中的冉·阿让在他过去的犯罪生活被揭露时已经成为一名市长，而且他的不检点行为只发生在20年前，而不是30年前。

因此，考虑到当前的趋势，政治家对于过去隐私的请求可能只在恰当的情形下产生效果。如果是这样的话，请考虑一下：如果每个人，包括总统，在公开场合、数据中以及过去都享有广泛的隐私权，这将对公众的知情权和民主本身产生何种影响。

此种情况可能会发生，因为它已经势不可挡。

第十九章
一位总统与他的纳税申报单（政治上的隐私）

2020年11月，三位专业摄影师带着相机和长焦镜头来到华盛顿特区外的波托马克河人行道，一字排开。每位摄影师都将相机安放在三脚架上，为避免画面模糊不清，他们使用最长的镜头，目的是为了捕捉远处的景象。

他们之所以在那里，并非为了拍摄鸟类，而是为了拍摄一位跛脚的总统。

在离波托马克河一英里远的弗吉尼亚州，时任美国总统唐纳德·特朗普戴着写上"让美国再次伟大"的白色帽子，穿着深蓝色的拉链夹克，从高尔夫球车中走出来，在队列中摆好姿势，挥动球杆。这个动作比几十年前沃伦·哈丁总统在华盛顿地区的高尔夫球场上击球更有意义。约瑟夫·拜登刚刚接收到来自宾夕法尼亚州的电话消息，这通电话意味着拜登将成为美国的下一任总统。总统特朗普一度朝着对岸的长焦镜头看了一眼，然后笨拙地击球。但是，这一次，总统的过度反应不能再归咎于摄像机发出飞机般的声音了。

就在几周前，当新冠大流行和选举季节同时到来时，一架军用直升机将特朗普总统从白宫送往几英里外的沃尔特·里德医疗中心接受治疗。他的新冠病毒检测呈阳性，而在美国已有20多万人因该病毒死亡，其中许多人与特朗普总统的情况类似，年龄较大且有既往病史。

这是一个轰动的消息：自由世界的领导人生病了，需要住院治疗，而我们可能无法确认他是否能够康复。

然而，总统的医生拒绝向美国民众披露有关领导人的病情、治疗过程、生命体征以及首次和最后一次新冠检测结果的信息。据《纽约时报》报道，医生们竭力描绘一幅乐观的画面。

也许从背景中我们能够理解这一点。特朗普总统声称自己拥有健康信息的隐私权，称对他的病感兴趣的记者是病态和危险的，而沃尔特·里德医疗中心的军医们也签署了保密协议。对于政治家，尤其是总统来说，保密协议是不寻常的；《医疗保健信息可携带性与责任法案》涉及医生和患者之间的互动，道德规范同样适用，而军事保密也发挥了作用。然而，特朗普在2019年让医生们签署了保密协议，那时他因为另一个未公开的健康问题从白宫前往沃尔特·里德医疗中心。《医疗保健信息可携带性与责任法案》并未赋予个人起诉违反法律的权利，但一旦有人违反了保密协议，起诉并获胜是相对容易的。特朗普的医生们无疑明白这一点。

直到特朗普卸任后，我们才得以了解到他感染新冠时的病情有多严重。《纽约时报》的报告显示，当时总统的血氧饱和极低，以及具有与肺炎相关的肺部病变。医生们认为他很可能需要使用呼吸机。种种情况表明他当时的状况有生命危险。

在特朗普任总统时期，这种面对公众利益的保密行为并不罕见。四年前，在另一场有争议的总统选举之前，候选人特朗普拒绝向选民透露他过去的税务信息，尽管尼克松之后的其他所有总统候选人都是为了透明度而这样做的。特朗普当时和他在白宫的整个任期内都表示，这一切都是因为国内税务局的某种审计；他说，他正在接受调查，他不敢公开旧的税务信息，直到日后某个遥远的时间节点，所有官僚主义的讨厌行为才结束。但在法庭文件和国会山庄，他的律师说，这其实都是为了他的隐私。这种说法也有一个"我们都在一起"的意思；特朗普的财政部部长史蒂文·姆努钦向记者保证，政府"将保护总统，就像保护任何纳税人一样"，保护他们在纳税申报方面的隐私权。拜登政府也同样警告说，未经授权披露这种机密的税务信息是非法的。

在我们过于深入地讨论总统在公共场所或医疗数据或过去的税务记录或其他方面的隐私的适当性之前，重要的是要注意，官方的隐私侵权法几乎没有给予总统任何隐私。现代隐私之父威廉·普罗瑟在1960年特别写道："也许关于美国总统或该高级职位的任何候选人的信息，很少有不属于公众合法关注的问题。"而最新的《重述》，即1977年的那一版表明，美国总统必须忍受那些本来属于隐私的信息被披露，因为这与他的职责有关。

简而言之，露丝·舒尔曼在她的事故现场可能有某种程度的隐私，因为一项小小的技术让所有人都能知道一个原本不为人知的女人的痛苦。一个著名的美国国家橄榄球联盟球员可能在他的医疗记录中拥有隐私，因为他所做的只是打橄榄球，因此医生对他的手指截肢的具体细节不关其他人的事。而一个在财务上有十年之久的失误的人在欧洲可能应该有某种程度的隐私，因为这个记录会使他无法找到有报酬的工作。

如果你是高速公路事故中的一个随机受害者，那是一回事；如果你是美国总统，那又是另一回事，或者说，人们就是这么想的。所以普通人和总统在获得隐私保护方面不是同一回事。

但唐纳德·特朗普在大部分层面保有了自己的隐私，即使只是通过拖延时间，以及我们的关注。他从未公布过这些纳税申报单，到他输给拜登时，除了一些告诉读者特朗普有严重财务问题但没有公布文件证明的记者外，一般公众都没有看到这些表格。当然，《纽约时报》的记者最终也挖出了特朗普的新冠病情，但那是在他离任后才发生的事；美国人看到的实际情况是：特朗普突然好了起来，乘坐直升机回到白宫，带着一丝呼吸问题和与前电视真人秀明星相称的镜头意识，成功地登上了白宫的外楼梯。而在特朗普总统竞选连任失败的那一天，其他拿着不同工资的摄影师确实拍到了他在高尔夫球场上打球的照片，但在另一天，有人通过驾驶一辆巨大的白色箱式卡车挡在新闻摄影师面前来保护特朗普的高尔夫动作。

谁知道在特朗普总统的政治故事中，还有多少次隐私在过去、在数据、在公开场合占了上风？毕竟，在他即将成为总统之前，录音带上那场引人注目的吹嘘一直是个谜，所以我们永远不会知道，如果网络早点发布并做出适当回应，把他塑造成一个乐于终止合同的亿万富翁，是否会改变美国历史的进程。

确实，无论在传统还是法律上，世界其他地方也存在关于政治领导人的"特殊"隐私，出版商对这些人进行披露信息时需要谨慎，即使是关于最高级别的官员。以《近距离周刊》杂志为例，该杂志于2014年刊登了一篇关于法国总统弗朗索瓦·奥朗德（François Hollande）与法国女演员朱莉·加耶（Julie Gayet）恋情的报道，其中包括两人在加耶公寓外街道上的照片。法院裁定，这则真实的新闻报道和无害的准确真实照片侵犯了他们的隐私，并命令《近距离周刊》杂志因出版后给加耶造成的精神伤害向其支付2万美元等值的赔偿金。回顾欧洲的情况，《欧洲人权公约》从字面上保护个人在私人生活、家庭生活和家居生活中的隐私。的确，言论自由也在那里得到保护，但显然，隐私权，甚至是涉及公职人员的隐私，隐私也可以在隐私权与表达自由的较量中取胜。在德国，这种观点非常鲜明，以至于当总理安格拉·默克尔（Chancellor Angela Merkel）在公众面前发抖并向他们保证一切正常时，德国主要报纸《南德日报》发表社论称，健康问题是私人问题，即使对于总理本人也是如此。相当于美国之音的德国之声发表社论，呼吁所有媒体保持一致，因为默克尔也"有权享有所有其他德国人为自己要求的特权：隐私权"。

然而，对美国来说，这种程度的隐私保护看起来相当离谱。美国的现代传统和法律，特别是赋予新闻权力的《第一修正案》，强调人民有权知道与政府、人民以及他们的行为有关的信息。在美国，《重述》几乎将总统所做的一切都视为公众关注的事项。文化人类学家玛格丽特·米德（Margaret Mead）甚至在水门事件发生之前就写道："公众需要知道总统如何承担责任并运用他们执政的巨大权力。"人们需要了解总统的"鲜为人知的政治或社会联盟"，以及"他们的公共和私人行为是否与他们的言论一致"，以避免选民被"欺骗或误导"，并了解国家最有权力的人或那些渴望成为这样的人。

因此，隐私权问题具有一定的诱惑力。公开隐私、数据隐私和过去的隐私听起来非常美好，但当它们被法律或传统用来保护的不仅是无助的人，而是最有权势的人时，它们也会减少公众对国家及其关键人物的了解。特朗普总统，一个从电视真人秀时代就非常享受并沐浴在媒体聚光灯下的人，却希望媒体远离他的私人生活，并在大多数情况下奏效了。如果他有隐私，那肯定意味着在他之下的所有公职人员和公众人物也有隐私。

此外，唐纳德·特朗普并不是私人化总统职务的唯一一人。

当贝拉克·奥巴马总统首次入主白宫时，他承诺开启一个阳光的新时代，并宣布政府信息将向公众公开，只需提问即可。然而，他的政府却变得如此封闭严密，以至于记者们认为这是有史以来最难渗透的政府。例如，机构官员表示，请求白宫批准某些《信息自由法案》的发布时，被用来防止发布一些令政府尴尬的信息，所有这一切似乎都有着"尼克松式"的意味。

然而，最好的例子是比尔·克林顿总统。在他还是阿肯色州州长和总统候选人领跑者时，他曾慷慨激昂地请求保护他的家庭生活隐私，指责媒体参与了"捉弄人的游戏"，报道他的不忠指控。希拉里·克林顿坐在他身旁，直截了当地表示，她认为在这个国家，如果我们不为每个人设立一些隐私区域，那是非常危险的。然而，当克林顿赢得总统职位，并在椭圆形办公室与一名实习生发生了一些事情时，他确信隐私在某种程度上可以保护他，并恳求热衷于叙事的肯·斯塔尔停止对他展开"个人毁灭"的起诉。克林顿总统表示，即使是总统也有私人生活。

事实上，有时仅仅是因为我们让他们拥有了隐私，他们才有了私人生活。过去格罗弗·克利夫兰的秘密女友和沃伦·哈丁的私生子就证明了这一点。这当然不是巧合，这些人特别倾向于助长保护隐私：一种是通过与一位注重隐私的律师建立了深厚的友谊，而这位律师实际上是保护权贵者；另一种则是与报纸编辑有目的地建立友谊，这类编辑大多与他们沆瀣一气，他们认为尊重所有人的体面如同新闻业中胡言乱语的说唱。

他们的遗产，即对隐私敏感的道德规范和对隐私敏感的法律，能够以强有力的方式结合起来，以至于保护一位总统，这在与曾是记者的约翰·F.肯尼迪（John F. Kennedy）有关的一个故事中尤为明显，他与哈丁一样也曾是一名记者。当肯尼迪竞选总统时，最大的新闻是他是一个天主教徒。当他在1960年在华盛顿美国报纸编辑协会大会上谈到他的宗教信仰时，他强调了新闻界应该关注真正的问题，而不是引起不必要的恐惧和怀疑。这一举动让记者们无言以对。当时的美国新闻主编协会主席说："我不知道你是否让你的批评者沉默了，但你让提问者沉默了。"

也许这是一个巧合，但在那次会议的晚些时候，与会人员还参加了一个题为"从新闻到玛丽莲·梦露"的讲座。在那里，《纽约时报》的总编辑特纳·卡特里奇这样介绍了演讲者兼记者莱斯特·马克尔：当莱斯特采写一个故事时，他会仔细检查这个题材并"非常热情地"拥抱它。"他从各个刁钻的角度审视它，用坚定而深刻的笔触抓住它，在题材被完全透析之前，他绝不放手。"演讲的标题表明，莱斯特以富有深度的方式讨论了玛丽莲·梦露，她是普通报纸读者，聪明地参与了一些事情（引发笑声）。记者们当时可能知道肯尼迪的好色，甚至可能知道他与梦露之间的关系，但根据规则，只要私人行为不干扰公共事务，它就被视为隐私。

关于肯尼迪自己与一名白宫实习生的关系，记者们何时发现以及他们是否认为这是私人事务，目前尚不清楚。然而，"＃我也一样"运动的普及引起了广泛关注。正如《纽约时报》的詹姆斯·雷斯顿所解释的那样，即使在当时，记者们也因为过于亲近当权者而倾向于让同情或膜拜干扰他们的报道。有人将记者在这种情况下放任不管的决定称为"君子协定"，因为这是一场君子之间的游戏。海伦·托马斯是个例外，她作为合众国际社的记者报道肯尼迪，但直到1970年才成为合众国际社的首席白宫记者。之后的五年里，她才被邀请加入华盛顿记者俱乐部。这是一个历史悠久的组织，规定女性不能加入，甚至不能参加社交活动。

这种对类似特勤局的老好人级别的尊重，让新闻界在婚外情等方面保持沉默，这反过来使那些担任总统的人越来越自信。到1961年，肯尼迪白宫告诉记者，他们有时不会被告知总统的行踪。在一些记者的反驳之后，新闻秘书皮埃尔·塞林格向记者们保证，肯尼迪总统意识他对隐私几乎没有任何权利要求，公众即使对他生活中"最私人的细节"也感兴趣，他也无权拒绝，随后他暗示，如果媒体觉得肯尼迪总统有所隐瞒，"应该提出投诉"。

然而，没有人提出投诉。

接下来的一年，美国新闻主编协会的成员实际上进一步巩固了对政治家生活隐私的尊重。他们几乎一致同意，总统候选人纳尔逊·洛克菲勒的离婚故事不应该出现在主要报纸上，尽管洛克菲勒本人已经公开宣布离婚。与会的美国新闻主编协会成员告诉《看客》的记者，这些信息属于八卦，他们批评自己错过了所谓的"今年最大的政治故事"。编辑们解释说，离婚事宜涉及洛克菲勒的私人生活，与他的公共行为没有任何关系。

随后，在肯尼迪遇刺之后，那些重视新闻伦理的编辑进行了更深刻的自我反省。电视台不仅在达拉斯进行了现场直播，向观众呈现事态发展时的实时报道，还反复播放总统的悲剧和过渡时期的画面，包括公共和家庭场景，确保所有美国人在客厅里都能目睹这一事件。编辑们表示，这表明新闻界需要进一步自律，践行更大的职业操守，以免失去新闻自由的神圣特权，遭受来自法律的任意和束缚的控制。

也许是有意为之，1964年，在同一次会议上，美国最高法院的阿瑟·戈德堡法官告诉美国新闻主编协会的成员，虽然几周前的《纽约时报》诉沙利文案具有强大的新闻保护作用，但现在也许是"修订和更新"新闻业道德规范的时候了。他在题为"新闻界的自由与责任"的演讲中说："我们的权利法案保证了新闻界报道和评论的自由，同时也保障了每个人一定程度的隐私权。"他解释说，这些权利并不是不相容的，新闻自由和隐私权可以在法律的框架下和谐共存。

然而，此后一些法官提出，隐私法需要作出调整，以保护总统，即使是在他死后；同样，即使他们在公众场合，杰基·肯尼迪和肯尼迪的孩子们将有权阻止狗仔队侵犯他们的隐私；肯尼迪总统的尸检记录以隐私为由得到保密，因为"医疗记录通常被视为隐私"。玛格丽特·米德发表了这些言论，她是在关于肯尼迪之死的一本书的辩论中写的。杰基·肯尼迪认为这本书侵犯了隐私，包括肯尼迪夫妇最后一晚在一起的细节，包括她在枪击事件后如何处理丈夫的伤口，以及她和女儿卡罗琳放在他棺材里的信件。

回顾一下，总统的"个人通信"隐私也受到保护，即使是对于理查德·尼克松这样的总统，因为白宫录音带中的片段可能证明总统难以启齿的糗事。法院还屏蔽了前总统乔治·W.布什（George W. Bush）的国家档案馆文件请求，因为"美国公众从了解前官员的研究中获益不多"，而且"对前官员及其指定人员的隐私侵犯很大"。奥巴马总统的联邦调查局背景调查，包括他的出生证明，也可能被排除在公众之外，因为一个竞选总统的人并不需要牺牲所有的隐私，联邦法院解释说。

此外，我们也不应过早地对特朗普前总统在所得税申报表中声称的隐私权嗤之以鼻。诚然，早在1925年，霍姆斯和布兰代斯大法官与其他最高法院法官一起裁定，一家报纸不应因为公开所得税记录而受到惩罚。但大法官们并没有说报纸有绝对的权利这样做，只是说当时的法律规定所得税记录是公开的，供公众查阅，这使问题成为一个"法律解释问题"。这意味着是否保密或公开应由国会决定。

半个世纪后，国内税务局有人非法披露了尼克松总统的纳税申报单，此后"反对公开披露税务信息的呼声高涨"。如今，"隐私权"是国税局《纳税人权利法案》（Taxpayer Bill of Rights）的十项权利之一，而"保密权"是另一项。文件中写道："一般而言，除非你同意，否则国税局不得向第三方披露你的税务信息。"基于这个原因，联邦法律规定，"美国的任何官员或雇员"，包括前官员或雇员，都不得以任何方式披露他们所获得的任何退税或税务信息。

如今，《重述》认同，所得税申报表不属于公共信息，因此公布它们将对隐私构成侵犯。当然，它没有提到总统（过去或现任）的纳税申报表，但保护税务信息隐私权的语言确实存在于我们最现代而有影响力的《重述》中，1989年，美国最高法院引用了同样的语言，即所得税申报表"不属于公共信息，将其公之于众会侵犯隐私权"。

正因为如此，《纽约时报》在披露当时总统特朗普的纳税申报的关键信息后，预料到了公众的反应。《纽约时报》编辑迪安·巴奎特写道："有人会质疑公开总统的个人税务信息，但最高法院多次裁定，《第一修正案》允许新闻界公布记者合法获得的有新闻价值的信息，即使在那些当权者试图隐藏的情况下。"这确实是事实，但在1989年的那个案件中，也有关于报税单披露的话语。

因此，对总统和其他政治家来说，他们的隐私可能尚未得到充分保护，因为《重述》强调公众知情权的主导地位，而且正如巴奎特所指出的，《第一修正案》确实保护具有新闻价值的信息。然而，如果过度推行这种法律和道德混合物，它仍有真正压制关于权力者重要信息的潜力。毕竟，在法官们的决定下，隐私权正不断扩大，他们有权力争取更多权益。这些法院有时以"隐私权"为先例，这意味着即使在这些备受关注和有权势的情况下，该条款一直是一个恒定的、有时是方便的武器。历史学家阿瑟·施莱辛格（Arthur Schlesinger）是约翰·F.肯尼迪的朋友，他将"隐私权"解释为"严格限制曝光政策，限制在涉及公共关切的秘密上"，并明确划分了适当和不适当好奇心的界限。施莱辛格写道："如果一个政治家受贿，那是公众的事。"他特别引用了路易斯·布兰代斯的话："如果他有外遇，那应该是他自己的事。"

这种说法似乎有些过分，尽管沃伦和布兰代斯写道，隐私保护"对杰出的公众人物的过去进行全面调查"，但他们从未划定确切的界限。然而，施莱辛格的话表明，从早在1890年之后，隐私权的反噬效应在最有影响力的地方和人士中间持续燃烧，以帮助保护强权者。甚至理查德·尼克松（Richard Nixon）在1974年关于《美国隐私权》的总统广播讲话中也提到了布兰代斯，他建议为每个美国人提供一个个人隐私的"盾牌"，以保护个人信息免受不当篡改或披露。几天后，尼克松的助手在水门事件中被起诉，六个月后，尼克松本人辞职，这一切都在不断争论中，实际上是在争论隐私权。

当然，许多现代新闻编辑室的道德原则也在保护权贵。他们继续主张政治家的私生活应该是他们自己的事，除非与政治游说有关系，例如，或在某种程度上虚伪，例如在参与这种关系时反对同性恋权益的投票。然而，以隐私为中心的法律显然具有强大的影响力。如今，新闻机构正面临着严峻的财务困境，可能人手不足，无法全面调查丑闻的真相，而曾经似乎能迅速终结任何隐私索赔的法律现在却让人胆战心惊。在这样的情况下，为什么要公开可能导致昂贵隐私诉讼的信息？

这并不是一个荒谬的问题。多年来一直有传言说美国参议员拉里·克雷格有在公共浴室向陌生人求爱的习惯，但直到他因这种行为被捕，主流媒体才报道这一切。作为法律在新闻编辑室引发这种担忧的一些证据，请看最近臭名昭著的政治家罗伊·摩尔（Roy Moore）对《波拉特》（*Borat*）出名的萨沙·巴隆·科恩提起的诉讼，指控科恩故意造成情感伤害。科恩在涉及不知情的摩尔的《波拉特》式的刺杀行动中，扮演反恐专家，并夸大有一种新的身体扫描工具，可以探测恋童癖者。在前一年的美国参议院选举中，摩尔被指控曾与青少年发生关系，这种身体扫描工具在靠近他时发出哔哔声，这一切令人难以置信。科恩的律师认为，摩尔的诉讼应该被驳回，《第一修正案》非常明确地保护了这部作品，制片人需要"喘息空间"来讽刺"一个无可争议的公众人物"，但联邦法官最初拒绝驳回此案。

所有这些都表明，如今前总统特朗普或其他总统、参议员、市长或候选人在公共场合、数据中，以及过去对更广泛隐私权的要求不能轻易被忽视，因为有各种力量在团结一致，捍卫在他们周边筑起的高墙。

这对知情权来说更加令人震惊，因为不久前，来自美国最高法院的斯蒂芬·布雷耶大法官实际上提出了他对隐私问题的思考方式，这三种方式都具有良好的法律意义。布雷耶法官解释说，隐私保护个人的完整性，而新技术如电脑、手机和监控摄像头的出现使这种保护变得更加困难。他表示："这些设备挑战了隐私的传统守护者之一，人类记忆的易变性：当你走在街上，你的邻居看到你在做什么，他们会忘记。或者当我说一些愚蠢的事情时，我想有一件好事是，每个人都会很快忘记这件事。但是有了录音机就不行了。这不是用电脑，没有监控摄像头，而是用能记住一切的机器。"

由此可见，隐私法在某些方面有些过时，需要进行改变。虽然每个人都认为它必须改变，但并不是每个人都同意如何改变。

事实上，如何确定个人隐私何时凌驾于其他人的知情权之上，这也是一个非常危险的领域。

后记
尊严与自由

伊丽莎白女王在1995年授予英国音乐家克里夫·理查德爵士爵位。这是摇滚明星首次获此殊荣，具有重要意义：理查德的14首冠军单曲和7张榜首专辑使他成为一个传奇。许多人认为克里夫爵士的存在为披头士乐队和摇滚音乐的崛起铺平了道路。

因此，2014年当警方在刑事调查中搜查到克里夫爵士家中时，这件事成为重大新闻。警方表示有人指控他在20世纪80年代对一名16岁以下的青少年进行了性侵，指控提到在足球场举行的比利·格雷厄姆活动结束后，克里夫爵士在更衣室对该青少年和他的朋友实施了性侵犯。当局对这一指控高度重视，他们获得了对理查德在伯克希尔住所进行搜查的许可。他们还告知了英国广播公司涉及这位偶像的调查正在进行中，这类泄密事件在美国并不罕见。

当英国广播公司的直升机在他家门口盘旋时，克里夫爵士还在西班牙，他以现场视角向观众展示了警方活动的真实情况。

这种形式的报道在英国广播公司看来很普遍，他们拥有一架直升机，而克里夫爵士的住处位于一片树林中，因此需要进行空中拍摄。然而，克里夫爵士对此持不同看法。他后来表示："英国广播公司这样做非常出格。"这种做法几乎等于英国广播公司对此盖棺定论并向人们宣告"事实正如我们所想"。

然而，该调查最终未有结果，警方未对克里夫爵士提出任何指控。因此，作为回应，他对英国广播公司提起了侵犯隐私的诉讼。他认为由于英国广播公司如此贴近警方调查他的新闻报道，使他的尊严受到了永久性的损害。

2018年，伦敦高等法院支持了克里夫·理查德的主张。法官写道："克里夫爵士在警方调查时享有隐私权，而……英国广播公司在没有法律依据的情况下侵犯了这些权益。"法官驳回了英国广播公司基于新闻自由和言论自由的辩词。相反，法官批评了英国广播公司的耸人听闻、充满煽动性的关于搜查的报道。他还认为英国广播公司因此报道而被提名为英国年度最佳新闻奖对他造成了严重损害。法院写道："事实上，克里夫·理查德爵士的公众地位突显了在这种情况下保护隐私的必要性。"该报道不仅"对警方的实质性调查帮助不大"，而且"公众人物"对抗像英国广播公司这样的"八卦制造商"来说，并不是场公平的游戏。

最终，克里夫·理查德爵士赢得了超过220万英镑的赔偿金和诉讼律师费，相当于约300万美元，法院认为这是对他的尊严、地位和声誉造成的损害的补偿，尽管关于调查的故事本身是事实的。此后，克里夫爵士搬到了美国，表示他更喜欢那里的"匿名性"，并透露在那里他可以更充分享受隐私。

在美国，理查德可能确实享有更充分的匿名性。当在街上行走或在杂货店浏览货架时，他不太可能被人准确地认出。然而，美国当前的隐私法律对他的支持很有限。事实上，我们经常听说，英国和其他国家更加重视克里夫·理查德爵士在基于隐私的案件中所主张的尊严，而美国的法律则与之形成鲜明对比，更注重自由和《第一修正案》所赋予记者报道新闻的权利，尤其是关于克里夫·理查德这样的公众人物的新闻报道。

新闻自由和言论自由从一开始就是隐私等式的一部分。1789年，威廉·库欣和约翰·亚当斯之间关于发表政治家真实的但令人尴尬的事实的权利的讨论证明了这一点。如今，很明显，对这种报道的保护直接源于《第一修正案》和人民的知情权。《佛罗里达之星》案是最好的例证，1989年的最高法院一起案件驳回了一名犯罪受害者的隐私要求。这几乎不需要再强调其重要性：《纽约时报》诉沙利文案明确表示，《第一修正案》要求"保障言论和新闻自由"，以便"关于公共问题的辩论应该不受限制、有力和广泛地进行"。如果没有这一保护，我们将永远无法了解关于政府活动、政治或政治领导人的重要真相。而这将终结我们所知的民主制度。

即使是持怀疑态度的山姆·沃伦和路易斯·布兰代斯也认

识到了这一点，并在隐私案件中为保护新闻自由划定了一条界限。他们写道："在实践中，只有更明目张胆地违反体面和礼节的行为才会受到指责"，"试图压制一切私人生活中最美好的品味和应有最敏感的尊重是不可取的。"他们还写道："隐私权并不禁止公布任何涉及公共或普遍利益的事项。"例如，他们对警方调查之事只字不提。

然而，隐私权的历史告诉我们，尽管新闻自由经常被认为是永远的赢家，但美国并没有完全重视这一自由。此外，从一开始，个人的尊严，通常口头上，就是决定隐私权的重要考虑因素。尊严是新奥尔良法官弗朗索瓦·泽维尔·马丁在1811年批判亨利·丹尼斯的情书在报纸上发表使用的理由。尊严是原告在19世纪80年代《科德角居民》一案中争论他们失去了东西的理由。而在19世纪90年代，尊严成为戈德金指出的主要威胁，后来，美国最高法院援引隐私保护来支持一位妇女在火车事故后拒绝医生检查的权利。

尊严也是20世纪50年代密歇根州法官将人有不被打扰的权利与之联系的原因（隐私是"人类尊严的问题"），而尊严利益则是前第一夫人杰基·肯尼迪成功让狗仔队远离她家人的原因。（法院写道："不同的规则可能对人类尊严产生最有害的影响。"）从字面上看，这是加州最高法院在事故现场保护露丝·舒尔曼的原因："对人类尊严的基本尊重在于只有真的让在意病人的人对其照料，才能安抚病人的焦虑，而不是任由他人旁观（或用相机）窥测。"虽然丹尼·秦法官从未直接使用这个词，但当他全国广播公司（NBC）"公开羞辱了一位一直以来都是社区正直成员的公务员"时，他肯定在思考尊严这一问题。这或许是最能表明，也许，仅仅是也许，在关于克里夫·理查德爵士受警察调查案中隐私以尊严为核心的论点有一天在美国也能够成立。

沃伦和布兰代斯本身也认为尊严是对新闻自由适当的平衡。他们写道，在某些情况下，"个人的尊严……必须屈服于公共福利或私人正义的要求"，这表明尊严可以与知情权相抗衡。沃伦经常强调他对尊严本身和家族声誉的重视。当然，他的动机令人怀疑，但这并不意味着他的感受是错误的。显然，在一个"报复性色情"视频的年代，当个人尊严的利益不可否认时，关注尊严合乎情理。或者说，当家庭暴力的受害者被传唤到云端视讯会议，如Zoom等线上视频会议上公开描述他们在法庭和互联网上遭遇的困境时，尤其是当这些会议被记录并有可能传播时，关注尊严似乎合乎情理。在油管上，一位受到打击的妇女的听证会在被下架之前已经被观看了超过100万次。

此外，个人的尊严在隐私案件中往往在宪法意义上与他们自己的自由权利联系在一起。换句话说，这不仅是宪法《第一修正案》对新闻和言论自由的承诺，也是宪法赋予个人的"自由福音"以及《第十四修正案》对他们生命和自由的保护。在19世纪80年代，最高法院首次使用了"生命的隐私"这一短语，将此类情况下的个人自由被称为"神圣的权利"。随后，在麦卡锡主义时期，大法官将隐私与宪法自由联系起来，而在更现代的时代，他们提出人们"的私人生活有权受到尊重"，一切对个人实质性保护的背后来自宪法自由。

最高法院大法官斯蒂芬·布雷耶在确认听证会上直截了当地说，宪法是一份保障人们权利的公文，够能保障人们过上有尊严的生活。保护隐私是宪法自由的重要组成部分。

沃伦和布兰代斯在《隐私权》一书中也提到了这种自由，指出它保护了人的精神本质、情感和才智，让人们能够不受干扰地享受自己的生活。如今，数据保护往往与隐私相关联。20年前，一位专家写道，我们开始意识到在透明文化中可能会付出一些代价，包括创造力、个人癖好以及自我和灵魂的提升。另一位学者在几年前写道，一个被迫在他人中间生活的人，每一个需要、思想、欲望、幻想或满足都要受到公众的监视，他已经被剥夺了个性和人类的尊严。

像"感觉"和"享受"、"创造力"和"癖好"、"需要"和"满足"这样的词在宪法中并不罕见。与自由一样，追求幸福是一项不可剥夺的权利，《独立宣言》中明确指出这是一个不言自明的真理。许多法院将幸福与宪法的承诺联系在一起，大法官们写道，保持个人事务、信件不受他人检查和监视的权利是和平与幸福的关键。因此，布兰代斯大法官在其对奥姆斯特德案的反对意见中强调了"追求幸福"这一核心宪法权利，他主张保护隐私和独处的权利。

如今，这些长期以来的感受与99%的美国人完美契合，他们认为隐私权对于个人的自由感和自由至关重要，或者至少是非常重要的。包括法官索托马约尔在内的人们告诉言论自由支持者，隐私是保护自由利益最有效的工具。

这一切告诉我们，隐私法和自由表达法并没有线性、不可阻挡的进展，也没有最终将事情整齐地概括在这里，也没有为一种利益高于另一种利益的最终辩护。相反，从古老的历史教训中我们可以得出最佳结论：保护隐私权必然不可避免地要去平衡个人的尊严、自由和不被打扰的权利与自由表达的自由。亚历山大·汉密尔顿在克罗斯威尔案中提到，如果新闻界出于良好动机发布真相，结果也是合理的，那么对于新闻界的保护是必要的。沃伦和布兰代斯在《隐私权》中写道，考虑到每个案件的不同情况，隐私规则需要具备一定的灵活性。现代法官秦引用了数百位法学家和《重述》本身的观点，认为在关于隐私案件中必须达成某种平衡，同时考虑到披露对个人隐私权的影响以及公众的知情利益。

如果没有这种平衡，历史表明，隐私权将保护一些所谓的"最优秀的人"，即倾向于利用法律来阻止对其生活进一步调查的领导人。正如莎士比亚所言，"最优秀的人"是"从缺点中塑造出来的"，他们因为有点坏而变得更好。在莎士比亚时代的英国，星室法庭以骇人的方式惩罚了发布这些真相的记者。在美国，隐私利益保护了托马斯·杰斐逊，他竭力确保那些在报道真相时走得太远的记者得到教训；保护了格罗弗·克利夫兰——他为自己和其他人披上了隐私的外衣，将记者送进监狱；保护了沃伦·哈丁——他与一位前来找他谈工作的青少年发生了性关系。它还促使了警察和制片人的更多黑暗秘密被揭示，例如"黑人的命也是命"和"#我也一样"运动。

然而，正如书中这些段落所表明的，隐私的天平有可能在另一个有利于真相与言论自由的方向上摇摆得太厉害，而不顾人类为此付出的代价。这一点在互联网诞生之初最为突出，当时网络经济利益赋予了像素一种特殊的、由《第一修正案》激发的保护，而山姆·D.沃伦公司的文章却没有得到这种保护。与此同时，"报复性色情"的出版商也从别人的痛苦中获得了财富。

《让我们现在赞美名人》一书关注的是穷人的生活，使人们意识到了一些未曾想到过的存在。人们的真善美如何变成"沃尔玛的人"（People of Walmart）这样一个嘲笑穷人的网站（通过嘲弄那些无法购买更高级商品的购物者来"愈疗尊严"）的呢？正如尼尔·戈萨奇法官在2021年所指出的，似乎那些具有传统（和付费）新闻标准的人受到了不利的对待，而那些能够有效传播最耸人听闻信息的人则受到了保护。

因此，如果我们能够用一根类似今天智能门铃一样神奇的魔杖来改变第230条，或许第一个也是最好的用途就是将那些旨在通过揭露尴尬的启示和其他形式的嘲弄造成情感伤害而创建网站的出版商排除在法律保护之外，因为这些网站创建的初心显然是恶意的。这样一来，它们将具有与传统出版商基于隐私的相同责任，而且不能因不同程度的恶意行为自动豁免。那些遭受损失的公司一再告诉我们，第230条保护了自由表达，巩固了民主价值观，但当你看到它所带来的非常真实的个人伤害，以及对个人尊严、自由和隐私的破坏，特别是对女性造成的伤害时，很明显，它在保护言论方面走得太远。此外，从某种程度上说，这并不会带来巨大的变化，因为对关于他人帖子的责任已经存在；当前所有的网站都对随机发帖人的知识产权侵权行为负责。第230条虽然为互联网的发展付出了巨大努力，但一直在保护版权和商标免受数字剥削。

也许一旦这些案件和其他类似案件被提交法庭审理，这些法庭必须在个人尊严、自由和隐私利益与新闻自由和言论自由权利之间取得平衡，他们就会按照新闻业自身的道德准则来进行裁决，正如秦法官所建议的那样。我曾经认为这种微妙的语言工具握在司法部门手中是危险的，我担心它对新闻业本身的影响，以及那些备受困扰的法官可能会像沃伦·哈丁所设想的那样限制真正的新闻；当然，以这些理由来保护一个公务员，就像职业记者协会所争论的那样，令人不寒而栗。但现在，鉴于造成严重损害的其他案件，在这些损害程度有限的案件中出现的过度狂热似乎是合理的。为什么不说即使是警觉有时也会变成不适当的侵扰呢？为什么我们不能在承认公众启蒙重要性的同时，"平衡公众对信息的需求和（个人）的潜在伤害"呢？为什么新闻业本身和它一个世纪以来建立起来的正派性不能帮助我们决定什么是适当的发布，什么是过头的发布？毕竟，真正的记者每天都在按照行业准则进行这种平衡行为，这也是保护新闻业与其他出版商不同的地方。历史已经证明了这一点。我们并不都是新闻工作者。

换句话说，社会可能无法强迫所有出版者接受道德规范。以2021年那些为支持唐纳德·特朗普而参与暴动并闯入国会大厦的人为例，他们辩称自己只是寻求真相的记者。然而，法律是有权力进行这些规制的。

在隐私案件中，这种以道德为基础的平衡实际上与美国最高法院本身建议的适当方式并不远。它以一种有节制的方式界定了公众在宪法意义上应关注的问题，并确定在何时隐私可能占据优势。在斯奈德诉菲尔普斯案中，大法官们写道，公众关注的问题应具备"合法新闻利益"；换句话说，它们应具有普遍利益，是公众关注且具有价值的。此前，在决定个人信用不属于公众关注范畴的案件中，大法官们写道，在确定公众关注的问题时，"内容、形式和背景"很重要，每个人的基本尊严和价值也很重要，因为它是"任何体面有序自由制度的根源"。在巴特尼基案中，法院表示，公众关注的问题很可能不包括"国内八卦或其他纯粹私人关注的信息"，而在佛罗里达之星案中，法院写道，平衡至关重要，因为涉及"《第一修正案》和隐私权之间冲突所带来的利益的敏感性和重要性"。数据隐私的保护也同样重要。

随着时间的推移，作为越来越多人认为必须采取行动的证据，最高法院提出的平衡测试指导着"脸书"监督委员会，这是一个由来自世界各地的人权领袖、记者和教授组成的多元文化团体，旨在帮助决定围绕线上言论自由的最困扰问题：删除什么，保留什么，以及为什么。该委员会在2021年在"脸书"上对唐纳德·特朗普的禁令投票支持，其章程声明表明，在隐私案件中也需要平衡权利，言论自由并非总能取胜，因为"有时言论可能与……隐私和尊严相冲突"。

这种平衡行为可能导致在"脸书"和其他平台上实施相对容易的规范。一家美国上诉法院发现，对某些隐私的兴趣似乎是普遍的，例如对裸体照片、性闻轶事和医疗记录等材料的"隐私渴望"，这些人格神秘而内在的事实，值得法律保护。尽管不同文化可能对此持有不同观点，但"脸书"的监督委员会凭借其全球影响力，最终可以将世界团结起来。

这些类别，如裸露、性细节、医疗记录，正是构成美国核心隐私利益的类别，至少在山姆·沃伦和路易斯·布兰代斯提笔时是如此，甚至于此之前就是。用最高法院的话来说，它们在大多数情况下不属于合法新闻利益的范畴，对公众的价值和关注也非常有限。当然，还有其他类别同样值得保护。现代法院有时在保护私人生活领域表现得游刃有余，包括某些犯罪记录、死者照片以及关于个人性取向或性别认同的信息。这些信息很可能导致人身伤害，除非主流新闻界认为这些信息对公众非常重要，否则新闻界对此也会犹豫不决。

因此，是的，隐私权益与新闻自由、言论自由和表达自由之间的冲突仍然是一个有些复杂的问题。但最重要的是，几个世纪以来，隐私在美国有着坚实的基础，尽管它经常被置于新闻和言论自由的背后。尽管隐私的重要性通常来自普通法，即在法庭上长期建立起来的法律，但在美国的判例中非常明确，如果一项普通法权利"深深扎根于这个国家的历史和传统，并隐含在有序自由的概念中"，它就会上升到宪法权利的水平。

简而言之，一个人的尊严和自身的自由利益，无论我们如何定义这些术语，有时会战胜《第一修正案》所保护的出版或言论自由，因为它们几乎总是这样。这是可以接受的。这些利益是如此强烈，以至于连强烈支持《第一修正案》的人都表示，最高法院最终将使这种隐私制度化，成为宪法的一部分。只是目前还没有发生。

然而，这并不意味着在隐私案件中找到适当的答案会变得更加容易。

阿瑟·阿什（Arthur Ashe）是一位来自弗吉尼亚州的网球冠军。在20世纪50年代，尽管他无法在家乡的市政球场上进行练习，但他通过自己的坚持不懈掌握了网球，并成为大学里的网球明星，后来成为第一个赢得温布尔登、美国公开赛和澳大利亚公开赛的黑人选手。他在1968年和1975年被评为"世界最佳球员"。

在他的网球生涯中以及之后的很长一段时间里，阿什致力于终结美国和其他国家种族不平等的现象。他为抵制南非的网球比赛进行游说；他在反种族隔离的集会上被捕；他发起了一个为城市内的儿童提供网球培训的项目；他与大学合作，为少数族裔运动员制定辅导计划。他的网球明星身份使得他可以提供一个所谓的"在民权时代追求社会正义的平台"，由此在20世纪80年代，普林斯顿大学授予阿什荣誉博士学位，将他在"社会公共政策领域"和"网球场上"的出彩表现联系在一起。

换句话说，阿什既是一位超级明星运动员，又是一位热心的社会变革倡导者。他被人们认为是一个以"为公众利益而奋斗"的人。

在那个十年，也就是20世纪80年代的某个时刻，阿什需要输血。他说，正是在那时，他感染了HIV病毒，后来发展成了艾滋病。当时，这样的诊断实际上等同于宣判死刑。到20世纪90年代初，他还患上了弓形虫病，这是艾滋病的并发症。尽管如此，除了他的妻子和几个人之外，他没有告诉任何人。他父亲的心脏正在衰竭，而他的女儿还太小，无法完全理解。他担心家人和朋友知道真相后会陷入困境；他认为他的死亡是他个人的事情。

然而，在1992年4月8日，一切都改变了。他突然召开了一个新闻发布会，邀请记者们参加。他在会上向大家公布："我患有艾滋病。"

这并不是说阿什想在那一天透露他的诊断结果。而是在前一天，《今日美国》的记者问他是否患有艾滋病；他们告诉他，他们已经得到了他患艾滋病的消息，并注意到他的体重下降，他们开始向相关人士打电话证实这个传言。

"我很抱歉，在这个时候我不得不做出回应，"阿什那天说道。他一度变得非常激动，不得不让他的妻子读出他准备好的声明，但他想以自己的方式述说他的疾病。10个月后，他因艾滋病并发症去世，当时他49岁。

《今日美国》的编辑们为他们的报道进行了辩解，称"对于任何新闻机构来说，当任何公众人物生病时……毫无疑问，这就是新闻"。他们解释说，他们将艾滋病与其他疾病一样对待，例如癌症，而阿什作为"一个远远超出网球界的公众人物"，值得进行这种调查。他们表示，在某些时候，个人的隐私必须让位于公众对其生活的兴趣。在这种情况下，考虑到名人的身份和他的工作，公众实际上有权知道，或者至少有合法的知道的权益。

那些同意《今日美国》的新闻报道判断的记者在支持这种报道方面更进一步。他们认为关于阿瑟·阿什的诊断的报道具有"救赎的目的"，能够为艾滋病毒和艾滋病"赋予人性光辉"，并促进更多公众的理解。他们说，在一个完美的世界中，这将导致全国甚至全球的编辑们发布关于"这种疾病的普遍性"的新闻，使编辑们感到应该指派更多记者报道这个话题，创造更多的公众认知，对政府施加压力，也许有一天能找到治疗方法。他们认为，简单地说，关于阿瑟·阿什的诊断的故事可能已经成为引燃永远终结HIV病毒和艾滋病的火花。

然而，并不是所有人都这么认为，记者们自己也称他们在这个事情上似乎分成了两个派别。反对者认为以这种方式揭露阿什的诊断是出"悲剧"，并称记者们认为真正有新闻价值的是这个故事的"刺激性"方面。他们认为，这并不是真正的新闻，除了将一个公众人物与一种可怕的疾病联系在一起之外，它没有任何挽回的价值，任何其他的论点都"相当于牺牲处女来拯救部落"。

因此，在几个月后的一次隐私会议上，记者们进行了这样的对话："一个人问另一个人：'新闻的兴趣……在哪里为止，阿什的隐私权在哪些方面可以受到保护？'答案是'这就是问题所在。'""有人可能会想知道，"第三个人建议道，"但这就足够侵犯某人隐私的理由吗？"讨论来来回回，却没有得出任何结论。

阿瑟·阿什本人将法律纳入了这个话题。"作为《第一修正案》的捍卫者，你们是要做冷酷无情、粗暴的事实传播者，还是要表现出一些敏感性？"阿什在他的第一次新闻发布会大约一个月后问记者们。"记住用敏感性来调整你对公众知情权的定义"，因为"与其让别人为你做这件事，不如自己监督自己，而且很快就会有这种需要"。

他是对的。现在正是有这个需求的时候。但实际上一直都有这个需求，而正确的答案一直都不明确。例如，如果我们决定惩罚披露阿瑟·阿什的医疗信息，并决定《第一修正案》的利益不保护这一特定的事实公开，那么当这个人是一位总统时，我们是否也会这样做？角色换成一个参议员呢？一个市议会成员？一个小学教师？如果我们认为这种公开是恰当的，那么当相关人士在法律上被视为私人，并有对此诊断感兴趣的隔壁邻居时，我们是否会作出同样的决定？或者说，后者的隐私权是否应该得到更有力的保护，如果是这样，为什么？公众利益的终点和隐私权的起点在哪里？我们有权知道哪些类型的信息？

有一套丛书直到20世纪90年代出版，利用传记来教导孩子不同的价值观。例如，《相信自己的价值》(*The Value of Believing in Yourself*)通过路易斯·巴斯德（Louis Pasteur）的故事来教导，而《决心的价值》(*The Value of Determination*)则以海伦·凯勒（Helen Keller）的故事为例。杰基·罗宾逊（Jackie Robinson）的故事展示了《勇气的价值》(*The Value of Courage*)，而特蕾莎修女（Mother Teresa）的故事则表达了《谦逊的价值》(*The Value of Humility*)。这套丛书的理念是，通过阅读他人的生活，小学生可以学习重要的品德原则，受到启发，并将其永远融入自己的生活。

《阿瑟·阿什的故事》（*The Story of Arthur Ashe*）通过可爱的卡通插图，教导人们关于尊严的价值观。它记录了阿瑟在被种族隔离主义笼罩的佛吉尼亚州的早年生活，他的家庭成员始终坚持着"自我价值和尊严"的意识，他们也向阿瑟灌输这种意识，教导他"对待别人时要像对待自己一样"，"尊重他们作为人的尊严"。阿瑟成为一名网球运动员，然后成为冠军，最后成为反对种族隔离和那些不幸的人的倡导者。书中解释说，通过这一切，阿什相信"尊严永远不会过时"。

然而，故事的情节发生了转折。"1992年，阿瑟得知一家报纸即将刊登他患有艾滋病的消息"，书中写道。尽管阿瑟对媒体的威胁性揭露感到愤怒，但他"没有让他的情绪淹没他的尊严"。他不认为媒体有权报道这样的事情，因此他站在报纸记者面前，把掌握自己命运的权力牢牢握在手中，并发表了自己关于疾病的令人心碎的声明。书中说，阿什这样做成为"真正的美国英雄"，是我们所有人的伟大楷模，因为他展示了"善良、正直和坚定的尊严"。

正如路易斯·布兰代斯可能会说的那样，反噬效应已经开始引发火花。